朱伟珏 主编

同济社会学评论

TONGJI SOCIOLOGICAL REVIEW VOLUME 2

实证研究卷

EMPIRICAL STUDY

社会科学文献出版社
SOCIAL SCIENCES ACADEMIC PRESS (CHINA)

丛书总序

当今世界正经历着巨大的历史变迁。一方面，伴随着信息化和全球化，高度网络化的消费社会正在逐步形成，另一方面，巨大的贫富差距、日益凸显的环境和能源危机以及以各种形式爆发的“民族”问题，在不同层面不断引发新的变化。所有这一切都对我们每一个个体的生存方式，以及人与人之间的关系产生了深远影响。

社会学作为一门从本质上理解我们所处时代的学科，不仅重视对人类的社会现象进行整体性把握，而且敢于直面现实，关注和解答各种纷繁复杂的社会问题，并提出种种具有可操作性的解决社会矛盾冲突、推动社会发展的提案。

社会学20世纪初传入中国，之后由于种种原因被中断，1979年恢复。中国社会学重建至今已经走过三十多个年头。这期间，为了顺应时代发展的要求，中国的社会学者在积极进行学科建设的同时，弘扬直面现实之精神，对当代中国社会转型过程中出现的各种现象及问题进行了深入研究并取得了丰硕成果。

同济大学社会学系正是诞生于这样的大背景之下。21世纪初，随着现代化和城市化的进一步推进，中国社会学步入快速发展时期。同济大学紧紧抓住这一历史性机遇，于2003年成立了哲学与社会学系并于同年开始招收社会学专业本科生。2006年单独设系，同年开始招收社会学硕士研究生。2009年划归政治与国际关系学院至今。经过10多年的努力，目前同济大学社会学系在欧洲社会理论和城市社会学等研究领域已经形成自己的特色，并取得了一定的成绩。

值同济大学社会学系成立十周年之际，本系编辑出版《同济社会学评论》丛书。秉承学术研究自由与开放原则，本论丛拟陆续推出社会学论著和反映社会学学术前沿的译著。此次出版的三册《同济社会学评论》为同济大学成立十周年纪念特辑，收录了这十年来本系教师的部分学术成果。这三册论文集在一定程度上反映了同济社会学系现有的学术水准。衷心希望丛书的出版，能加深学界尤其是社会学界对同济大学社会学系的了解，促进同济社会学系与学界同仁的交流，进而提升中国社会学整体学术水准。

朱伟珏

于上海同济大学

2014 年 6 月

目录
CONTENTS

社区发展研究

地位获得研究

社会态度研究

教育研究

1978 年后中国小城镇*数量与规模变化研究**

张　俊

一　1978 年后中国小城镇数量变化

1978 年后小城镇数量的增加是中国城市化进程中的一个显著特征，从 1978 年到 2003 年，小城镇的数量从 2173 个发展到 20226 个（见表 1）。根据小城镇数量变化和中国城市化的阶段特征，可以将这一时期小城镇发展划分为五个阶段。

（一）1978 ~1983 年小城镇数量缓慢增加

1978 年到 1983 年，小城镇数量从 2173 个增加到 2968 个。在此期间，小城镇设镇标准还没有改变，小城镇数量的增加更多地反映了农村经济恢复发展后小城镇发展的恢复，但其发展速度是相当缓慢的，五年仅增加了 795 个小城镇，平均每年增加 159 个。1983 年底全国建制镇数量比 1961 年底还少 1461 个。

（二）1984 ~1988 年小城镇数量迅速增加

民政部于 1984 年向国务院呈报了《关于调整建镇标准的报告》，按照积极发展小城镇的城市发展方针，放宽了设镇标准，确立了以乡建镇的新

---

* 本文所指小城镇是建制镇。

** 本文原刊于《上海城市管理职业技术学院学报》2006 年第 6 期。

模式。报告中规定：凡县级国家机关所在地，均应设置镇的建制；总人口在2万以上的乡，乡政府驻地非农业人口超过2000的，可以建镇；少数民族地区、人口稀少的边远地区、山区和小型工矿区、小港口、风景旅游区、边境口岸等地，非农业人口虽不足2000人，如确有必要，也可以设镇的建制。此规定推动了建制镇的发展，1984年底镇的数量就达7186个，比上半年增长了142%。同年国务院发出《关于农民进入集镇落户问题的通知》，规定凡申请到集镇务工、经商、办服务业的农民和家庭，在集镇有固定住所、有经营能力，或在集镇企事业单位长期务工的，公安部门应准予落常住户口，及时办理入户手续，发给《自理口粮户口簿》，统计为非农业人口。地方政府要为他们建房、买房、租房提供方便，建房用地要按照国家有关规定和集镇建设规划办理。到1988年，小城镇数量达到11481个，年均增加1074个，相当于1978年中国小城镇数量的5倍多。

表1　1978年后中国小城镇数量

年　份	镇　数（个）	年　份	镇　数（个）
1978	2173	1993	15806
1979	2361	1994	16702
1981	2678	1995	17532
1982	2664	1996	18171
1983	2968	1997	18925
1984	7186	1998	19216
1985	9140	1999	19756
1986	10718	2000	20312
1987	11103	2001	20374
1988	11481	2002	20601
1989	11873	2003	20226
1991	12455		

注：数据根据历年《中国统计年鉴》整理，《中国统计年鉴》中无1980年数据，故笔者未引出。

（三）1989～1991年小城镇数量增长速度下降

1989～1991年小城镇数量的增长速度迅速下降，1989年有11873个小城镇，1991年为12455个，两年才增加582个小城镇。

（四）1992 ~2002 年小城镇数量持续稳定增加

从 1992 年开始，随着各地撤区（公所）并乡建镇工作的逐步展开，镇的发展速度明显加快，仅 1992 年就增加了 2084 个镇，1995 年底全国共有 17532 个镇，1998 年中国建制镇数量达到 19216 个。1998 年党的十五届三中全会确定了“小城镇，大战略”的方针，2000 年又提出发展小城镇是实现我国农村现代化的必由之路，小城镇数量持续稳定地增长。

（五）2002 年后小城镇数量的减少

2002 年后，中国小城镇的数量开始缓慢减少，是 1982 年以来首次在绝对数上下降，这是 20 世纪 90 年代中后期乡镇合并制度推行的结果。小城镇的发展已经不表现在绝对数量的增加上，而是反映在小城镇的规模扩大，尤其是镇区规模的扩大上。

二　1978 年后中国小城镇人口规模变化

（一）镇域总人口变化

1978 年后，小城镇的镇域总人口规模逐渐扩大。1986 年中共中央、国务院发出《关于加强农村基层政权建设工作的通知》后，各地根据通知要求陆续开展撤区（公所）并乡建镇工作，镇的人口规模逐渐扩大。1987 年 9121 个县辖镇的总人口为 23665.7 万人，平均每个镇 25946 人。1989 年 11873 个小城镇有人口 33294.6 万人，平均每个镇 28042 人。1993 年 15806 个小城镇有人口 48840.6 万人，平均每个镇 30900 人。1995 年 17532 个小城镇有人口 57419.5 万人，平均每个镇 32751 人（见表 2）。

根据全国第一次小城镇抽样调查（1996 年）数据显示：城关镇人口规模为 5 万 ~10 万人的占 31.9%，3 万 ~5 万人的占 30.6%。非城关镇的人口规模为 1 万人以下的占 65.76%，1 万 ~3 万人的占 28.79%，5 万人以上的仅占 6%。

表 2 历年小城镇镇域总人口的平均值

单位：人

年 份	1987（县辖镇）	1989（全国）	1993（全国）	1995（全国）
每个小城镇镇域人口	25946	28042	30900	32751

（二）镇非农业人口变化

1984 年的设镇标准降低了非农业人口指标，确立了以乡建镇的模式，致使镇总人口中非农业人口的比重大幅度下降，从县辖镇的数据看，镇非农业人口在镇总人口中的比重不断下降，从 1978 年的 76% 下降到 1999 年的 19.9%（见表 3）。

表 3 县辖镇非农业人口在总人口中的比重

单位：万人，%

年 份	总人口	非农业人口	非农业人口/总人口	年 份	总人口	非农业人口	非农业人口/总人口
1978	5316	4039	76.0	1989	25493	6236	24.5
1979	5556	4275	76.9	1990	26302	6385	24.3
1980	5693	4415	77.6	1991	27171	6536	24.1
1981	5840	4492	76.9	1992	33660	6770	20.1
1982	6216	4579	73.7	1993	32654	6683	20.5
1983	6228	4482	72.0	1994	31612	6488	20.5
1984	13447	5228	38.9	1995	35063	6980	19.9
1985	16633	5721	34.4	1996	34770	6879	19.8
1986	20369	5927	29.1	1997	35653	7045	19.8
1987	23666	6143	26.0	1998	36733	7230	19.7
1988	23844	6033	25.3	1999	37637	7474	19.9

注：数据源于《中国人口统计年鉴 2000》，中国统计出版社，2000，第 448 页。

每个镇非农业人口的平均规模也有所缩少，大致稳定在 6700～7000 人。1984 年 6211 个县辖镇有 5228 万非农业人口，平均每个镇 8417 人。1987 年 9121 个县辖镇有 6143 万非农业人口，平均每个镇 6735 人。1989 年 11873 个镇有非农业人口 6236 万人，平均每个镇 5252 人。1993 年 15806 个镇有 6683 万非农业人口，平均每个镇 4228 人。

（三）镇区人口变化

镇区人口规模更能够反映小城镇的经济实力和水平。根据全国第一次小城镇抽样调查数据（1996 年）显示，平均每个小城镇镇区人口 1.63 万人，占全镇总人口的 35.5%，其中非农业人口占主体地位，为 1 万人，占镇区人口的 61.3%；农业人口为 6300 人，占镇区人口的 38.7%。非城关镇的镇区常住人口平均为 1 万人，其中非农业人口 4877 人，占 48.8%。根据全国第一次农业普查（1996 年），平均每个建制镇的镇区人口（不含城关镇）为 4519 人，其中非农业人口 2072 人，占 45.85%。

第一次农业普查和第一次抽样调查得出中国小城镇镇区的平均规模差别很大。农业普查是全国的调查数据，虽然没有样本选取的误差，但没有选取城关镇，因此，就一般建制镇而言，农业普查的数据比较真实地反映了小城镇镇区的实际人口规模。抽样调查的镇区规模偏大。这是因为，若按抽样调查的结果来推算全国，1996 年全国有小城镇 18171 个，每个镇区 1.63 万人，这样就有近 3 亿人生活在小城镇的镇区，与中国的实际情况不符。可能的原因是抽样调查在选取小城镇样本时，对于规模偏大的小城镇选取过多。

在中国的统计资料中，市辖镇的城镇人口统计包含在城市的城镇人口中，因此要得到全国市辖镇和县辖镇的城镇人口数相对较难。根据国内学者俞燕山的研究，1978 年、1982 年、1990 年、1996 年、1998 年全国小城镇的城镇人口分别为 5294 万人、7116 万人、10747 万人、15054 万人、16974 万人，与当年小城镇个数相除，可以得到这几年小城镇的平均城镇人口规模，1978 年为 24363 人，1998 年为 8833 人，此方法的关键在于全国小城镇人口数量是否准确（见表 4）。

以上研究显示，中国小城镇的平均镇区人口规模还比较小，与小城镇基础设施配套发展所需要的 3 万 ~5 万人口规模还有相当大的差距。

表 4　个别年份小城镇数量和人口

年份	小城镇城镇人口（万人）	当年小城镇数（个）	平均每个小城镇的城镇人口（人）
1978	5294	2173	24363
1982	7116	2664	26712
1990	10747	12084	8894

续表

年份	小城镇城镇人口（万人）	当年小城镇数（个）	平均每个小城镇的城镇人口（人）
1996	15054	18171	8285
1998	16974	19216	8833

注：笔者根据俞燕山《我国小城镇改革与发展政策研究》（载《改革》2000 年第 1 期）一文中所列数据整理。

三 对小城镇数量和规模变化的分析

小城镇镇区直接为农民生活服务，小城镇的服务半径越短，对农民的生活也就越有利。在空间范围一定的情况下，小城镇的数量越多，农民享受小城镇的服务也就越容易。农民享受小城镇的服务除了与小城镇的数量有关外，还与小城镇镇区的规模和服务水平相关。在服务距离一定的情况下，小城镇镇区的规模越大，对农民的生产和生活就越有利。

1978 年后，随着城乡经济的发展，一方面小城镇恢复了农村经济和服务的中心地位，另一方面小城镇引入现代产业，发展城镇经济。小城镇数量的持续上升，在很大程度上提高了农民的生产和生活水平，在中国城市化进程中具有重要的意义和深远的影响，它使城市的服务向农村延伸了。

但是仅有小城镇数量的增加是远远不够的，还需要扩大小城镇镇区的规模，提高小城镇集聚产业和人口的能力。从 20 世纪 90 年代中后期开始，各地开始调整小城镇的行政区划，合并规模过小的小城镇，小城镇的数量增长速度放缓，到 2003 年更出现了小城镇绝对数量下降的情况。这标志着中国小城镇以数量扩张为特征的发展方式的结束，而转向以规模和效益为特征的发展。

小城镇规模的扩大，关键在于镇区的人口规模。今后相当长的一段时间内，中国小城镇的发展关键在于规模的扩大。但是，中国地域广阔，小城镇又是直接服务农村的服务中心，要通过大量减少小城镇数量来扩大小城镇规模既不现实，也不可能，而应该根据每个小城镇在城镇体系中所处的地位，分出层级来，形成既能深入乡村，又能发挥城镇集聚功能的城镇等级体系。

参考文献

国家体改委小城镇课题组：《建国以来第一次全国小城镇抽样调查工作综述》，《小城镇建设》1997 年第 10 期。

浦善新：《中国建制镇的形成发展与展望》，《小城镇建设》1997 年第 3 期。

俞燕山：《我国小城镇改革与发展政策研究》，《改革》2000 年第 1 期。

社区参与意识与公共性问题

——对“上海市居民对‘政府为民办实事项目’实施结果的满意度调查”数据的再诠释[*][**]

戴建方

一 问题意识

市场经济下如何去重新构建城市社区？在这个过程中，如何从政府主导型社区转化成社区居民自主型社区，确立城市社区民主化模式①，以构建和谐社会？如何有效控制或化解社区中的潜在危机？这些或许是我们正在

---

* 本文原载于日中社会学会编《21世紀東アジア社会学》第3号，2010年6月，第182~193页（ISSN 1883-0862）。

** a. 研究课题“上海市居民对‘政府为民办实事项目’实施结果的满意度调查”为同济大学“985工程”二期建设项目之一（论文正文或注释中均简称为“满意度调查”）（课题负责人徐红，同济大学经济与管理学院）（2007~2008）。本文笔者（戴建方，同济大学社会学系）为上述研究课题成员及问卷设计者之一。现经课题负责人的同意，本论文作为上述研究课题系列论文之一公开发表，本论文所持观点仅为笔者个人观点，不代表课题组其他成员的观点。b. 本文副标题中出现“再诠释”是因为“满意度调查”问卷本身并非针对本论文主题“社区参与意识与公共性问题”而设计的，作为未来这项研究的一个开端，本论文暂且是从“满意度调查”中的若干已知数据中萌发的“问题意识”。本文限于篇幅，对于原有图表一般不直接引用。如无特殊说明，本文图表均为本文笔者对原有数据的二次整理。c. “满意度调查”主要是就2007年上海市“政府为民办实事项目”展开问卷调查。共发放问卷1580份，回收1577份，有效问卷1557份。问卷发放地为虹口区、杨浦区、浦东区、闸北区、黄浦区、普陀区、宝山区、崇明县、静安区、徐汇区。问卷使用SPSS 11.5软件进行统计分析（徐红，2008b）。

① 在《民政部关于在全国推进城市社区建设的意见》（民政部，2000）中，“城市社区建设的基本原则”之一的第四条为“扩大民主、居民自治”。当然，这只是一个基本原则而已，与本文中所提的社区参与意识及公民意识之间存在某种内在联系，即后者可以作为前者的一个基本的、不可或缺的前提条件之一。

面临或即将面临的问题。“政府为民办实事项目”是20世纪80年代中期起实施的社会项目，不仅在市政建设上，而且在社区建设的各个方面都发挥了积极作用。但是，应该看到，在一些直接与社区相关的项目上，对于“政府为民办实事项目”，作为社区主体的社区居民如何参与、为何参与，这些问题显然与社区参与意识的有无或者强弱有着一定的关联性。① 而且，随着城市社区人口的文化素质以及人口结构的变化（包括自然老化、外来人口增加等），社区居民对“政府为民办实事项目”会产生不同的、显著的反应。这一结果对公共性的扩大又会产生怎样的效果？这一公共性又会如何提升社区参与意识？最终在未来能否出现真正意义上的社区自治体？这是一项值得长期探讨的课题，一项具有战略意义的研究。② 就发展趋势而言，在未来随着社区参与意识的提高，社区自治体结构和体制的完善，“政府为民办实事项目”会转变成政府行政的一般性项目，而在实现这一战略转换之前，我们需要了解目前社区参与意识及公共性构筑的基础建设现状，由此把握或预测未来社区自治体制运作的一般规律。

正是基于上述考虑，本文着重从“政府为民办实事项目”满意度调查

---

① 从联合国教科文组织的“社区参与与城市管理”（community participation and urban governance）的［http://www. unesco. org/most/centram2htm］：The Architect of the Community-A Participative Designing Method（Cuba），City Management in Tilburg：Past，Present and Future（The Netherlands），The Communidades Program，Fortaleza（Brazil），Community Information Resource Center（South Africa），Community Participation for Clean Surroundings-EXNORA（India），Community Participation in the Management of the Urban Environment（Senegal），Creating a Sustainable Community：Vision 2020（Canada），Diadema：Consolidating Innovative Alternatives of Municipal Management（Brazil），The Experience of the Participative Budget in Porto Alegre（Brazil），Institutionalizing Community Based Development（Coate d'lvoire）等28个项目内容中，可以发现本文探讨的社区参与意识与“政府为民办实事项目”存在相关性。

② a. 笔者在复旦大学亚洲研究中心2005年度资助研究课题“全球化时代中国农村的困惑与再构——农村民族与农村文化现状与问题”的系列论文（俞纯麟、戴建方，2006，2007a）中，已涉及公共性问题（俞纯麟、戴建方，2007b），提出从以往的“自上而下”的公共性走向“自下而上”的公共性的观点。尽管当初主要是针对农村社区提出的构想，但如同该文首页注释⑥“本文也不是研究课题的结束，而是将此研究成果反映到相关的城市社区研究中去，继续探讨相关论题”（同上）所示，本文通过对“满意度调查”数据的再诠释，在原有论点和假说上做进一步的分析和探讨。b. 德文 Öffentlichkeit 的英译为 public/publicness/publicity，又译作 public sphere（Habermas，1989），汉语一般译成“公共领域”，日语译作“公共性”或“公共圈”。本文中所使用的“公共性”一词基本等同于“公共领域”。c. 本文探讨“自下而上”的公共性，而且构筑其对应的理念型Ⅳ（参见论文正文有关概念的关联图式），可以视为全球－地方化（globalization）（Robertson，Roland，1992）的一种尝试。而这样的动向早在20世纪90年代早期，作为共同体思想及实践已在日本、泰国等地展开（北原淳，1996）。

（徐红，2008a，2008b）中反映出的“高缺失值”这一数据去分析社区参与意识与公共性在社区建设中的作用及内在机制。也就是说，不管是作为政府主导的或社区居民主导的社区建设，还是在“政府为民办实事项目”这一政府项目或政府行为上，社区参与意识都是一种不可缺少的政治态度和政治意识，是社会行动的一种价值取向；而且，这种意识也是作为社区建设原则之一的“扩大民主、居民自治”（民政部，2000）的重要保证。

与此同时，本文认为，提出“自我认同”的社区参与意识的重要性在于扩大“自下而上”的公共性，而非“自上而下”的公共性。只有在这种“自下而上”的公共性形成的前提下，才可能有助于认识和协调上层（政府）、中间（媒体、工商企业、学校、社区等）与基层（社区居民或个体）之间的关系，在一些具体问题上，三者彼此协调、良性互动，这是一个值得探讨的课题。因为如果它们彼此之间处于一种表面上的协调或和谐而实质上缺乏互信甚至对抗，即无奈和怨恨情绪长期被压抑，处于未释放状态，或者长期处于一种极为不协调、互不信任甚至是消极的、对抗的关系之中，那么这必将会影响或制约经济发展，更谈不上促进社会进步。因此，作为社会体系中的基础——社区，在这些关系中处于一个重要位置，一旦社区出现重大问题，就会发生“千里之堤，溃于蚁穴”的情况。而且，现在这个问题比以往任何时候都显得重要，因为社会群体之间的信任度以及社会公信力正在滑坡，并受到历史性挑战。对中国现代化的未来而言，社会经济协调发展必须依赖于构建一个长期的、共生的、和谐的社会，其关键所在就是社区参与意识的提升和丰富。

二　“满意度调查”与社区参与意识、公共性

意识调查（research of consciousness）是指有关每个人的意识现象的社会调查。把每个人社会生活的主观层面这一现象作为客观存在而加以阐明，就形成了意识调查。所谓意识现象是指各种社会条件所规定或以此为条件而形成的人们的意识活动。具体地说是指对于特定的存在物和事情的好恶、评价、意图、见解、态度等这些个人和群体所共有的意识。因此，在意识研究和调查中，作为现象而采用的包括意识形态、社会心理、民族精神、道德等（见实田宗介、栗原彬、田中义久，1994）。

“满意度调查”（citizen satisfaction survey，CSS）（徐红，2008a）就是

属于上述类型的社会调查之一。本文在“满意度调查”数据（徐红，2008b）的基础上，分析已知的相关数据，建立满意度与“社区参与意识”之间的关联性，又扩大至公共性（公共领域），构筑本文假说。为此，在分析数据之前，本文首先就这些概念与概念之间的关联性〔参照个人意识、社会意识、集体意识、社区参与意识、公共性或公共领域、大众媒体、公信力、自我认同的关联图式（relevant schema，RS），以下简称关联图式〕，以及与本文所关注的“高缺失值”现象之间的内在机制等问题进行说明。

首先，以个人意识（IC，individual consciousness）为横坐标，以社会意识（social consciousness，SC）和集体意识（collective consciousness，CC）（Durkheim，1893/1964，1895/1982，1897/1951；Mead，G. H.，1934）及集体表象（représentation collective，RC）（Durkheim，1912/1967）为纵坐标。然后，在这一坐标体系里，导入社区参与意识（the community consciousness for the participation，CCP）、公共性或公共领域（Ö，Öffentlichkeit，P/PS，publicness/public sphere）（Habermas，1962/1989）、大众媒体（mass media，M）、公信力（public trust，PT）、自我认同（self-identity，SI）等概念，以构建概念关联，分析强弱大小变化（见图1）。在个人意识、社会意识、集体意识、社区参与意识、公共性或公共领域、大众媒体、公信力、自我认同的关联图式（relevant schema，RS）中，将社会变迁或社会转型指向（顺时针方向）设定为：[III]→[II]→[I]→[IV]。[①]

就个人意识而言，不管其强或弱，积极或消极，虽然存在个体差异，但个人本身具有参与社区的主观愿望（CCP）。是否付诸行动，即社区参与（community participation）或公共参与（public participation）不仅与诸多经济的、社会的、文化的因素有关，还与某一情境下的一些偶发性因素相关。所有这些因素或是促使，或是阻碍，都可能决定个体是否有效进行社区参与。公共参与或公众参与（public participation）作为一种政治原则或实践，亦可被视为一种权利，亦可转化成利益攸关契约（stakeholder engagement）或大众参与（popular participation）的概念或实践。[②] 与“社区参与意识”

① a. [III]与本文探讨的“社区参与意识”“公共性”等内容关联度低，因此不作分析。有关[III]的强弱程度可以通过关联图式（RS）中的一些符号加以理解。b. 以下论述中出现在括号内的字母符号均出自关联图式（RS）。

② 概念来自 http://en. wikipedia. org/wiki/Public_ participation。

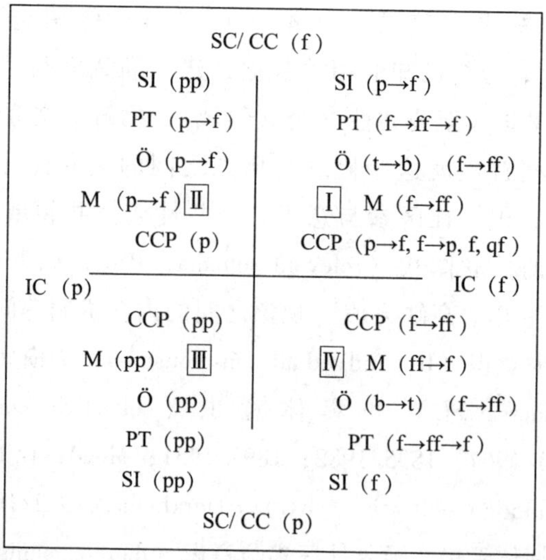

说明：纵坐标中无“集体表象”，其属于类似概念。

* IC（individual consciousness）个人意识

SC（social consciousness）社会意识

CC（collective consciousness）集体意识

CCP（The community consciousness for the participation）社区参与意识

Ö（Öffentlichkeit）=P/PS（publicness/public sphere）公共性或公共领域

M（mass media）大众媒体

PT（public trust）公信力

SI（self-identity）自我认同

b→t（from bottom to top）“自下而上”的

t→b（from top to bottom）“自上而下”的

f 强，ff 极强，p 弱，pp 极弱，qf 虚强

→表示强弱指向

图 1 个人意识、社会意识、集体意识、社区参与意识、公共性或公共领域、大众媒体、公信力、自我认同的关联图式（relevant schema，RS）

相关的有“公民意识”（civic consciousness）、“公共意识”（public consciousness）等概念，这些概念也可放入关联图式加以分析，但这部分内容不是本文的重点。

II是在社会意识绝对强大转为相对强大［III→II SC/ CC（p→f）］的状态下，伴随个人意识的觉醒和发展，社区参与意识及公共性或公共领域形成、大众媒体成熟的过程。而且，在这个阶段，作为个体的社区参与意识尽管微弱，但其与个体对政府或权威以及媒体等所构筑公共性的信任度的上升是同步的，而且后者对促使个体完成个体意识及提升信心具有正

面的、积极的作用。

在关联图式I阶段，个人意识不断提升，社区参与意识由弱变强［CCP（p→f）］，大众媒体过分发达［M（f→ff）］，导致“从上而下”公共性或公共领域的扩大化［Ö（t→b）（f→ff）］。在这个过程中，社会意识十分强大，个体意识无法抗拒社会意识，个体意识完全服从于集体意识。作为个体或个人，在与大众媒体互动中处于不利的境地，过多表现出来的是一种消极的或被动的“个人意识”，而对于这种意识有时又不得不掩饰，因为其自身有时又处于不得不参与或必须参与的状态中。因此，这是一种不真实的高度社区参与意识［CCP（qf）］作用下的社区参与。这里所谓的社区参与意识与其说是出自个人意识，倒不如说是出自社会意识或集体意识。社区参与意识的强弱或大小与个体本身的态度有关，更与其所处的社会意识或集体意识的强弱或大小有关。由此不排除出现“个体排异”，面对强大的公共性，个体处于弱势，由不想参与的状态转向出现厌恶或排斥情绪的状态［CCP（f→p）］。在I阶段，公信力进一步提升，甚至达到极限，随后又不断受到质疑［PT（f→ff→f）］，其中的原因之一在于个体或个人的“自我认同”意识出现萌芽，开始由弱变强［SI（p→f）］。

就个人而言，社区参与意识处于转换期，只有伴随其外在的公共性结构转化（Habermas，1962/1989），即传统大众媒体在个体意识的反思过程中被削弱或重组，出现“自下而上”的公共性或公共领域［Ö（b→t）（f→ff）］的情况下，才有可能出现完全出自“自我认同”［SI（f）］的社区参与意识［CCP（f→ff）］，这是一种高度的社区参与意识，至此我们就进入了IV阶段。在IV阶段，最为突出的是“自我认同”与公共性趋于平衡或和谐状态。这就是本文理念型（ideal type）中的最高阶段。

三　“缺失值”与公共意识或社区参与意识

笔者对于满意度调查（徐红，2008a，2008b）中对“政府为民办实事项目”的了解度、满意度及关注点等问题的回答中显示出来的“有效选择”与“缺失”数据，重新整理如下（见表1）。

表 1 “有效选择”与“缺失”数据对照

	有效选择	缺失	实际缺失
问题 8	1547	10	
问题 9.1	638	919	254
问题 9.2	441	1116	229
问题 10	898	659	
问题 11	870	687	
问题 12	788	769	
问题 13	769	788	
问题 14	1550	7	
问题 15	1534	23	
问题 17	63	1494	
问题 18	1501	56	

问题 8 至问题 18 分别为：8. 是否知道上海市政府每年都要规划“政府为民办实事项目”；9.1 是否知道上海市政府已连续几年实施“政府为民办实事项目”；9.2 在您的印象中，已连续几年实施；10. 对于 2007 年上海市“政府为民办实事项目”，您知道哪些；11. 您通过何种途径了解上海市“政府为民办实事项目”；12. 对 2007 年上海市“政府为民办实事项目”总体是否满意；13. 对 2007 年上海市“政府为民办实事项目”的满意度评价；14. 未来三年上海市“政府为民办实事项目”应对哪些方面予以关注，并加以规划、落实；15. 上海市“政府为民办实事项目”实施过程中，是否被征询过意见；17. 征询您意见的主要方式；18. 是否知道上海市政府有明确的联系方式听取市民有关意见。注：问题 16 不涉及论文主题，故未放入表格。

从表 1 可以发现，除了问题 8、14、15、18 以外，其余均表现出高缺失值。① 问题 8 和问题 14 的缺失值几乎可以忽略不计。问题 8 近似无缺失值是因为作为一个已经实施了 20 年以上的“政府为民办实事项目”，其本身作

① 高缺失值，当然有可能是调查员引起的（梁玉成、周怡，2006），也有可能是被调查者引起的（王建平、张立娟，2006）。对于前者因素，在本项调查中事先有所考虑：调查员全员为大学二、三年级学生，调查前对其进行专门的培训。并且，考虑到是在上海市区发放调查问卷，在沟通上本地方言不可缺少，因此发放问卷时，上海本地学生和外地学生是配对的。当然，我们也无法排除在实际操作中存在一定的误差，但是，这里讨论的问题是如果排除前者因素，而只能从后者因素中去查找。王建平、张立娟（2006）认为，“中国的被访问者在调查过程中的行为呈现非常不同于西方人的特点。中国的传统文化以及中国人对于社会调查的看法均深远地影响问卷调查中的被访者”。这些所谓“中国特色”在社会调查中的确存在，对缺失值也会有影响，但本文不倾向于这种多元文化主义（multicultural-ism）立场，而是更着眼于社会调查中的普遍性。因此，在不是人为或技术控制缺失值，而是让被调查者自然出现缺失值的状态下，本文所关注的缺失值与公共意识或社区参与意识之间的联系这一假设就可以成立，并可以加以分析和论证。

为专有名词，已经“约定俗成”。问题14近似无缺失值，问题15低缺失值，问题18较低缺失值，反映出问卷回答者对问题8、14、15、18与对问题9、10、11、12、13、17截然不同的态度。如果说问题14说明了市民是关注政府项目和政府行为的，他们所持的态度是积极的、自主的、具有高公共意识或者社区参与意识的［I CCP（f）］，那么问题9至问题13显示出市民的低公共意识或社区参与意识［III CCP（pp）或II CCP（p）］。问题17为所有缺失值中最高的，与问题15（被征询过意见的66人，有效百分比为4.3%；未被征询过意见的1468人，有效百分比为95.7%，绝大多数人并未被征询过意见）（徐红，2008b）有关联性。由此表明，调查对象在公共意识或社区参与意识方面存在差异可能与多种因素有关，但不可否认其中之一是体制上的因素使得他们无法参与或有效参与［I Ö（t→b）（f→ff）］，结果导致公共意识或社区参与意识的麻木状态，或采取默认或无所谓的态度［I CCP（f→p）］。从问题18中同样可以看到这种态度（知道上海市政府有明确的联系方式听取市民有关意见的440人，占有效选择人数的29.3%；不知道的1061人，有效百分比70.7%。这说明上海市政府听取市民意见的联系方式并未为市民普遍所知）（徐红，2008b）。当然，这里也要怀疑或警惕虚假的低缺失值，低缺失值有时并不一定代表高公共意识或社区参与意识［I CCP（qf）］，因为这同样是失真的。①

从问题9.1至问题12、17所显示出来的较高缺失值说明，问卷调查对象似乎对于这项“政府为民办实事项目”的态度是无反应的、茫然的、消极的，即他们并不会去关心具体的内容，因为这些或许同他们的实际生活无关，或许没有必要去关心［I CCP（f→p）］。由此，反映出问卷调查对象在“政府为民办实事项目”上的参与度不高，同时亦表明被调查对象对公共性持怀疑态度，由此公信力由强转弱［I PT（f→ff→f）］。前面

① 这是指调查者拥有极大权力，而被调查者处于极端不利或行为被限制的状态，他（她）具有恐惧心理，无法凭自由意志完成调查问卷，但又不得不配合调查的情况，也有可能是被调查者陷入极端狂热的状态，完全凭借情感而为，或者采取迎合主义态度，并非处在可视外力下的状态。上述的情况尽管属于非常态，但很难说很少存在，不管是在极权主义政治，还是在自由主义政治下都有可能发生，只是一般认为前者更有可能发生。

我们假设这是制度性因素造成的［I Ö（t→b）（f→ff）］，但也不排除是历史的或文化的因素[①]，相对其他发达国家的公民而言，我国公民的政治觉悟依然较低。改革开放三十多年后唤起“公民意识”提升问题[②]，与本文所提的公共意识或社区参与意识缺失问题，尽管不是同一问题，但具有相关性。

对于问题9.1至问题12、17中反映出来的“低缺失值”，解读为个体或个人的公共意识或社区参与意识强烈或稳定［I CCP（f）］，而与上述的“低缺失值”中反映出的公共意识或社区参与意识弱化或不确定［I CCP（f→p）］现象形成反差。由此，可以做出这样的解释：“高缺失值”并非完全在于个体或个人的公共意识或社区参与意识的缺失，而在于情景的不确定性和偶发性以及制度的过于强势［I Ö（t→b）（f→ff）/M（f→ff）］。以下分析将围绕后者（制度）这一论点展开。

四 “缺失值”与既有体制

本文不仅仅关注公共意识或社区参与意识的缺失问题，还关注与其不可分离的体制问题。从制度层面而言，“政府为民办实事项目”在媒体宣传方面，可谓强势［I Ö（t→b）（f→ff）/ M（f→ff）］，而为何会出现低参与度或有效参与度低［I CCP（f→p）］的情况呢？“满意度调查”的问题

① 陈弱水将中国公共意识缺失归结为社会和文化因素。中国传统社会公共领域的弱小，导致人们对这一领域意识的淡薄和对这一领域规范的漠然（陈弱水，2006）。就总体而言，这样的结论或许是合理解释，但传统社会公共领域也不是一成不变的，在近代中国就较早出现了转型迹象（小浜正子，2000）。当然，笔者并不赞成从多元文化主义立场去解释这种制度性因素。

② 党的十七大报告提出“加强公民意识教育，树立社会主义民主法治、自由平等、公平正义理念”（胡锦涛，2007）。是公民意识缺失或滞后，无法适应或阻碍政治体制改革，还是对公民意识重新诠释，以适应现有政治体制需要，或者是公民意识本身无所谓缺失或滞后，而是体制本身造成现有的公民意识，或者还存在其他解释？就要点而言，是个人问题，还是体制问题？或兼而有之？笔者认为，我们所说的社区建设主要指城市，显然不是指农村社区。这样，在“推进户籍制度改革，放宽中小城市落户条件，使在城镇稳定就业和居住的农民有序转变为城镇居民”这一农村改革发展目标之下，强化“公民意识”具有重大意义。

15（上海市“政府为民办实事项目”实施过程中，是否被征询过意见），反映出绝大多数人并未被征询过意见：被征询过意见的为66人，有效百分比为4.3%；未被征询过意见的为1468人，有效百分比95.7%（有效选择1534，缺失23）（徐红，2008b）。由问题18（是否知道上海市政府有明确的联系方式听取市民有关意见）得知，上海市政府听取市民意见的联系方式并未为市民普遍所知：知道上海市政府有明确的联系方式听取市民有关意见的为440人，占有效选择人数的29.3%；不知道的为1061人，有效百分比为70.7%（有效选择1501，缺失56）（徐红，2008b）。问题19（在上海市“政府为民办实事项目”实施过程中，如有意见）中，“想反映，但不知该通过什么途径来反映”占比重最大，为42.6%（有效选择1323，缺失234）。从问题20（上海市“政府为民办实事项目”规划和实施过程中，您认为市政府与市民的沟通状况）中可以发现，市政府与市民的沟通状况一般：27.4%的人认为不好或不太好，30%的人认为比较好或很好（有效选择1326，缺失231）（徐红，2008b）。在问题21（“政府为民办实事项目”规划实施中，市政府与市民沟通的必要性）中，绝大多数人认为有必要或非常必要，占90.1%；极少数人认为没有必要或不太必要，占2.1%（有效选择1504，缺失53）（徐红，2008b）。

以上数据表明，个体或个人的参与意识高或较高，缺失值低或较低；同时表明个体或个人的公共意识或社区参与意识与公共性和媒体的互动仍然存在问题，远未达到较高水准。从这里或者可以将较高缺失值解释为公民意识低下或缺失，不关心政治，无法适应体制，由此从体制上加强公民意识教育［I Ö（t→b）（f→ff）/ M（f→ff）］是一项主要政治任务。但是，这一主张虽然从提出的时机上看具有合理性，即城市化或城镇化在中国还处于发展阶段，对于刚从“农民”转化为“城镇居民”的人而言，“缺失”是实实在在的。但是，以往的国民意识教育在既有体制下［I Ö（t→b）（f→ff)/M（f→ff)］是否有效呢？对此显然无法确认，需要进一步论证。而且，如果再考虑公信力下降因素［I PT（f→ff→f)］，这也为个体或个人的“自我认同”意识回归提供了反思的空间及可能性［I SI（p→f)］。

随着人口文化素质的提高，社区参与或公共参与程度会有所提高，这从满意度调查的相关分析（徐红，2008b）中已得到确认：“满意度受文化程度影响较大：由均数分析看，满意度整体在各文化程度人群中或多或少高于不满意度，随着文化程度的提高，满意度有下降趋势。再由卡方分布表及百分比图看，随着文化程度的提高，明确表示满意的人数在下降，选择比较满意或一般等较中庸选项的人数在增加。大专文化的人群不满意度最高。”但是，如果说这一数据反映的是一种变化趋势的话，那么这就为个体反思［$\boxed{\mathrm{IV}}$ SI (f)］而形成“自下而上”的公共性［$\boxed{\mathrm{IV}}$ Ö (b→t)(f→ff)］提供了可能性，同时有可能出现完全出自“自我认同”的社区参与意识［$\boxed{\mathrm{IV}}$ SI (f) /CCP (f→ff)］。但是，就现状而言，即使在公民意识教育或强大的公共性及媒体下［$\boxed{\mathrm{I}}$ Ö (t→b)(f→ff)/ M(f→ff)］，个体依然可以完成“自我认同”的转化［SI (p→f)⇒CCP (f→ff)］，即在$\boxed{\mathrm{I}}$中个体行动不是被动的，而是能动的，是为实现$\boxed{\mathrm{IV}}$要件创造条件，实现部分转化。这一转化意味着削弱既有公共性结构，使其强度相对化。当然，不排除这一转化过程是漫长或艰难的，也有可能在强大的既有的公共性下无法实现，但作为一种力量积蓄本身个体行动不会消灭，不管是正的还是负的，只是形式转化而已。就目前的情况而言，一些被调查者的文化程度虽然未达到较高层次，似乎与上述所描述的趋势也不完全符合，但也不是毫无希望的。从对“政府为民办实事项目”的“了解度”这一层面也可以看出：“文化程度对了解度的影响比较微小，小学和小学以下文化程度的人群了解度明显比其他人群低。而初中及以上的文化程度人群了解度的差别就不太明显了”（徐红，2008b）。由此，强化个人或个体的“参与意识”是“自下而上”的公共性形成的重要参数，如将“了解度”看成个体对公共参与或社区参与的一个要件的话，那么在$\boxed{\mathrm{I}}$中也可以实现$\boxed{\mathrm{IV}}$，这说明文化程度不是决定进程的唯一依据，而只是一个关键因素。如果个体对公共参与或社区参与达到普遍化程度，即在现有条件下公民意识超前，那么就可以从“自上而下”的公共性过渡到“自下而上”的公共性［$\boxed{\mathrm{IV}}$ Ö (b→t)(f→ff)］。

从以上两种见解看，第一种认为公民意识是从过去的意识形态化回归常态，这显然属于$\boxed{\mathrm{I}}$阶段的思维方式，也是普遍看法；第二种是对公民意识的重新定义，更为强调“自我认同”，属于$\boxed{\mathrm{IV}}$阶段的思维方式，为本文论点之一。两个阶段相互转换，虽然在满意度调查数据直接分析中或许无法达到或满足本文假说的所有条件，但从已知数据的重组中可以发现这一事实，这是以上分析的核心。

五 结论

本文以“政府为民办实事项目”满意度调查为基础，从社会意识/个人意识的分析框架（paradigm）去关注社区参与意识提升的重要性，并引入一些关联性论点：“自上而下”的公共性与“自下而上”的公共性，以及媒体的强势与弱化等。由此，在上述构造中，本文提出从“自上而下”的公共性过渡到“自下而上”的公共性的设想，而对作为其重要条件之一的社区参与意识提升的现状把握是本文的切入点。通过“满意度调查”提供的分析数据，或二次合成的数据，本文将满意度的缺失值作为一种态度或意识加以研究，结果发现所谓缺失值并非一般意义上的缺失值，而是与公共参与意识或社区参与意识、公共性或公共领域、大众媒体、公信力、自我认同等之间存在内在关联性的，而且，这种缺失有可能源自既有体制本身。由此，本文认为，完成从“自上而下”的公共性到“自下而上”的公共性转换取决于“自我认同”的社区参与意识的有无；而作为后者目前尽管依然微弱，但就其本身而言，如果在外在条件相对成熟（比如公信力逐步恢复、媒体结构转变等）的前提下，有可能实现内在“自我认同”的社区参与意识转化，最终实现“自下而上”的公共性扩大。这是本文的初步性结论，还有待于进一步的、直接针对社区参与意识的调查，并展开系统和详尽的研究。

长江三角洲区域是中国城市化进程发展最快的地区之一，也是市场经济相对完善的地区。市场经济过度发展有可能弱化城市社区功能。单位制度消失以后，城市社区再建势在必行，但城市社区再建中如何面对市场经济的冲击，如何构筑中国特色的城市社区，依然是需要摸索和探讨的重要课题。由于市场经济的介入，城市社区资源被瓜分，或被非法占用，社区利益分配严重不公，社区利益并非反馈至每个社区居民，而为一小撮人所有，这不仅损害了政府形象，导致公信力下降，而且使社区矛盾日益激化，甚至出现群体性事件。因此，在市场经济下，如何控制社区内公共资源不再任意流失，使公共利益回归社区居民，将是关系到和谐社会能否真正构建的重要指标之一。而本文就是在这一前提下，作为一种政治战略资源去摸索“自我认同”的社区参与意识的可能性，构筑“自下而上”的公共性，以期在社区这一社会中间层面（middle range）构筑起真正的舆论威力。这并非平常所说的“公民意识”教育，即所谓内化，便可以达到的层次；而是靠每个人在文化反思机制下出现“自我认同”的参与意识，由此扩大至公共意识层面，逐步形成一种可以有效规范公共资源分配、重塑公信力、化解社会矛盾的机制。

参考文献

北原淳：《共同体思想——村落開発理論の比較社会学》，世界思想社，1996。

陈弱水：《公共意识与中国文化》，新星出版社，2006。

胡锦涛：《中国共产党十七大报告》，http://news.xinhuanet.com/newscenter/2007-/24/content_6938568.Html，2007。

梁玉成、周怡：《问卷调查中的调查员因素》，载边燕杰、李路路、蔡禾主编《社会调查方法与技术：中国实践》，社会科学文献出版社，2006。

民政部：《民政部关于在全国推进城市社区建设的意见》，http://www1.mca.gov.cn/mca/ news/news2000121802.html，2000。

実田宗介、栗原彬、田中义久：《社会学事典》，弘文堂，1994。

王建平、张立娟：《调查中的被访者因素》，载边燕杰、李路路、蔡禾主编《社会调查方法与技术：中国实践》，社会科学文献出版社，2006。

小浜正子：《近代上海の公共性と国家》，研文出版，2000。

徐红：《上海市区居民对“政府为民办实事项目”的满意度调查与评价》，同济大学，2008a。

徐红：《上海市居民对“政府为民办实事项目”实施结果的满意度调查》（同济大学“985工程”二期建设项目之一），同济大学，2008b。

俞纯麟、戴建方：《农村社区生活空间与公共性问题——江苏省射阳县Z村个案分析》[待刊用]，2007b。

俞纯麟、戴建方：《农村文化再建与农村社区建设——探讨农村文化危机问题》，载《迎接亚洲发展的新时代》，复旦大学出版社，2007。

俞纯麟、戴建方：《全球化时代中国农村的困惑与再构——农村汉民族、少数民族与农村文化的现状与问题》，载《经济全球化与亚洲的选择》，复旦大学出版社，2006。

《中共中央关于推进农村改革发展若干重大问题的决定》，http://news.xinhuanet.com/newscenter/2008-/19/content_218932.htm，2008。

Durkheim, *The Division of Labor in Society* (New York: Free Press, 1964).

Durkheim, *Suicide* (New York: Free Press, 1951).

Durkheim, *The Elementary Forms of Religious Life* (New York: Free Press, 1967).

Durkheim, *The Rules of Sociological Method* (New York: Free Press of Glencoe, 1982).

Habermas, *The Structural Transformation of the Public Sphere: An Inquiry into a Category of Bourgeois Society* (Cambridge, 1989).

Mead, George Herbert, *Mind*, *Self*, *and Society*, Ed. by Charles W. Morris (University of Chicago Press, 1934).

Robertson, Roland, *Globalization*: *Social Theory and Global Culture* (Sage Publication, 1992).

农村社区生活空间与公共性问题

——江苏省射阳县Z村个案分析[*,**]

戴建方　俞纯麟

目前新农村建设运动如日中天，正在各地农村展开，农村社区建设虽然比城市社区建设在推进速度上慢了一拍①，但这是难度和复杂性导致的，而实际上，从某种意义上说，农村社区建设的意义远大于城市社区建设的意义，因为它关系到中国现代化进程，也关系到确保和巩固发达地区现代化成果，以此推动后者更上一层楼。

为此，本文探讨农村社区建设中的公共性及公共意识问题，将其作为新农村建设中的一项重要内容加以定位。这是因为农村社区建设不同于城市社区建设构建“市民社会”，而是重建农村社区（gemeinschaft）。② 对应

---

* a. 本文原载于复旦大学亚洲研究中心编《转型中的亚洲文化与社会》（《亚洲研究集刊》第四辑），复旦大学出版社，2008，第107～123页（ISBN：978－7－309－06508－4/G.814）。
b. 论文首次发表时戴建方为感谢课题资助方而署名为第二作者，此次再版时恢复为第一作者。

** 本文为复旦大学亚洲研究中心2005年度资助研究课题“全球化时代中国农村的困惑与再构——农村民族与农村文化现状与问题”系列论文之一。已发表论文为《全球化时代中国农村的困惑与再构——农村汉民族、少数民族与农村文化的现状与问题》（俞纯麟、戴建方，2006b），其他相关论文另刊。本论文以《射阳农村调研》（俞纯麟、戴建方，2005）与《射阳农村调研》（俞纯麟、戴建方，2006a）为基本素材，适当补充部分内容即《吴江、昆山乡镇企业调研》（刘豪兴、徐珂、戴建方，1999）以做对比，初稿写于2006年3月，改写于2006年12月。

① 强化城市社区建设的《中华人民共和国城市居民委员会组织法》（1989年）和《民政部关于在全国推进城市社区建设的意见》（2000年）出台较早，而推进农村社区建设的《中华人民共和国村民委员会组织法》（1998年）与《中共中央国务院关于推进社会主义新农村建设的若干意见》（2006年）则相对较晚。

② 这里使用的是gemeinschaft一词，而非community，本意在于使这一概念更接近原意，重新构筑理想中的“礼俗社会”，或者从费孝通（1947/1985）描绘的“乡土中国”中找到影子，尽管村落共同体早已处于消失或瓦解中，但其具有的本质意义和价值部分仍然是现代人欲寻找的。

于市民社会的公共性或公共意识之类的话题，农村社区不是模仿，也不是拒绝，而是从以往的“自上而下的公共性”走向“自下而上的公共性”[①]，而农村基层选举作为这一政治模式的标志，有助于重建农村社区，获得话语权，构筑地方文化，否则农村文化真的难以摆脱危机。[②]

因而，探讨Z村的生活空间与公共性问题，尝试从不同的层面和不同的角度去把握农村社会的结构与特征，这是本文的目的之一。[③] 本文的另一个目的在于探讨农村社区的生活空间与公共性之间的冲突、错位与协调等问题，以发现“自下而上的公共性”存在的可能性，并由此构建“本土化的公共性”（indigenized publicness）。

一　Z村的生活空间

1. 基本状况

Z村距离县城约10公里，距离镇上约2公里。仅从地理位置上看，属于郊区，但社会调查后又不得不将之归于“半自给自足”村庄，这样的定位更为合适。这种“半自给自足”村庄或许是许多中国农村的缩影，正如我们所描写的那样，中国农村社区问题“冰冻三尺，非一日之寒”，社区重组更是任重道远，前景不容乐观。由此Z村距离城镇化水平似乎还很遥远，或许被称作“被遗忘的村落”更为合适。由于Z村主要种植棉花，水产养殖中主要以蟹苗为主，因此不能被称作“完全自给自足”的村庄。农民一般自己种植蔬菜和果物类，饲养家禽也较为普遍（俞纯麟、戴建方，2005）。

---

① 本文所使用的“公共性”一词，大部分情况下是指“自下而上的公共性”。但是，这是基于“公共性”的一般定义而言的，而且英语publicness和德语Öffentlichkeit之间存在某些差异性，因此，本文并不按照惯例，先作基本定义解释，而后展开论述，而是直接关注“公共性”的实际操作层面上的问题。

② 有关农村文化危机问题，作为研究课题“全球化时代中国农村的困惑与再构——农村民族与农村文化现状与问题”系列论文之一——《农村文化再建与农村社区建设——探讨农村文化危机问题》（俞纯麟、戴建方，2007）已有论述。

③ 这方面的研究从《全球化时代中国农村的困惑与再构——农村汉民族、少数民族与农村文化的现状与问题》（俞纯麟、戴建方，2006b）开始，到《农村文化再建与农村社区建设——探讨农村文化危机问题》（俞纯麟、戴建方，2007），均围绕农村社区的意识调查进行，而本文也不是研究课题的结束，而是将此研究成果反映到相关的“城市社区研究”中去，继续探讨相关论题。

（1）交通工具多样化——“现代化的点缀”

Z村去县城可以坐公交车（1元），公交车通行时间为6:00～18:00，这段时间以外只能坐出租车，但是在Z村坐出租车去县城几乎不可能，除非刚好有来自县城的出租车。而且，出租车即使安装了计价器，一般也不使用，而是谈价格上车。Z村去镇上没有公交线路。在Z村几乎看不到自行车，进进出出的交通工具主要是摩托车。出租车和摩托车日夜穿梭于村里，给人一种横冲直撞的感觉。听说也发生过交通事故，并且造成人员伤亡，但最后一般是通过调解了事，法律难以发挥效用（俞纯麟、戴建方，2005）。

摩托车多于自行车，似乎给农村人带来现代意识，但实际上称之为“现代化的点缀”更合适。

（2）外部环境大变，生活环境缩小

Z村周围环境不错，有一所规模相当的私立大学（台湾人出资），并有一座寺院，为江苏省重点文物保护单位之一，还有一座占地可观的、景观不错的公园，有湖泊，也有猴子、孔雀、鸵鸟、丹顶鹤等动物（俞纯麟、戴建方，2005）。

当然这些变化是通过征用农地改作他用来实现的。这些足以说明Z村的外部环境发生了结构性变化，但从目前来看这些外部变化还不足以引发Z村内部结构的变化，否则就不会出现基本状况中“半自给自足”村庄之结论了。

（3）土地资源紧缺，劳动力不断外流

Z村属于典型的人多地少地区，承包责任田每户约3亩，以前租赁9元/亩，现改为200元/亩，按国家规定（1993年）土地承包30年不变，加上人口自然变动和迁移，有些落户Z村的人没有土地，显然土地矛盾相当突出。年轻人基本外出打工，自家土地由父母耕种（俞纯麟、戴建方，2005）。

2. 基本建设

（1）水质改良

像大多数农村那样，Z村依然没有公共环境卫生设施，垃圾自古以来就被投入河道里，无人管理。对水源产生的污染，村民只能熟视无睹。比较幸运的是Z村没有工业，因而河流也没有大的污染（俞纯麟、戴建方，2005）。

近几年，村里为了提高水质改用深井水，修建水塔，并铺设自来水管道至每家每户，但是由于运作成本太高，每天只能在中午供应1小时。村民每天可以在这一时段接水储备。而实际上考虑到价格因素，大部分村民在生活用水方面还是离不开河水。洗衣、洗菜、洗碗等一般直接用河水。夏日里村里的男性村民会在河边洗澡（俞纯麟、戴建方，2005）。

水源是否被污染值得关注，因为尽管当地的主要作物不是蔬菜，但农药污染在所难免。用深井水煮的米饭，颜色呈茶绿色，如同日本料理中的“茶渍”（茶泡饭）。当地人习以为常。应该说，使用深井水是为了卫生安全，其水质能否达标，则不得而知。

综上所述，Z村在城市化过程中，存在“摊大饼”式扩张的现象，基本建设方面根本没有跟上。

（2）电力供应

在供电方面，其价格似乎与城里没有大的差异，但村民使用电器最多的为电视，冰箱还不普及，空调很少，而住宅电话的普及率达80%。一些年轻人家里有洗衣机，但这可能是当初的陪嫁物品而平时一般很少使用（俞纯麟、戴建方，2005）。

与上述交通方面所谈到的摩托车一样，这些属于“现代化的点缀”。入夜，整个村子一片漆黑，伸手不见五指，只见夜空布满星星，这是城里人难得一见的自然景象，这也可以说明Z村为“半自给自足”的村庄。

（3）道路修建

政府规划“村村通道路”，但又不会投入资金，地方自己解决。对Z村而言，公共财政已经是入不敷出，难以投入。Z村又不得不为之，转向民间集资，但阻力更大，由此得罪不少村民，搞得上下不和，影响团结（俞纯麟、戴建方，2005）。

3. 乡情

G_1作为城市知青，找当地人结婚后被同化，从现状来看，与当地人有点差异，但不可能去影响当地人的生活，这符合“入乡随俗”原则。G_1对当地的生活较为熟悉，又与县城政府里的某位领导沾亲，具有一定的人际关系，但属于在家赋闲之人，难以影响别人。G_1穿梭于Z村与H市之间，现在毫不留恋城市生活，更钟情于乡村闲静的生活，早已到了无力改变现状的年纪了，得过且过，自然无为。G_1作为个体是无法改变周围环境的，据说他曾设法以自己的手艺在Z村经营小生意，想来想去还是不现实，只得放弃。G_1的妻子曾任村会计，属于村委会成员，但未任满规定年限，现在就觉得很吃亏。

由于协助本调查的G家族主要成员G_1（长子）和G_2（老三）对Z村或射阳一带有着深厚的感情，虽然都出生在H市，但他们念念不忘“根”。G_1属于1966年“上山下乡”大军中的一员，先去贵州插队，后自找门路去祖籍地，从务农到务工，最后在当地成家立业。本文的Z村实际上不是G_1的祖籍地，而是他妻子的祖籍地，但是两地相差不远。G_1属于入赘，或许由于出生在城市对传统反而感到无拘无束，生儿育女，自得其乐。

改革开放后，G_1无法迁回户口，只得只身回城谋发展，后来也让子女进城务工或上学，G_1的妻子则固守家产，无意进城打工。与大多数返城的知青一样，好景不长，随着城市下岗人员数量不断上升，G_1刚有的“饭碗”又丢了，不知从何时开始，他干脆就久居乡下，说是“空气新鲜，吃自己种的不喷洒农药的蔬菜，去镇上称几斤正宗猪肉，摸几条小鱼，喝喝小酒，很自在”“这样的生活比起城里也不坏”。这就是G_2陪着笔者首次下乡时G_1所抒发的“感想”。是自我安慰，还是真心话，难以判断。笔者同G_2熟悉，但出于礼貌不得不放弃提问。

G_2从小生在城里，也长在城里，与一般城里人一样，或许随着年龄的增长，或许是其他原因，他更喜欢老家的宁静。他时常会利用节假日回老家待上几天。这与当地那些离乡进城的年轻人形成鲜明的对照。对于农村青年人已经感到有点厌恶的且缺乏新鲜感的“时空”，G_2反而有所领悟似的，并以此作为精神寄托。

G_1和G_2均已步入“知天命”之年，常往返于两地之间，这种经历对本文所做的异地追踪调查极为适合。尤其是G_1对Z村的历史和变迁有着亲身经历，作为本文的讲述人之一，以及本研究调查的牵线人，默默地、不计报酬地为本项研究提供一切信息（俞纯麟、戴建方，2005，2006a）。

二　Z村的公共性与公共意识

1. 消费差异化制约“公共性”的发展

2003年当地主要经济指标——人均GDP为9358元。Z村像大多数乡村那样，商业网点有限，消费系统无法建立。村里的商业主要是与生产资料或者日常生活有关的行当，比如，供销社、理发店、小店、小市场、地摊、早市等。一大早，G_1的妻子带着笔者去那里的早市转转，遇到不少熟人和亲戚，充满乡情（俞纯麟、戴建方，2005）。

小店的商品大都是当地产品，有些一看便觉得是伪劣商品，尤其是奶制品和饮料等，仅从价格就可以判断有问题。或许这对于Z村人来说不是问题，因为他们不具备像城市居民那样的食品安全意识。

在Z村期间，G_1和G_2每日以啤酒招待，但笔者马上发现这些啤酒并非全国各大城市主要的、正规的流通体系下流通的商品，而是区域内流通的商品，若是地方政府保护经济也就罢了，但多是冒牌货，显然这些不是政府可以监控的。同样在县里，相隔10公里的地方，我们受到款待，喝上在H市也难得喝上的新品——苦瓜啤酒。这种啤酒不是一般当地人可以享受的，至少是属于干部或有钱人消费的商品。一桌酒钱基本接近H市的水平（俞纯麟、戴建方，2005）。

以上的确属于日常生活中的小事，但至少说明商品消费能力上人与人之间存在很大差异，Z村作为都市里的村庄，无论什么时候，随着城市的发展，都会落入城市的贫困地带，成为消费的不毛之地。而且，实际上经济生活中的这种差异不会造就“公共性”，更不会带来一种“公共意识”。这些经济结构上的差异化，妨碍“公共性”的构筑，是造成“二元结构”的主要原因。

2. 私有经济不发达不利于“公共性”的形成

由于Z村个体经营不发达，土地承包到户，农业无法形成规模经营，因此大部分农家不富裕，不少农民拖欠集体的钱，至今无力偿还。而且，C_1和C_2（Z村村级干部）认为，当地个体经营者人数有限，政治和文化素养也不高，他们对村里的公共事务根本不关心（俞纯麟、戴建方，2005）。

苏北经济模式与“苏南模式”属于一个模式，但东北远远落后于苏南，公有经济现状不容乐观，目前会不会出现2000年前后“苏南模式”行不通的情况呢？“苏南模式”当时遭遇瓶颈，乡镇企业、国有企业几乎都陷入困境，唯有外向型企业保持增长趋势。于是，有人开始怀疑“苏南模式”，对其前景并不看好。M（W市经委办公室主任）批评现有的市场经济体制，对上级下达经济增长指标后让下面谎报的做法极为不满，但又十分无奈，不得不为之（刘豪兴、徐珂、戴建方，1999）。

苏北地区目前还没有什么模式可言，依然如此，必将成为其他地方经济的人力出口基地，或者成为低级技术转移的首选地。县科技局每年引入的技术项目寥寥无几，这或许是经济发展的另一个瓶颈（俞纯麟、戴建方，2005）。

3. 政治结构松散与公共意识淡薄

X_1（主任）、X_2（科长）和 CH 为地方（县）政府形象的代表，C_1 和 C_2 为群众自治组织利益的代表，在 Z 村是党员。不管是县级干部 X_1、X_2 和 CH，还是 Z 村村级干部 C_1 和 C_2，可以说他们依然是农村基层干部的中坚力量，他们的身份是双重的或多重的，全部为中共党员。在 Z 村党员比例不高，年轻党员更少。因此，从某种角度看，共产党基层组织较为松散，有时瘫痪。另外，就共产党以外的群众团体对村里公共事务的参与程度及作用等问题，据 C_1 和 C_2 说，一般村民没有热情，很少参与，也不可能发挥作用，只有依赖少数党员做实际工作（俞纯麟、戴建方，2005）。

4. 社区领袖单一化不利于"公共性"的扩大

农村"社区领袖"并非仅指中国共产党基层干部，还包括其他政治群体的领袖。令人遗憾的是，Z 村只出现共产党社区领袖，而并未出现其他的社区领袖，但是，根据《中华人民共和国村民委员会组织法》（1998 年）与《中共中央国务院关于推进社会主义新农村建设的若干意见》（2006 年），这种状况势必会发生变化。一旦社区领袖的结构发生变化，"公共性"将随之出现新的变化，因此，在社区建设中改造现有组织结构是一个关键问题。

5. 政治主体缺乏理念——"公共性"缺失的问题所在

显然，仅靠外部力量不足以改变农村文化，只有当农村文化主体自己重建属于自己的文化，才有可能建立与当地发展相符合的民众文化（grass-root culture），并以此作为当地社区建设的主要内容而加以实践。虽然目前 Z 村的社区建设主体主要为共产党基层干部，而不是其他社区领袖。但是，政治结构完全取决于传统政治因素的看法也不确切，还有其他各种因素制约了当地社区的政治结构，比如，Z 村的个体经营者尚未作为一个阶层或整体出现（俞纯麟、戴建方，2005）。另一个重要原因是，这些个体经营者本身缺乏政治意识或理念，而一般村民则更关心实际经济利益，虽说政治利益与经济利益是不可分离的，但无权无势的村民只会消极地对待"公共性"，而从不积极关心"公共性"问题，显然，村民在政治上缺乏自主意识。

6. 自觉参政——构筑"公共性"的基础

村委会成员的月收入为 200 元，与当地年收入 ≤4500 元相比较差，而且现在已经不同以前了，即使能干出实际成绩，也很难有机会晋升到乡级行政班子。尽管担任Z村领导，连任数届后可以享受退休金待遇，但还是有人不愿干下去，选择中途辞职。

事实表明，参与社区政治在很大程度上并不是利益驱使，而是出于自己的参政意识，但这样的人似乎不多。尽管他们各自都觉得自己能力有限，而且对自己的前途并不乐观，甚至悲观，但在短时期农村公务员制度无法确立的前提下，这些农村基层干部还不至于被“换血”处理（俞纯麟、戴建方，2005）。

7. 村委会选举与群众自治组织偏离——“公共性”的结构变化

以近期Z村一次村委会选举为例，初选阶段每组45名选民选1名代表，按Z村人口计算可选出53名代表；正式选举是由这53名代表选出其中5人作为村委会领导班子主要成员（主任1人，其他4人为委员，须经上级部门认定）。在初选阶段几乎所有人都会来参加选举，这是因为考虑到有人可能不来，为鼓励选民参加投票活动而特意准备了小礼品。据当选后的C_1（村委会主任）和C_2（村委会委员）说，初选后53人中党员所占比例为55%，而正式选举后能进入村领导班子的均为党员。对于这一结局，笔者寻问其中原委，他们也解释不清楚，村委会本来是法律上规定的群众自治组织，但为何成了共产党的基层组织（俞纯麟、戴建方，2005）。

本文所要强调的“自下而上的公共性”的土壤的确存在，而结果依然是“自上而下的公共性”，这也说明前者的推广需要一个相当长的过程。

8. 干群关系紧张引发政治信任危机——“公共性”转变的契机

C_1认为，政策尚未落实到位。C_2的看法是村民与政府互不信任，村民认为政府办事缺乏法律依据，有时带有很大的随意性和盲目性，失信于民。村干部夹在政府和百姓之间，两面受气，吃力不讨好是常有的事（俞纯麟、戴建方，2005）。

基层干部反映说，上级领导去基层农村检查工作，有时根本不敢下车走一走，而是开着车兜几个圈子，然后听取当地领导的汇报，这是常见的现象之一。另外，在W市，临近年关，虽然吩咐各级部门做好慰问困难户工作，但还是发生了下岗工人冲进政府机关去食堂哄抢食物的事情。为此，一些主要领导上班不走正门，改走边门。在江南不少城市，不知从何时开始，市政府所在地周围出现了护城河，上有“金水桥”，站岗放哨，检查严格（刘豪兴、徐珂、戴建方，1999）。以Z村为例，生产资料涨价加重了农民负担。虽说政府减免农业税，但化肥却涨价了，到头来农民觉得自己没有得到一点儿实惠。由此，将问题归咎于政府部门（俞纯麟、戴建方，2005）。

以上事实说明以往的“自上而下的公共性”实际上已经引发“公共权力”庞大化，这是导致政治腐化的一个因素。尤其在农村社区，公共监管体制的薄弱和不完善，会造成比城市社区更为严重的后果，而以此为契机，引导“自下而上的公共性”具有一定的现实意义。

9. 生活空间与“公共性”

如前面已经提到的那样，Z村周边环境已经发生了很大变化，而作为“公共性”必备的公共环境显然没有多少改变，难以举出什么公共场所，找来找去，村里早市这一区域算是Z村主要的公共场所和小道消息发布地。尽管不少年轻人拥有手机，但家中有电脑的极少，根本不存在“虚拟社区”，显然，距离本文假设的“自下而上的公共性”形成还有相当长的路要走。

10. 政治出路：呼唤“公共性”

Z村正遭遇前所未有的困境，可以勉强维持下去，但C_1和C_2对目前现状以“基本瘫痪”一词加以描述和把握，显然问题已经到了不可救药的地步。由此可以看出他们希望摆脱目前的困境，寄希望于社会转型，但是否一定出现“正向转型”，依然有许多不确定因素，风险较大，无法预测（俞纯麟、戴建方，2005）。

农村社区建设中尤其需要文化建设，在这一过程中的确需要更新观念，需要开放机制，引入外部观念与方法，但作为这一制度的最大缺点是政治因素决定社区建设。从以往的经验来看，虽然有成绩，但还是难以改变农村现状（俞纯麟、戴建方，2007）。20世纪60年代中期，成千上万的知识青年“上山下乡”，农村社区的结构和文化出现根本的变化了吗？城乡差别缩小了吗？“公共性”扩大了吗？当然，毫无疑问，在某种意义上“公共性”是在扩大，村民被动员、被组织起来，被改造成具有政治思想觉悟的“新农民”，但这种“自上而下的公共性”在市场经济冲击下如何转向正是本文加以探讨的问题。

三 农村社区（gemeinschaft）重组与“自下而上的公共性”的扩大

1. 共同体思想与农村社区的重组

北原淳（1996）从比较社会学的角度出发考察了战后日本农村和泰国农村共同体论的形成过程、内涵及其特征，主张扬弃外部世界的、意识形态主导下的共同体。这是一种面向内部世界的、为构筑市民社会并作为市民社会的一部分而设定的共同体。泰国农村重建共同体的言论和运动，对于中国农村社区建设而言，显然具有一定的借鉴意义。当市场不断扩大时，农村社区面临着考验，是跟随城市的脚步，还是走自己的路，重组共同体，这是一个值得探讨的问题。

泰国农村共同体问题与中国当前农村改革情况极为相似。问题是在中国农村，在作为共同体（社区）复兴的主体——村民中“知识分子”很少，实际上仅存在上述的社区领袖，而且主要是基层党员，地方公共性尚未获得一定空间，也未获得政治话语权，作为自治组织无法决定自己的命运。在这一前提下，虽说他们也不希望回到过去的、意识形态主导下的共同体，去构筑一个永无实现的梦想，但随着市场经济的强大，他们若没有某种政治和文化自觉也难以改变处境，更何况重建农村社区（俞纯麟、戴建方，2005）。

日本农村共同体理论和实践在第二次世界大战后衰落，这是事实，或许日本属于西方社会阵营，早已进入后现代化，那么农村共同体复兴是否有可能和必要呢？况且，日本农村早已“空洞化”。对于这些问题，北原的用意在于将这一共同体论与市民社会论相联系，将共同体作为市民社会的一部分来把握，这样其意义自然显现。由此，这是否意味着共同体复兴运动是作为全球化下的地方化（globalization）呢？但是，不管怎样理解，本文认为，这种共同体思想对于非西方社会在国家现代化的过程中如何重建农村社区具有普遍意义（俞纯麟、戴建方，2005）。

2. 从乡村建设运动到“新农村建设”——重建“公共性”

梁漱溟（1931/1990）、晏阳初（1935，1937/1989）等人20世纪30年代的乡村建设运动，20世纪50年代的人民公社化运动均可视为本文所说的农村文化建设运动，而“文化大革命”中的一些“左”倾思潮对乡村社区建设的影响，可理解为乡村文化建设中的文化政治化，20 世纪 80 年代农村改革开放中的农村社区建设开始战略调整，转向以经济为中心的文化建设或精神文明建设。加入 WTO 以来，政府对于农村社区建设又开始做了一次重大调整，“构筑和谐社会”成为一种共识，“新农村建设”作为一项历史性的实践运动，正在各个地区展开，这将关系到中国现代化的成功与否。

从乡村建设运动中梁漱溟（1931/1990）重视传统伦理再建，晏阳初（1935，1937/1989）推行文化 - 政治改造论，到费孝通（1938/2001）早期注重实证调查，20 世纪 40 年代提出中国农村社会的文化论（1947/1985），中国的农村社区建设从各个层面推进，不管是理论研究，还是社会实践，都为日后的社区建设提供了丰富的遗产。费孝通于 20 世纪 80 年代提出农村经济发展模式，成为中国特色的经济社会学思想（费孝通，2004）。尤其是 20 世纪 90 年代提出的“文化自觉”概念（《关于“文化自觉”的一些自白》）以及“各美其美，美人之美，美美与共，天下大同”概念（费孝通，2005），这是对社区建设从以经济为重点逐渐转向以文化为重点的博大构想（俞纯麟、戴建方，2007）。

3. 从财政赤字到重新探讨“公共性”

一般而言，目前在公共建设方面，政府资金不会百分之百到位，政府出一半，另一半地方自己解决。因此，他们必须自筹资金。在 Z 村，村委会负债累累，村干部每当接到上级指示后，不得不挨家挨户筹集资金，由此得罪了不少村民。尽管修筑水泥路等公益事业对 Z 村大有益处，但当地不少村委会在经营上出现了债务问题（一般为 30 万 ~40 万元），连续数年入不敷出，村民对此颇有微词（俞纯麟、戴建方，2005）。

以上事实说明，农村干部在财政预算上从制定、筹集到支出，如何与村民一起共同构筑“公共性”是一个现实问题。计划经济时代，村民不会去怀疑“公共性”姓“公”，因为经济利益本身不大，一般相信利益会相对公平地落实到每个村民头上，或许这就是所谓的事实上的公正和公平，而市场经济时代，在经济利益大增的情况下，显然以往的“自上而下的公共性”日益暴露出结构上的问题，其机制早已无法正常运作，由此这一现有体制事实上在剥夺村民的经济利益，造成事实上的不公正和不公平。因而，重新探讨“自下而上的公共性”问题是改变现状的希望所在。

4. 法制观念淡薄与对“公共性”的模糊认识

C_1和 C_2（村干部）认为，一般村民对法制认识模糊，需要对村民进行思想教育，这是对村民而言的，而村民认为，有些村干部“以政代法”，干扰体制。与此同时，C_1和C_2对B_1、B_2、B_n（乡干部和镇干部）或D_1、D_2、D_n（县级干部）的做法也会持有同样的看法，即“以政代法”，而自己或许也会被视为“觉悟不高”。由此，从村民到上级干部都认识到“以法代政”的重要性，这是一个大家共同关心的问题（俞纯麟、戴建方，2005）。

显然，村民对“公共性”并非不关心，而是认识不清楚，因为他们现在总是怀疑“自上而下的公共性”，就如同C_1和C_2所说的，“对法制认识模糊，需要对村民进行思想教育”。C_1和C_2应该成为构筑“自下而上的公共性”的主角，但与作为配角的村民之间还是存在严重分歧，对“公共性”彼此也存在模糊认识，由此目前难以推动或扩大这种“公共性”。

四 公共事业——“公共性”的物质和精神基础

1. 文化娱乐贫乏单调——“公共性”不发达

在Z村，一般村民的主要娱乐方式不是看电视就是打麻将，或者去镇上买些廉价光碟回家看。文化娱乐设施本来就少得可怜，而现在连唯一的一张乒乓球台也不见了，“村村有文化娱乐活动”的景象早已不复存在。当然，可以去约2公里远的镇上，或者约10公里远的县城，在那里可以找到适合自己的文化娱乐，而其中不少部分属于低级趣味的娱乐方式（俞纯麟、戴建方，2005）。

笔者在当地调查期间发现，晚上收看的电视节目，主要是当地电视台播放的节目或转播的节目，频道较少，换来换去，主要是电视剧或文艺节目，这是任何时候都可以看得到的节目，村民收看是因为不必再支出费用就可以获得一点乐趣。好在年轻人大都进城打工，不看此类节目（俞纯麟、戴建方，2005）。

以上原因在于，Z村同其他大多数农村一样，经费困难，各村均存在债务问题，不可能在文化娱乐方面投入公共资金，即使村干部按照上级部门指示来建设正规的文化设施，也只能以最低标准来应付，因此现有的统计数据多少有水分，不足以相信。

这样，政府可以提供的娱乐场地越来越少，甚至消失。据X_2说，以前县城还有电影院，还组织电影下乡，现在都租赁出去，搞“招商引资”了。尽管江苏省文化厅在文化建设方面发布了不少文件，为基层文化设施建设制定了蓝本，而且各级行政区域也积极争取评上先进（俞纯麟、戴建方，2005）。

但是，仅仅依靠政府推动文化建设显然不够，也未必能出现真正意义上的文化繁荣。现在的文化娱乐，既无法保持以前的水平，也无法适应现在的GDP经济规模。文化娱乐单一化和萎缩是造成“公共性”滞后、不发达的原因之一，因此，形成“公共性”的前提条件之一是文化娱乐繁荣。城市文化兴起、市民阶层形成、文化娱乐方式多样化是相互关联的。

2. 市场经济与“公共性”

X_2作为农村文化实践者，对当前市场经济冲击下文化市场急剧萎缩的现象忧心忡忡，对以前20世纪60~70年代的文化风气记忆犹新，尽管现在看起来当时纯粹是为特定的政治服务，但在经济根本不富裕的年代，反而农民的文化生活较为丰富多彩，群众积极性也颇高；现在比以前日子好过多了，而农民的娱乐方式主要是看电视或者打麻将。1998年射阳被省里评选为“群众文化先进县”。2003年末射阳全县设镇19个，据X_2当时汇报的统计资料，到1998年为止，先后有18个乡镇建起了500平方米以上的文化站房，有19个乡镇建起了藏书5000册以上的图书馆，有17个乡镇建成了省群众文化先进乡镇。在文艺创作（淮剧）、民间艺术、美术（农民画、剪纸等）方面，成就显著，1993年被文化部评为“中国民间艺术之乡”。1994年2月和1995年元旦，分别在江苏省美术馆和中国美术馆举办了“射阳县民间美术作品展览”。但是，这毕竟是在地方政府精心培育下取得的成果，民间人士自发组织起来的文化活动极少。而且，目前不少属于政府部门管辖的文化设施由于财政压力无法正常运作，以致长期闲置，因此相关领导不得不按市场机制进行出租。如果不及时通过有关途径解决这类问题，那么从长远来看这对农村的文化发展是不利的（俞纯麟、戴建方，2005）。

因此，笔者认为，为防止农村文化出现倒退现象，现阶段有必要对农村文化实践活动的理念和内容重新定位。而这一过程实际上就是要在市场经济的背景下，扩大“公共性”，而不是弱化“公共性”。毫无疑问，市场经济是“公共性”的前提条件、生存土壤，虽然目前市场经济的确与“公共性”之间产生一些矛盾，但这只是表面现象，而不是实质问题。主要问题在于目前我们所谓的市场经济还处于转轨过程中，与真正意义的市场经济还有距离，而且如下所述，农村文化庸俗化——“公共性”正在歪曲，这归因于文化的“空洞化”，因而，“公共性”的形成首先有赖于市场经济的发展和完善。

3. 医疗保健体系和医疗保险制度问题呼唤“公共性”的再现

以前实行合作医疗时期每个人看得起病，而现在新的医疗保障体系尚未建立，这是一个事关农村社会安定和实现小康目标的大问题。另外，对于以前享受过合作医疗好处的一代人，他们现在正处于体弱多病的阶段，而新的医疗保险体系至今仍未确立（俞纯麟、戴建方，2005）。

纯粹从统计数字上看，农民收入稳步增加，但其他方面，传统文化的普及和发展、医疗保险等方面难以令人满意，尤其在医疗保险体系和医疗保险制度上，一度受到国际普遍称赞，作为中国现代化重要成就（布莱克，1976/1996）之一的“公共性”日益退化，出现农民无力支付医药费、不敢看病的怪现象，由此贫困化阶层正在扩大，显然如何解决“生老病死”是重现“公共性”、体现农村社区“公共性”的重要步骤。

4. 农村文化庸俗化——“公共性”正在歪曲

传统社会的乡约民规以及道德观对人们的行为具有一定的约束力。如果将这比作为“公共性”，那么为何现在市场经济体制下的“公共性”最为缺乏，显然这与“公共性”的原意背道而驰。本文认为，目前的“公共性”缺失并不在于市场经济，而是农村文化“空洞化”的直接反映（俞纯麟、戴建方，2007）。

X_2长期从事基层文化及宣传工作，他认为目前农村文化在萎缩，农民参与度不高；而且，农村文化建设与领导的观念意识有一定的关系，一般来说大部分领导只重视经济，对毫无产值的文化事业不予以重视，实际上这是认识上的一个误区。X_2回忆起 20 世纪 70 年代群众文化声势浩大的场面，与现在形成了鲜明的对比，虽然当时那些繁荣景象是与特定的政治背景挂钩的（俞纯麟、戴建方，2005，2006b）。

在本项研究进行期间，有报道称苏北某地在葬礼上安排跳脱衣舞，这是媒体炒作还是真实新闻？笔者不怀疑这则新闻。因为早就听说在苏南一带，色情行业正在蔓延，尽管有各种各样的明文禁止，但生意红火，一到周末就涌来大批 H 市的嫖客，给当地萧条的市场带来一丝“希望”（刘豪兴、徐珂、戴建方，1999）。

对于色情文化产业，虽然 Z 村村民或者邻近村民听过，但他们暂无经济条件成为色情消费者，尽管如此也不排除其成为色情消费者的可能性。色情文化成为一种文化现象，与其他村落一样的 Z 村，会卷入城市色情文化之中，而且一部分村民会因经济贫困而沦落为性服务者。长江三角洲城市地带中的色情提供者便是千万个像Z村那样村子的村民。

农村文化朝向庸俗化方向发展，是属于“公共性”歪曲现象之一。这显然与其他一些“公共性”歪曲，比如滥用权力、经济腐败、官商勾结等一样，是扰乱农村社区重建的一股歪风邪气。

5. 公共安全与“公共性”

从整个村落来看，基本上不存在城市社区的公共安全问题，关于这一点，笔者在当地的确感受过。但从另一个角度来看，盗贼入屋，翻箱倒柜，也不一定找得到值钱之物（俞纯麟、戴建方，2005）。

但事实果真如此吗？在另一次调查中，笔者却发现了新情况，偷盗的并非钱财，而是家禽之类的“财物”。本来G_1的妻子说好去H市参加G_2的五十寿辰酒席，但怕家里的鸡鸭被偷，就不得不放弃了（俞纯麟、戴建方，2006a）。

由此可见，安全问题还是存在的，只是在当地依然将偷盗定位于小问题，还未将潜在的安全问题与“公共性”这一问题一起加以讨论。

6. 家族文化妨碍构建“公共性”

家族文化是指以家庭制度为核心，包括行为规范和生活方式的价值体系。家族文化作为某一文化的下位价值体系反映出来的必然是一种文化，而国家意识形态是家族文化的上位价值体系。在中国农村地区，血缘宗族关系是形成家族文化的最为重要的社会基础。儒家文化则是家族文化的核心思想，是其价值体系的重要来源。家族文化的特征主要有：祖先崇拜和孝道至上、大家庭观念和家族主义。家族主义作为家族的一种主要的意识形态，对家族文化的各个部分具有渗透、支撑和制约的作用。农村地区的家族势力在20世纪50年代以后，随着土地改革运动的完成，基本上处于一种分崩离析的状态，但是自1990年以来正在死灰复燃，其负面影响不可低估（戴建方，2004）。

一般而言，家族文化会阻碍“公共性”的发展，但由于Z村没有有些南方村落中特有的祠堂，因此，两者之间不存在关联性。

7. 宗教信仰与“公共性”

宗教信仰与构建“公共性”是一个难题，本文难以展开讨论，但是，本文关心的是Z村的宗教信仰与“公共性”之间的关联性。

Z村没有宗教活动的场所，尽管附近有一所大寺院，但显然这座寺院作为旅游景点属于远道而来的香客，其与本地村民的信仰活动没有关系。因为门票较贵，当地人不会进去。但是，村民不在寺院里进行正式的宗教活动，而是在家里悄悄地进行。这样，就带有迷信色彩。但是一般来说，村民的婚丧嫁娶活动中多多少少带有宗教色彩，只是在表现方式上早已发生变化，存在多少传统，多少迷信，难以判断（俞纯麟、戴建方，2005）。

而且，尽管在宗教信仰方面，Z村村民大多数人属于无神论者，但还是比较热衷于拜祭祖宗。令人遗憾的是，年龄在50岁左右的人早已不太清楚祭祖程序了。G_1为操办父亲10周年忌辰会，东问西问，最后搞出一套所谓的“传统”。G_2说，什么形式都可以，但必须办得体面，有模有样，至少不让别人笑话而失去面子。这或许是Z村村民的普遍想法（俞纯麟、戴建方，2005，2006a）。

另外，笔者走访了一些农户，发现厨房炉灶上方并不是灶神，而是饰以“熊猫竹子图”的图案，有中国气息，让那些并不通晓中国文化的老外一看，错以为是中国的灶神。荒唐也罢，流行也罢，至少说明Z村的历史文化气息不浓厚（俞纯麟、戴建方，2005，2006a）。

以上情况和事例说明，在Z村不管是迷信活动，还是家族祭祀活动，都属于小范围聚会，而且时间较短，发生频率不高，因此不可能形成“公共性”。

8. 人口流动与农民工、城市新人——“公共性”资源转移

“超女”成为2005年度大众娱乐界的亮点，湖南电视台收视率居然超过中央电视台，如此“超女”现象遭到精英抨击自然属于正常现象，虽然“超女”也不是受到所有年轻人的喜爱，但这至少说明有商业卖点。而笔者认为，这一现象其实说明很多问题，比如，我们的文化产品单一、娱乐方式单调，能吸引或适合年轻人的太少，大量复制或盗版光碟充斥市场，阻碍消费层次的提高，等等。虽然这一现象好像与本文无关，但成为“超女”粉丝的不少人就是城里的打工族或城市新人，他们需要这种流行文化，因为他们认同的文化中从来没有这种新鲜感。这从另一个角度说明：农村文化何去何从，已经是个大问题了。对他们而言，农村文化除了“血缘”“乡约”与“乡情”还有什么呢？（俞纯麟、戴建方，2007）“公共性”是什么，他们当然不会理解，但是，很难说他们在城市生活中不卷入“公共性”。

“城市新人”这一称呼未必确切，笔者也不认为他们是原来意义上真正的“农民”，称之为“农民工”（民工）也不确切，“外来务工者”算是新词，对城里工人而言，这种称呼是对自己身份的维护。实际上他们（农民）在城里从事各种工作，严格意义上来说属于非技术工人的较多，属于技术工人的极少。他们中的相当部分可能把大部分时间安排在城市，农村是根，但又不愿意回去。他们宁愿寄人篱下，从事大部分城里人不愿从事的工作，作为城市新移民，生活在一个自己始终难以适应，也无法把握的千变万化的都市里。他们永远属于边缘地带的人，不管是生活环境，还是社会文化环境。民工学校在城里兴起，似乎是为了解决农民工子女的就学难问题，有人称之为“为农民工办实事”。事实果真如此吗？显然不是。笔者以为这是一种无奈，是制度性缺陷造成的问题。因此，尽管目前按照中国的户籍制度定义，他们是农民身份，但本文暂且还是将他们称为城市新人（农民或工人）（俞纯麟、戴建方，2007）。

在Z村难得见到年轻人，因为社区政治对他们而言，没有利益可图，他们也不感兴趣，倒不如走出Z村，更有发展。G_1的一个女儿早就在H市读完大专就职，现已安家立业。而在县城里，X_2和X_1的儿子都在读大学，他俩都希望孩子大学毕业后去S市报考重点大学研究生。由此可见，像X_2和X_1那样，即使在县城里从社会地位到收入待遇都算不错的群体（特殊阶层），也会否定自己，鼓励孩子去别处发展。据C_1（村委会主任）说，在Z村只要读出中专的，必定远走高飞（俞纯麟、戴建方，2005）。

Z村中外出打工者居多，平日里多见妇人孩子守家，该走的、能走的、找不到希望的都走了，剩下的属于无可奈何的，或者老弱病残。除了过年，其他传统节日不再热闹，正在被人淡忘。对于打工者而言，过年是他们唯一还可以找回一点传统的时间。伴随着市场经济的发展，Z村节日中热闹的场面越来越少，尽管各家的婚丧嫁娶依然进行，但依然改变不了社会生活中的“空巢”现象（俞纯麟、戴建方，2005）。

每年Z村人能够考上中专、大专以上的学生才数名。尽管大家向往“外部世界”，但相当多的人属于既无心情“返巢”，又无能力立足于他乡，最终可能带有几分无奈、几分悲伤，虚度年华。“空巢”是常态，回家过年算是回归心灵的“绿洲”。

传统已经难以维系Z村的社会结构，随着“空巢”的扩大，“公共性”的基础开始动摇。从Z村到上级镇、县、市，都存在“公共性”问题。“公共性”先天不足，基础脆弱，又遭摧残，再加上空间萎缩，因此“公共性”

成为社区重建的一个重要指标的确有重重困难，但是，这是社区重建的内涵（contents）之一。

理论上讲，随着人群的大规模流动，这种本来可以形成地方“公共性”的能量正在转移为推动城市“公共性”的能量，但作为城市文化的“边缘人”或“准对象”，他们能否将自己的权利和希望诉诸“公共性”，对此笔者难以推测。

五 结语

就农村地区而言，在相当长的一段时间里，只有“自上而下的公共性”，而无“自下而上的公共性”。目前实际上是前者正在退化，后者尚未出现或正在转移，提出“自上而下的公共性”本身是否具有可操作性，并具有普遍意义？以上探讨的“公共性”问题似乎与农村社区建设相去甚远，文不对题，但是，“公共性”的结构和内涵正在发生变化。作为严格意义上的“公共性”，不管我们曾经是否有过，也不管今后是否出现，这不是主要问题，因为“公共性的本土化”（indigenization of publicness）作为农村社区建设过程中的社会进步指标之一，需要我们去构筑和完成。

然而，在“公共性”不发达的情况下，大谈其本土化是否合适？本文认为，因为“公共性”与市场经济一样，不可能是一个纯粹意义上的理论概念，而是一个操作概念，因此将这一概念本土化以适应当地的文化和传统最具现实性，而且，只有解决这一问题才会显现出重建“公共性”的意义。

再者，笔者认为，为有效展开农村社区的建设运动，完成各项具体目标，在这个过程中，完善的市场经济是“公共性”的基础，而“公共性”可以确保市场经济走向成熟和规范，并成为其守护神。与此同时，重建这种“公共性”又是文化建设的重要保证，可以整合现有的外部环境和社会资源，因此是一项极为重要的战略手段，是农村社区建设成功与否的关键，也是一项直接关系到“本土化公共性”（indigenized publicness）如何构筑的伟大实践。

参考文献

北原淳:《共同体思想——村落开发理论的比较社会学》，世界思想社，1996。

布莱克编《比较现代化》，杨豫、陈祖洲译，上海译文出版社，1996。

戴建方:《农村文化》，载刘豪兴主编《农村社会学》，中国人民大学出版社，2004。

费孝通:《费孝通九十新语》，重庆出版社，2005。

费孝通:《江村经济》，商务印书馆，2001。

费孝通:《乡土中国》，三联书店，1985。

费孝通:《志在富民》，上海人民出版社，2004。

梁漱溟:《乡村建设理论》，载《梁漱溟全集》，山东人民出版社，1990。

滕尼斯:《共同体与社会》，林荣远译，商务印书馆，1999。

晏阳初:《农村运动的使命》，载宋恩荣编《晏阳初全集》，湖南教育出版社，1989。

晏阳初:《十年来的中国乡村建设》，载宋恩荣编《晏阳初全集》，湖南教育出版社，1989。

俞纯麟、戴建方:《农村文化再建与农村社区建设——探讨农村文化危机问题》，载《迎接亚洲发展的新时代》，复旦大学出版社，2007。

俞纯麟、戴建方:《全球化时代中国农村的困惑与再构——农村汉民族、少数民族与农村文化的现状与问题》，载《经济全球化与亚洲的选择》，复旦大学出版社，2006b。

调研资料

刘豪兴、徐珂、戴建方:《吴江、昆山乡镇企业调研》，1990。

俞纯麟、戴建方:《射阳农村调研（1)》，2005。

俞纯麟、戴建方:《射阳农村调研（2)》，2006a。

居住空间的商业化

——上海老社区沿街商业案例研究*

钟晓华

改革开放以来的大都市空间结构发生了巨大变迁，原先计划经济时代的生产性、政治性空间被转化为消费性、市场化空间。随着传统“公共空间”的逐渐消退，哈佛设计学院库哈斯认为消费空间逐渐成为“21 世纪最后的，也是最普及的公共社会空间”。关于城市商业及消费空间的研究成了市场营销、文化研究、区域经济、地理学等诸多学科的研究热点。随着市场化进程的加快，新城市商业业态的出现和消费趋势的变化都对传统商业造成了很大冲击，导致城市商业空间的大规模重组。

上海的城市商业与消费空间一方面在全球化过程中经历着商业业态变革和空间重构，国际大资本注入老商业中心，替换、并购原国有百货店；居住区周围兴起的购物中心、大卖场逐渐取代了传统零售业，形成新的区域商业中心；在城郊结合部建起了仓储式超市等。另一方面，上海开埠以来的商业传统仍有其强大的生命力，或与新商业伴生，或竞争割据。尤其是与住宅区共生的社区商业就是传统商业得以延续的土壤，“家”中心的空间用途居住化趋势是上海重点发展社区商业战略的依据。除了新住区的统一商业用地开发，石库门里弄、工人新村等老住区商业发展则更多地体现了自发性空间置换的精明和社会性交往的可能性。

在当今资本和权力主导、经济效益优先的开发模式下，政府和开发商生产着新的城市空间，广大民众被排除在规划决策过程之外。然而，民众仍以自发而富有创意的空间实践，描绘出丰富的日常生活场景，赋予具体

---

* 本文原载于《中国城市评论》第四辑，东南出版社，2008。

场所以社会文化意义。老住区沿街商业，就是个体自发的空间实践与日常生活的自然产物。不同的区位、不同的住区特征和互动群体，使看似相同的住宅商业化过程产生了不同的商业业态及社会文化产物，本文就着眼于两个分别位于上海城市核心区及老城区边缘的老住区沿街的商业业态和商业空间互动行为，以日常生活的微观尺度捕获宏观的社会过程。

一 对城市商业空间及社区商业的认识

商业是城市重要的功能之一，国内对商业空间区位等的研究是从20世纪80年代逐渐起步的，集中于经济地理学、人文地理学领域，注重分析城市商业设施的规模等级和空间网络分布（李昌霞、柴彦威，2005）。随着20世纪90年代，超市、购物中心等新商业业态的聚集产生及其对城市整体空间结构的影响，城市商业研究重点转向了商业业态变迁与城市商业空间结构的相互关系（张水清，2002）；城市建设对商业空间重构的作用，如轨道交通发展对城市商业分布的影响（姚瑶、苏莎莎，2007）。相对商业空间研究的实体性和区位性，关于消费空间的研究更侧重于消费行为的主体性，关于消费水平和消费结构的研究成了消费经济学的重点。

相较于城市商业空间、消费空间的网络式的、整体性研究，关于社区商业的探讨更为具体和微观。社区商业是一种有别于城市区域中心商业、大型购物中心的业态，是以一定区域的居民区为中心，以便民利民为宗旨，满足居民综合消费需求，提供日常生活需要的商业模式。在欧美等发达国家，居住区商业早已成为居民综合消费的载体，其消费额约占社会商业支出总额的40%。以美国为例，2000年全国社区购物中心零售总额为4494亿美元，多于近邻型购物中心的3205亿美元和区域购物中心的1429亿美元，约占美国商业总零售额的40.68%。关于居住社区内沿街商业的研究，建筑学的视角侧重于对商住楼住宅科技（齐方采、张文焕，1990）和“前店后宅”“下店上宅”的经营户型的探讨；经济学、营销学研究则集中于社区商业的市场价值、发展模式（何骏，2008），认为无非是政府、开发商与规划师之间的精英力量的制衡，商讨共赢之道。

综上，国内关于城市商业空间及社区商业的研究多为市场分析，缺少对商业空间与社区生活的关系、消费行为背后的社会文化意义的探讨。社区作为一个生活共同体具有特殊性，决定了社区商业不能只是一种单一的商品经营场所，还是一种交换场所，也是一种参与、交流、沟通的场所。与所在社区关系也各有不同，有些是与所在社区相适应的，与社区居民共生共存；而另一些可能是与所在地理位置割裂的非日常生活消费场所，商业性高于社区性。雅各布将沿街商铺的功能扩展到了保持街道安全与多样性上，“一条街道，当人们能自愿地使用并喜欢它，而且在正常情况下很少意识到他们在起着监督作用，那么这里就是最不经常出现敌意或怀疑的地方，这种监视条件是要在沿人行道的边上三三两两地布置足够数量的商业点和其他公共场所，尤其是晚上或夜间开放的一些商店和公共场所；店主和小业主本身是秩序的坚决支持者”。而成都街头的茶馆（王笛，2006）、曼哈顿社区的白马酒吧（雅各布斯，2005）也成为街头公共活动发生和社会关系产生的汇聚点；曼哈顿老街区的创意设计店非但没有因为士绅化（gentrification）商业破坏老街区，反而成为新的市场和文化节点（Sharon Zukin，2004）。

二 研究框架

本文所涉及的住区沿街商铺，主要有两大特点：一为零售商业，二为沿街区位。零售商业是商业流通环节的终端，买卖双方在实体商店中直接发生交换行为。而沿街商业是零售业中最常见的商业业态，作为城市商业空间的一大组成部分，是产生丰富的消费行为及互动的公共空间。原本“街”相对于“道”就承载了更多的生活功能，沿街商铺所涉及的“街道”概念是基于两侧建筑而形成的人群聚集的非主干道路，而那些与周围建筑有违和感的交通性道路（如高架桥等）不能按“街道”论。

城市沿街零售商业有三种主要表现形式：一为大型商业街区、购物中心；二为居民区沿街下层小商铺，这一类型又有两种情况，老街坊社区底层房子的“居改非”和新社区开发商统一建设的配套设施；三为临街流动的小摊贩，小贩与街头“官僚”之间的空间权力关系非常丰富。不同于传统的按区位及规模所进行的商业业态分类，本文尝试按照社区性/商业性、大众化/小众化的维度，对沿街商业类型做如下划分（见图1）。

笔者从功能定位及顾客群体的角度切入，对沿街商业不同的区位及业态进行划分。这样的划分，不仅是对不同的地理位置和商业规模进行比较，更为重要的是对不同商业空间的演化过程及物理空间中发生的互动行为和

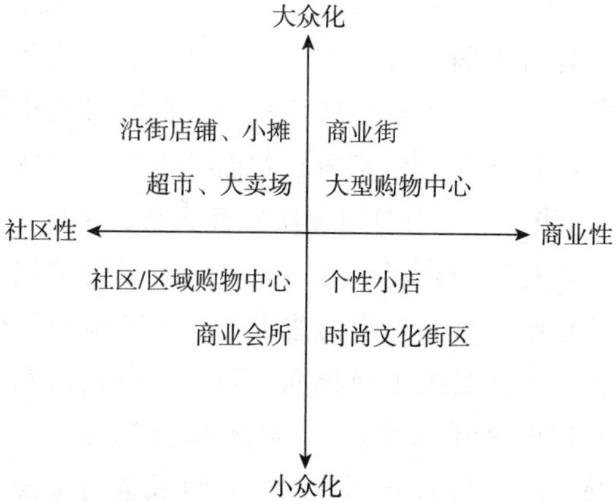

图 1　城市沿街零售商业形式

社会关系进行比较，从而探讨特定空间的社会意义以及空间与实践之间的辩证关系。①大众化/商业性：此类商业业态多位于市中心一级商圈，以商业街和大型购物中心为主，开放性极高、业态丰富，顾客群为不确定的大众。②大众化/社区性：此类商铺多位于住宅区的主干道附近，或几个住宅区之间的区域。社区一般为中低档老社区，配套设施很完善。传统的社区商铺以沿街店铺、小摊等为主，以其便利性和低消费吸引往来行人和附近居民。除了传统社区的店铺外，近年来出现的超市和大卖场等也逐渐成了此类商铺的新代表。③小众化/社区性：此类商铺多位于成熟的中高档商品房社区内部道路两侧，开发商预留的集中商业用房引进了除日常消费以外的休闲娱乐消费行业，针对社区内的“三高”居民建成会所式的高档社区商业中心；④小众化/商业性：此类商铺多位于市中心一级商圈附近，所在的街区有一定的历史文化及旅游价值，虽然业态同样以沿街商铺为主，但经营内容以高档、时尚为主，并不以满足附近居民的日常生活需求为主，顾客群小而集中，以中青年白领为主。

类型化的框架只是为了在抽取要素时进行概括比较，并不能涵盖所有的沿街商业类型，更多的商业空间介于端点维度之间，有所偏向。笔者在两个住区的个案研究中，就发现了兼而有之但各有侧重的商铺。

三　上海的住宅社区及社区商业发展

上海就如中国工业化、城市化、现代化的一个“试验场”，每个不同历史阶段所产生的住区，既是当时社会生活的产物，同时又是社会生活变迁的象征。如以里弄住宅、公寓等为代表的上海近代住宅区，作为全国工业基地、财政支柱的大片工人新村，以及“现代化国际大都市”目标下产生的新型商品房社区等。

上海中心城旧住区，形成于19世纪中后期和20世纪初期至三四十年代（上海近代历史上第一个经济快速增长和城市扩张时期），以新旧里弄建筑、花园住宅和公寓建筑等为主体，具有一定的历史文化价值。其中最具代表性的里弄住宅，始建于19世纪60年代前后。砖木结构的联排式住宅占地少、造价低，适合当时上海房地产市场需求，短时间内被大量推广。据统计，1949年前后，上海里弄住宅有9000余处，约20万幢，建筑面积达2120余万平方米，占全市总居住建筑面积的63.5%以上。

1949年新中国成立之后，严格的政治控制使上海的城市地位由原先的远东第一国际大都市变为国内大城市；上海的城市功能由“消费型城市”转变为“生产型城市”；产业结构也由多功能城市变为工业基地，1952年上海国民生产总值中，第二产业占52.4%，第三产业占41.7%，工业总产值中轻重工业之比为79.1∶20.9；到1978年，第二产业的比重上升为77.4%，第三产业仅占18.6%，轻重工业之比为49.3∶50.7。1949～1990年，上海地方财政收入总计3911.79亿元，其中上缴中央支出3283.66亿元，占83.94%。这一时期的住区更新与建设主要以改善劳动人民的生活条件为主要目标，从1950年至1985年，上海住宅总投资59.4亿元，修建大小住宅新村200多个，尤其是从1979年至1985年，上海市住宅投资46.5亿元，建成住宅总面积2545.2万平方米，7年新建住宅总面积等于上海市解放后29年住宅建设的总和。这一时期，大量五到六层的“新公房”成为主要的住宅形式，都只具有单纯的居住功能，未考虑居民的人文需求，被抱怨为“兵营”“文化沙漠”。除了新公房建设外，原有的位于市中心的一些老私房也经历了计划经济时代的空间“社会主义工业化”，在新中国成立前后的自愿租赁、50年代社会主义改造及70年代“文化大革命”后的代理租赁政策等过程中，很多老私房被政府以低价租给劳苦大众，在20世纪50至80年代为政府分担了不少城市人口住房压力。

21世纪的城市空间生产继续以政府为主导，但在林立的住宅区和显眼的房产广告中也看到了经济资本的介入。上海的城市空间形态甚至被称为“以住宅为中心的组合空间”“它不再只是‘居住’的空间，同时还关乎餐饮、交通、医疗、教育……几乎所有的城市生活”。住房私有化是上海住宅市场发展的一大趋势，除了大批商品房的建设外，自1994年以来，部分老公房也开始向居民出售，而海内外业主要求回收老私房（多为市中心的历史花园洋房）的呼声也日渐高涨，上海的住房私有率甚至超过了部分发达国家。然而，宜居性、文化性、地方性、多样性等现代社区诉求在中心城区人口密度、人口流动率和旧城区覆盖率极高的情况下显得异常艰难。“拆留改修”不仅是自上而下的政府、开发商与规划设计者讨论的议题，也是自下而上的自发式的民众的日常实践。

上海的社区商铺历史由来已久，并伴随着不同的社区发展阶段生成不同的商业业态。从20世纪初起，老里弄房子中就出现了“下店上宅”的经营模式，老虎灶、烟纸店、裁缝店等成了老上海里弄生活的象征（卢汉超，1995）。新中国成立后，一些国营粮油店、邮政所、小百货店替代原来的私营零售点，成了社区商铺的主体，直至这个阶段上海社区商业还是以“沿街型”商铺为主。从20世纪90年代中期起，上海大力推进居住区商业的发展，作为五层次商业布局的重要一环（五层次分别为市级商业中心、区域商业中心、居住区商业、郊区城镇商业、商业专业特色街），许多新商品房社区开发商在规划时即预留了商业用房，中心型的集中商业和会所型的高档商业相继出现，但沿街的商铺形态以其区位优势保留至今。自2002年上半年以来，上海市居住区商业的零售额就达到了600亿元，占全社会零售额的30%。直至2007年，上海已有175个社区被列入社区商业建设和改造范围。

四　住宅商业化和空间再生产：作为消费与公共生活场所的沿街商铺

笔者于2008年3月至2008年6月，对上海市MX路街区与CL路街区进行实地调查。个案位于上海不同地段的两个老住区，前者是建于20世纪80年代的公房社区，后者是20世纪20年代新里弄住宅和花园住宅的代表。作为老住区，两者的共同点在于没有统一的商业配套用房，店铺均由底层民居改造而来，分布形态为沿街型。但由于区位和历史文化背景差异，两个街区的商业业态、消费人群及互动行为都有大不同（见表1）。

表 1　两个街区的基本情况

	MX 路街区	CL 路街区
所在行政区	杨浦区（边缘城区）	卢湾区（中心城区）
住区建设时间	20 世纪 80 年代	20 世纪 20 年代
住宅类型	五层、六层公房	新里弄、花园住宅
居住区商业业态	餐饮店、维修小店、超市卖场	酒吧、高档服饰店
顾客群体	周边社区居民	非周边居民、青年白领
商业性质	社区性、大众化	商业性、小众化

1. 城乡共处的新社区关系

MX 路街区中曾经的“新公房”是石库门房子里的人们的向往，即告别马桶和狭小空间，迁入有独立卫浴的新居。到如今，这些房子已经破旧，本地居民购置新房，但仍不愿错过旧区的商机，把底楼房子的门的朝向改到临街，自营或出租，做起了小业主。如今的街区，一边是老住区外沿、一边是几所学校的校门，一百多米的街区有 139 家商铺，其中 102 家集中于街区底楼的街面房子，以餐饮和理发等生活服务店、水果店、杂货店、建材装潢店为主，虽然近年开业的临近街区的大卖场、周边新社区的购物中心对老街区的商业造成了一定的冲击，杂货店和小超市的生意每况愈下，餐饮店铺也是频繁易主，但是几家水果铺、理发店及建材装潢店却“稳坐”街区。无独有偶，所有这些店的店主，都是外地来沪人员。水果店老板 A 系安徽人，举家在此开店已有 12 年，色彩丰富的果摊背后就是一家五口唯一的起居室，但十数年奋斗的成果就是买下了这个店铺，在上海有了“家”；一家十来年的理发店，寥寥几平方米，没有先进的设备、没有高超的技法，但“大老粗”式的理发师 B 却从未涨价，对往来熟客的喜好了如指掌；做门窗框生意的 C 八年前与父亲、兄弟在此开店，对周边逐年建起的新小区非常了解，只要报上需要门窗框的颜色，他立即能将顾客所在的小区和装修要求猜得八九不离十，近期，他们一家也在附近小区购买了一套商品房。

本地居民的谋利“算盘”、周边企业的“三产”自救和外来者的求生意愿使 MX 街区的业态自发形成，除了整齐划一的早餐车上的标志外，很少能看到政府干预的痕迹。这样一种以社区性、公共性为主的商业消费空间，在社区这个场域下产生了超越简单买卖租赁关系的社区关系。居民一方面抱怨脏乱差的环境和街道空间被抢占，另一方面又无法离开廉价快捷的生活服务，熟客可以随意赊账、免费配送水果等消费关系，在劳动力过剩、竞争激烈的市场中是不会出现的。

作为社区性、大众化商业类型的代表，该街区商业的发展是日常生活实践与市场化相结合的产物。小区刚建成时是用于安置城市化过程中本地农民和市中心外迁居民，由于老社区商业配套设施不健全，先后经历了流动摊贩、个体经营者的零散进入，小型食杂店、饮食店、理发店等陆续出现的过程；随着周边商品房、高架桥及轨道交通的建设，更大规模的建材市场、家电连锁和乐购大卖场相继建立。这样的住区商业，主要针对附近居民的日常消费需求而建立，虽然大型商场对中小零售店造成了较大的冲击，但是由于传统沿街商业承载着社区公共空间的功能，是社区交往和外来人员形成社区归属感的重要场所，因此住区形成了新老业态共存的局面。

对于很多外来者，租个店面、“前店后宅”是低门槛的谋生之道，老上海里弄房子里的烟纸店、土特产商店就是20世纪初移民潮中移民重要的求生之法，在改革开放后的又一次人口流动热潮中，有很多老传统的保留，也有很多新经验的创造。这样的商业空间不仅是工作场所，也给很多店主以“家”的想象，除了谋生之外，通过提供额外服务，他们获得相应的社会回报——社区关系的建立，通过吃苦耐劳建立起稳定的经济依存关系，并逐渐获得本地居民的认可，这样的融入使上海中排斥异己的势力在日常生活中被化解，沿街店铺在公共与私人空间之间的有效过渡也减少了人口频繁流动带来的不安全感，新的城乡共处社区关系推动了对外来群体的新的社会身份认同。

2. 社区之外的新阶级

CL路毗邻市中心文化与商业中心，所在社区属上海最大的历史风貌保护区。始建于20世纪20年代的新里弄、花园住宅和公寓房子是当时的中高档住区，法租界的建筑风貌至今仍保存完好。街区主要以二层、三层洋房为主，底层为商铺，上层为普通民居。主要业态以服饰小店、咖啡馆、酒吧和时尚礼品店为主。

该街区的商业是近年才兴起的，改革开放之初CL路是一条幽静的马路，沿街只有住户，行人以步行为主，没有公交进入。临近的XY路市场是当时远近闻名的外贸服饰交易中心，由于轨道交通建设地块整体被开发，于2006年停业搬迁。CL路街区上很多店铺是从老市场就近搬迁而来，但由于门面昂贵，店主的经营策略也由低价服饰转向高档成衣。

开在中心地段的 X 服饰店，位于一处洋房的院落内，隔着铁栅栏不易被发现，店内服饰以自行设计为主，商品价格在千元左右，冬季会有高档皮草出售，顾客多为老店转来的熟客；G 书店是一家主要针对外籍人士及高收入人士的外文书店，同时店内提供简单的餐饮，顾客可以休息、阅读、聊天；还有少量的旅游纪念品、个性小饰品等。这样的个性小店是 CL 路商业业态的主体，以租赁为主、自营店较少，店主一般不是该街区居民，而大量的受雇店员租住了附近住区的房子。

这是一种位于社区中但却与社区没有联系的商业消费空间，是典型的商业性、小众化类型，以时尚、个性的特点抓住了城市“新兴中产阶级”的消费心态。俱乐部式的买卖关系，消费的对象是商品以外的符号与文化，这主要源于以下两点：一是“生活态度”“时尚理念”等消费概念的流行；二是具有异国风情和老上海怀旧气息的消费空间本身成了商品的“附加符号”。据一位居委会干部称：“居民一般不会去买衣服，正因为住得近也不觉得有什么了。一般光顾长乐路与淮海路的大都为‘白骨精’（即白领、骨干、精英之类的人群），平时上班时分人不是很多，到了晚上、节假日、周末就比较热闹，街上停满了高档汽车。”对于新贵阶级而言，“炫耀性消费”在于追求一种“懂行”的评价，排斥“无地方性”的购物中心、大卖场，在与时尚的互动中达到自我认同。

当上海重新回归“消费型城市”时，消费取代生产成为社会导向，新兴中产阶级追求“有意义的消费”，这是一种系统化的符号消费，追逐品位的游戏使得中产阶层的消费以及消费形成的社会效应对城市空间的消费产生区隔作用。而老洋房等历史建筑的商业化的背后是对历史价值的改造和再利用，“上海怀旧”不仅是历史记忆或文化产业，更是全球化过程中的地点制造和空间再生产。

反观老社区，过于频繁的商业行为和大量外来人口的迁入，影响了原有的社区生活。据保守估计：“在附近住区，小区中平均每 100 家中就有 30～40家的房屋对外出售，外来人员的占有率达到了 35%～40%。”时尚街区名声在外的同时，住区居民却为生活配套设施的不完善而怨声连连。

这样的由消费行为引起的空间转变是“空间士绅化”（gentrification of space）的最佳体现，这种商业化的空间使老住区的历史文化价值仅为少部分精英所享用，产生了区隔的社会结果。“士绅化”原本指聚集低收入人士的旧区，经历重建和更新后地价和租金上涨，高收入人士取代原有低收入居民。支持者倡导居住环境的改善、投资机会的增加；批评者犀利地指出社会不平等带来的纠纷、对传统生活肌理的破坏、对空间的剥离。CL路街区的空间“士绅化”是基于空间商业化而形成的，同时与上海一起经历了巨大变迁。如20世纪初的法租界“上只角”，街区是洋人、绅士名媛们的府邸；1949年新中国成立，革命干部取代洋人和旧政权的达官贵人，但原来居住在那里的知识界、文艺界和工商界的名人并未受到多少影响，革命深深触及了人的灵魂，却大体没有触动房子，“上只角”继续延续它的社会传说。“文化大革命”横扫“封资修”，一些名人也被扫地出门，但如此深刻的“文化大革命”也没有改变人们都以住在“上只角”为荣的社会风尚。让“上只角”的地段不再等于“士绅社会”的变化是从改革开放开始的，在同一片 higher quarter 里，昔日士绅家庭败落，而今日新进人家则发达，这反映了市场经济改变社会结构，“上只角”第一次变得不那么单纯了；在全球化的今日，通过对街区空间的商业化改造，“上只角”重拾百年前的“身价”，成了新“名流”聚集地。上海的“gentrification”不同于纽约、芝加哥的烂区变好区，而是所谓“高尚生活区”的商业化。

在全球化、消费主义和形态建设主导的开发模式下，商业主义之涨和公共生活之退似乎是一对共生的概念。列斐伏尔认为，消费主义同时开启了全球性空间生产的可能，对于差异性的压抑转化为日常生活的基础，消费主义不仅成为运用社会空间的逻辑，也成为主导日常生活的文化逻辑。消费文化对空间的征服，同时也放大了不同人群对空间的使用需求。

然而通过对于上海老住区沿街商铺的研究，笔者却发现了在城市化、现代化的宏大背景下民众的应对之道，在不同的时空尺度中，上海城市的空间改造难挡商品化、消费化的趋势，但基于经济关系的互动同样是形成新的社会关系和获得新的空间体验的有效方式。个案中的住区商铺，虽为商业消费空间，但同样是公共生活的场所，并在稳定的互动中获得社会意义。

如果说形态各异的住区是历史长期流变的产物，那么相同街区中发生的人群迁移、生活变迁则是生命周期（dasein）内的流转，而朝夕之间的人来人往、买卖互动又是日常生活的期限（duree）。沿街商铺所在的住区是城市不同发展阶段的空间象征，而对住宅商业化的自发改造则造就了新社会过程中新群体的身份认同，但空间分异和社会区隔也同步而生，这时城市改造的主导者和监督者就是不可或缺的介入力量。落笔时，获知 MX 路凌乱的街面小店将由街道出资统一翻新，店面租金因此上涨，许多小店主忧心忡忡；而许多 CL 路街区的居民因政府消极回应增加生活配套设施的要求而黯然迁离。纵然民众有再多的空间使用策略，但老街区的社区生活也会在经济主导的大规划下举步维艰，在开发新的公共空间的同时，如何保留老街区丰富的公共生活也是一大重点。

此研究是对转型期城市空间重构的微观探究，对空间演进机制的探讨仍有所欠缺。老街宅商铺化所涉及的公房转租和老私房租赁等问题，以及地方政府、开发商、居民租户等各方利益在空间转换中的博弈问题都是下一步值得研究的重点。

参考文献

常青：《旧改中的上海建筑及其都市历史语境》，《建筑学报》2009 年第 10 期。

陈映芳：《城市开发的正当性危机与合理性空间》，《社会学研究》2008 年第 3 期。

陈映芳等：《都市大开发——空间生产的政治社会学》，上海古籍出版社，2009。

阮仪三等：《再论市场经济背景下的城市遗产保护》，《城市规划》2003 年第 12 期。

史蒂文·蒂耶斯德尔等著《城市历史街区的复兴》，中国建筑工业出版社，2006。

王婷婷、张京祥：《文化导向的城市复兴——一个批判性的视角》，《城市发展研究》2009 年第 6 期。

徐明前：《城市的文脉——上海中心城旧住区发展方式新论》，学林出版社，2004。

约翰·厄里：《全球复杂性》，李冠福译，北京师范大学出版社，2009。

张松：《上海城市遗产的保护策略》，《城市规划》2006 年第 2 期。

王伟强、杨海：《消费的空间与空间的消费》，载《理想空间——文化、街区与城市更新》，同济大学出版社，2006。

王晓明：《上海 30 年城市现代化变革之路》，《新民周刊》2008 年第 11 期。

李昌霞、柴彦威：《改革开放后上海市民消费方式的变化及其空间扩展》，《经济地理》2005 年第 4 期。

张水清：《商业业态及其对城市商业空间结构的影响》，《人文地理》2002 年第 10 期。

姚瑶、苏莎莎：《轨道交通对城市商业空间和房地产价值的影响》，《中国集体经济》2007 年第 27 期。

何骏：《上海社区商业的发展模式研究》，《城市问题》2008 年第 4 期。

罗岗：《想象城市的方式》，凤凰出版传媒集团、江苏人民出版社，2006。

王笛：《街头文化——成都公共空间、下层民众与地方政治》，李德英等译，中国人民大学出版社，2006。

雅各布斯：《美国大城市的生与死》，金衡山译，译林出版社，2005。

沈磊、孙洪刚：《效率与活力——现代城市街道结构》，中国建筑工业出版社，2007。

李天纲：《人文上海——市民的空间》，上海教育出版社，2004。

齐方彩，张文焕：《专业户住宅设计标准化与多样化的探讨》，《住宅科技》1990年第6期。

Bourdieu Off-Broadway, "Managing Distinction on a Shopping Block in the East Village," *City and Community* 3, No. 2.

Giddens, A., *A Contemporary Critique of Historical Materialism*, MacMillan, 1981.

Haochao, Lu, "Away from Nanking Road: Small Stores and Neighborhood Life in Modern Shanghai," *The Journal of Asian Studies*, 1995, (2).

遗产在城市更新中的角色演变

——解读上海中心城区“旧改”进程中的几个案例*

钟晓华

本文以“城市遗产”为题，无意从文物保护、建筑更新、城市设计等领域展开论述，而是将其置于城市开发的大背景中，以上海近年的“旧改”进程为例，通过案例比较，解读城市遗产在城市更新过程中的角色演变。从消费主义主导下的将遗产作为文化符号的商业开发，到二轮“旧改”中自行更新的混合空间，再到“社会生态”理念引导下的遗产整体保护，不同的城市遗产在经济社会结构转型、价值观念变迁、城市发展战略调整的动态过程中，在制度背景、自身初始条件、关键行动者等多重因素作用下呈现出不同的更新结果，并反作用于城市更新。

一 城市更新语境中的城市遗产

本文所使用的“遗产”是指城市中建成的历史文化遗产，即能够体现一座城市历史、文化、科学、艺术、社会价值的，具有传统和地方特色的历史街区和历史建筑物等。有关城市遗产的讨论无法避及城市更新，“遗产”原本就是在大规模、快速城市更新的威胁下被重申和强调的。从“优秀历史建筑”“历史文化街区”等提法的出现到概念的修正扩展，从专家论述、立法到成立专门执行机构的过程，就是一座城市更新的过程，是一种空间生产的新话语。

---

* 本文原载于《城乡规划：当代中国城市变迁》，中国建筑工业出版社，2012。

（一）国外城市遗产保护历程

城市遗产的提法起源于西方专家领域，在第二次世界大战后大规模城市建设初期，历史街区之类的城市遗产被认为只是破旧不堪的地方，应当予以拆除并实施综合性开发。第一次保护运动与民族主义、宗教背景密切相关，旨在保护与历史中的伟大人物和教区教义相关的单体建筑和文物遗迹；20世纪60~70年代，由于社会的强力反弹，“由权力和资本主导、以土地/空间效益为目标的经济开发模式，转变为以市民为主体、以社会建设为目标的社会开发型模式”（陈映芳，2008），第二次保护运动在此背景下展开，其重点转移到了历史建筑群、城市景观和建筑环境，几乎在同一时期，大多数欧美国家都出台了地区性的保护政策；20世纪90年代，保护过程中的土地利用、交通系统、地区人口和社会结构等现代城市发展问题被陆续提出，导致了第三次保护思潮的出现，工作重点放在了促进投资和推动地方经济发展的更有针对性的地方化保护政策上。历史街区的保护与振兴成了一对并列的目标。如何处理“难以阻挡的经济发展需求”和“保护历史物质景观而带来的限制与控制”之间的矛盾，成了历史街区更新的一大世界性难题（史蒂文·蒂耶斯德尔等，2006）。

（二）国内城市遗产保护历程

自20世纪80年代以来，中国发生的社会变迁，从根本上改变了城市空间的重组，特别是90年代以后随着城市土地使用制度、分权制度、住房制度、产权制度的一系列制度变革，市场力量、社会力量以及正式/非正式制度力量在空间中交汇碰撞，新的空间形态和空间生产方式在剧烈的冲突、解体和重构中形成。这样的变革在新旧交替的空间中格外突出，旧城始终作为政治经济活动、历史文化遗存的集中地而占据着城市的核心地位。起步较晚的中国城市遗产保护及更新经验与西方国家不同，一是自80年代后期至今的“经济开发性模式”并未被“社会开发性模式”取代（陈映芳，2008）；二是历史遗产保护处于“重建时代”的“大规模爆破”和“城市美化”运动（张松，2006）的夹缝中，这两点使中国的历史街区保护有着更为特殊的运作机制。从“大拆大建”时期的“建设性破坏”到专家们挺身而出保卫古城，到“仿古一条街”的建设，到如今蔓延全国的“申遗”

热潮[①]，历史街区保护被逐渐剥离出“旧城改造”的范畴，保护与更新成了新的话题。目前，我国已经初步建立了历史文化遗产的保护体系：《中华人民共和国文物保护法》（2007 年修订）将文物的保护分为两大类，即文物保护单位以及历史文化名城、历史文化街区和村庄。2008 年 1 月 1 日开始施行的《城乡规划法》确定自然与历史文化遗产保护应当作为城市总体规划、镇总体规划的强制性内容。

（三）城市遗产与城市更新的关系

一般旧区改造常采用以房地产开发为主导的整体拆迁模式：“买地—动拆迁—建高层”。为了平衡土地、动（拆）迁和房屋建设等成本，开发商会建设容积率更大的高层住宅、办公楼。然而历史街区的保护规划要求降低容积率，对开发商吸引力不够；老建筑（尤其是老住房）的修缮和使用不符合现代生活需求及相关专业标准；大量历史遗留问题提高了更新的社会、经济成本。很多城市遗产占据着城市重要地段的土地资源，自然会在追求土地资源再配置的城市大发展时期备受关注。拆除还是保留、保护与利用、文化传承与城市发展，如何妥善处理有价值的历史遗产对于许多城市来说都是一个具有挑战性的课题。城市遗产更新除了涉及对物质结构的更新外，还涉及各类建筑与空间的实际利用问题，也就是物质空间与经济社会活动的同步更新问题。城市遗产与城市更新的特殊关系也体现在城市更新过程中，城市遗产保护与更新牵涉政府、市场、公众、专家等诸多方面，与改造时期、地段区位、决策行动息息相关，可谓讲究“天时”“地利”“人和”，是关涉政治、经济和文化战略及制度走向的综合项目。

二　上海“旧改”进程中的城市遗产

上海是一个近代崛起的城市，不同于北京、南京、西安等在历代古都

① 自 1985 年加入《世界遗产公约》至今，中国已拥有 40 处世界遗产，其中文化遗产 26 处，自然遗产 8 处，自然与文化双遗产 4 处，文化景观 2 处。“申遗”成功给地方带来的巨大经济效益和社会效益在某种程度上的确显而易见。以贵州荔波为例，2008 年游客量达 204 万人次，综合收入近 5 亿元，是“申遗”成功前 2006 年的 5～6 倍；云南丽江古城在被列为世界文化遗产后，其旅游综合收入达到 13.44 亿元，占丽江国民生产总值的 50%。靠“申遗”发财极大地刺激着地方官员们的神经，在利益驱动下，地方政府掀起了“申遗”热。

的基础上演变而成的现代大都市，上海是从开埠之下的小渔村向世界大都市的方向迅速发展，五方杂处、华洋杂居的空间形态使这个城市个性鲜明。上海中心城区，形成于19世纪中后期和20世纪初期至三四十年代（上海近代历史上第一个经济快速增长和城市扩张时期），是以新旧里弄建筑、花园住宅和公寓建筑等为主体，具有一定历史文化价值的住区。目前，上海是国务院公布的第二批国家历史文化名城，市内有全国重点文物保护单位16处，市级文物保护单位113处。自1989年以来，上海市人民政府分三批公布了398处优秀历史建筑。市文管会根据2002年10月修订的《文物保护法》公布了分布在普陀区以外的18个区县的632处“不可移动文物”，主要为名人故居、近代建筑、特色民居、传统店铺、古建筑等。2003年，上海市在中心城区确定了12处“历史文化风貌区”，总用地面积约为27平方公里。

（一）第一轮“旧改”——破旧立新

租界时期的特殊历史背景以及新中国成立以后的住房公有化，使中心城区的土地使用和居住情况复杂。据1949年统计，在当时市区82.4平方公里范围内，公寓占43%、花园住宅占9.5%、新式里弄占19.8%、旧式里弄占52.7%、简屋棚户占13.7%。旧式里弄的住宅建筑密度高达80%。为缓解中心城区的住房压力，隙地插建、零星拆建成了新中国成立后直至20世纪70年代的主要旧城改造模式。

继80年代的“23片”计划①之后，20世纪90年代，上海第一轮中心城区旧改正式拉开序幕。1992年，上海市第六次党代会明确提出要加快旧城改造步伐。当时，针对“住房难”的突出矛盾，上海实行土地批租，提出“到2000年完成市区365万平方米危棚简屋改造（简称‘365危棚简屋’）”。1987年颁布《上海市土地使用权有偿转让办法》；1988年8月进行了第一块土地公开招标的实践，1992～1993年出现了土地批租高潮，仅两年上海共批租459幅土地，其中市区227幅，涉及旧区改造的147幅。1991

① 1980年，上海市委、市政府召开住宅建设工作会议，制定了“住宅建设与城市建设相结合，新区建设与旧城改造相结合，新建住宅与改造修缮旧房相结合”的方针，确定了“相对集中、成片改造”的原则，并制定了全市23片地区改造规划。这23片地区占地415.7公顷，拆除住户12万余户，拆除各类建筑面积331万平方米，新建住宅824万平方米。参见《上海建设（1949—1985）》，上海科学技术文献出版社，1989。

~2000 年，全市共拆除各类旧房屋 2800 万平方米，动迁居民约 64 万户。十年的“旧改”使市区人均居住面积从 1991 年的 6.7 平方米上升到 2000 年的 11.8 平方米，住宅成套率从“七五”期末的 31.4% 提高到“九五”期末的 74%。第一轮“旧改”时期，面对着 20 世纪 80 年代末 280 万平方公里范围内 706 万居民，面对着土地换资本、改善投资环境的迫切诉求，大范围“保护”处于高强度、超负荷的城市遗产（旧里）是奢侈的。这一时期大量拆除的二级旧里房屋达 1720 万平方米（约 34 万户），超强度开发、对高层建筑的布局失控以及对城市历史的理解和尊重的缺乏，使城市遗产受到威胁（徐明前，2004）。

（二）第二轮“旧改”——调整保护

第二轮“旧改”启动于 21 世纪初，据 2001 年统计，全市中心城区还有超过 1600 万平方米的旧式里弄房屋需要改造。2001 年上海市政府第 110 次常务会议通过了《上海市城市房屋拆迁管理实施细则》，要求旧改补偿标准以市场评估价为准，以货币安置为主，“拆、改、留”并举。截至 2005 年，在第二轮“旧改”中，上海旧改 700 万平方米，28 万户受益。同时，这一时期也是城市遗产角色演变的重要时期，时任领导对于城市历史文化的反思、新天地的巨大成功，使得城市遗产的保护与再利用由点及面地融入了城市更新的总体进程。从 1999 年的风貌区保护试行意见，到 2002 年的《上海市历史文化风貌区和优秀历史建筑保护条例》的颁布，再到保护规划的编制，新一轮旧城改造欲对城市遗产实施“最严格”的保护。2004 年 8 月，韩正在相关会议上表示“开发新建是发展，保护改造也是发展”，城市遗产不仅是物质景观，也包括历史文化遗产及其与其他城市要素的关联。这一时期制度与观念的转变，也给保护范围以外的旧里带来了生存空间，以及与时代相适应的空间再生产。

（三）第三轮“旧改”——民生反思

2005 年颁布的《上海市旧住房综合改造管理暂行办法》标志着第三轮“旧改”的开始，该政策与城市遗产保护直接衔接，将改造对象定为城市“规划予以保留、建筑结构较好，但建筑标准较低的住房”，一种“原生态”的遗产保护方式被提出并应用到旧城改造中，由政府出资修缮历史建筑、改善居民生活设施。与此同时，仍有建筑质量差、布局杂乱、配套设施缺乏、社区结构不尽完整的旧里面临拆除，根据上海市人民政府2009年颁布的《关于进一步推进本市旧区改造工作的若干意见》：对“十一五”中心城区二级旧里以下房屋进行改造，全市共需拆除危旧房7000多万平方米。对“拆”和“留”的判断、“十二五”规划中的民生战略及城市更新中的遗产保护需要一系列法规的制定与完善，如合理的房屋鉴定、地块确认、房屋产权管理、更新政策导向、监督机制等。

表1 三轮“旧改”及城市遗产相关政策的比较

三轮“旧改”	“旧改”标志性政策/文件	主要内容	城市遗产标志性政策/文件	主要内容
第一轮“旧改”（1992～2000年）	《上海市土地使用权有偿转让办法》(1987年)《关于加快本市中心城区危棚简屋改造的若干意见》(1996年)	通过减免或者缓缴土地的出让金、手续费、管理费等一系列优惠政策，吸引中外开发商参与旧区改造的地块开发	上海首部涉及遗产保护的地方法规《上海市优秀近代建筑保护管理办法》（1991年）	明确近代保护建筑的三个级别、保护范围、建控地带及管辖机构、管理权限
第二轮“旧改”（2001～2004年）	《中心城区“十一五”旧区改造规划》(2000年)《上海市城市房屋拆迁管理实施细则》(2001年)	从由“拆”为主到主张“拆、改、留”并举的旧区改造，开发商不再享受优惠政策，政策倾向于收购改造；改造方式转向土地储备开发	《上海市历史文化风貌区和优秀历史建筑保护条例》(2002年)	对风貌区及历史建筑保护的措施、资金及再利用等问题进行了规定
第三轮“旧改”（2005年至今）	《上海市旧住房综合改造管理暂行办法》(2005年)《上海市人民政府关于进一步加强房屋拆迁管理工作通知》(2005年)《关于进一步推进本市旧区改造工作的若干意见》（2009年）	对城市“规划予以保留、建筑结构较好，但建筑标准较低的住房”进行综合改造并完善配套设施，对改造资金来源、新增产权权属、租赁管理进行了规定	市政府批复同意12个历史文化风貌区保护规划（2005年）	将郊区及浦东新区已有的32个历史文化名镇与全市范围内144条风貌保护道路纳入遗产保护范围，并通过住房保障体制的完善，进一步平衡居民生活改善与历史建筑保护

三 解读石库门更新案例

石库门里弄是上海集中成片、多样化、典型的历史建筑，从19世纪末到20世纪30年代，它成为上海城市住宅中建造数量最大的住宅类型，多居于城市中心地段，是极富地方特色的城市遗产，在中国近代城市和建筑历史上具有重要价值。经历了三轮“旧改”的大量拆建，大量石库门已经被拆除，根据《上海统计年鉴》，2009年全市还有新式里弄528.06万平方米、一级旧里473.79万平方米，大多集中于中心城区。本文选取新天地、田子坊、步高里的三个不同时期、不同更新方式的石库门个案，解读城市遗产在城市更新中的角色演变。

（一）新天地——遗产作为文化符号的再利用

新天地位于淮海中路南侧，20世纪90年代中后期由香港瑞安集团和上海复兴建设发展有限公司合资开发，总投资11亿港元，瑞安集团占97%股权，由以旧建筑再生闻名的美国建筑师本·伍德担当设计。将中共一大会址旁3万平方米的里弄石库门住宅（东至黄陂南路、西到马当路、北沿太仓路、南接自忠路）改造成了集餐饮、购物和娱乐为一体的消费空间，总建筑面积达6万平方米。处于第一轮“旧改”时期的新天地，由于处于全国重点文物保护单位中共一大会址的保护范围之内，所以没有被采取“买地—动拆迁—建高层”的一般模式。但开发商仍在相关法规限制下实现了利润最大化并争取到了相当优惠的政策补偿，即其旁太平桥地块52公顷的开发权（翠湖天地）。开发当时，中共一大会址周边的里弄并未被列入城市遗产范围，因此除了大的里弄空间肌理、大部分建筑外墙体被保留外，对新天地从结构、地面到内部空间格局都进行了二次设计。实际上，“新天地”的成功在于商业开发而非遗产保护（常青，2009）。政府利用代表上海地方生活的石库门符号及与其毗邻的高级商务圈的区位优势，将城市文化导入商业地产开发，创造文化故事和事件，营造空间价值，重视目标消费者的偏好，借助城市文化力量创造商业附加值。新天地的前期项目投资巨大，但由此带动的后期商业项目的开发，获得了超值的项目溢价能力，可谓旧里弄商业化更新的成功案例。

虽然对于新天地有着诸如“假古董”“士绅化”等批评意见，但是该案例在城市遗产角色演变方面有着不可否认的重要意义。正是这一成功的商业行为揭开了城市遗产保护的神秘面纱，使古旧的遗产变得时尚，变成社会生活中的重要部分。新天地的项目成功之后，又有北苏州河、巨鹿路、溧阳路等地块表示要“打造旧上海风情”，市场机制使原来被视为“鸡肋”

的旧里遗产逐渐显露价值。同时市民可以通过房屋买卖市场了解城市遗产的价值，他们意识到“老房子原来可以卖个好价钱”，还有很多人接受了“老房子可以外面不动，里面自己装修，改善居住条件”的保护理念。

这个案例中，城市遗产作为文化符号激活了市场，市场也成了一条可供选择的保护遗产的途径，如外滩“置换计划”，上海市政府等机关企事业单位外迁，吸引外资银行进驻，以功能置换和使用权交换促进遗产的内外更新和保护。然而在土地资源日益紧张的背景下、在市场机制的自然选择下，固然是易于商业开发的城市遗产优先获得保护，而处于城市中心区的大部分里弄石库门，仍面临着极低的地租及自身功能定位方面的两难抉择，新天地复兴路、马当路、黄陂路一带的几幅地块与原来的新天地里弄质量相近，却在新天地项目之后被迅速夷为平地，这与该项目商业成功所带来的土地溢价不无关系。在《物权法》出台的今天，这种模式成功的前提其实已不存在，在全国“泛新天地化”的更新大潮中，也并未出现成功的翻版。

（二）田子坊——遗产作为社会空间的再生产

与新天地一样，田子坊也位于上海市中心城区，南起泰康路、北至建国中路、东临思南路、西至瑞金二路，占地约7.2公顷。形成于20世纪20年代的租界时期，地处华洋两界的过渡地区，是一个保留着花园洋房、新老里弄、里弄工厂等丰富建筑形态的社区，原名志成坊。作为上海中心城社区的代表，它反映了这一地段从近代江南农村社区，到法租界华洋混住社区，再到里弄工厂聚集的生产型社区，继而到生产衰败、创意产业兴起的混合社区的更新发展脉络。20世纪30～80年代，这一地区曾是里弄工厂聚集区，有食品加工、机械制造等几十家工厂或车间，90年代由于产业结构调整以及中心城区规划要求，出现了许多空置厂房。自1998年至今的田子坊更新始于马路菜场的肃清，政府先将空置厂房租给艺术设计室，商业继而扩张至周边民居，形成了居住、文化产业、服务业共存的混合社区格局。三条已开发的弄堂共有671户居民，其中有相当比例的外来务工人员，本地居民也以老年人和经济条件低下的居民为主。目前已有400余户居民将全部或部分房屋出租开店，业态主要是艺术工作室、零售（手工艺品、服饰）店以及特色餐饮店。

田子坊所在的里弄区并不属于现行法规条例保护范围内的城市遗产，这使得田子坊在以二级旧里改造为重点的第二轮“旧改”期间一直面临着拆迁危机，并有经过批准的台湾地产商开发规划及张贴在外的拆迁公告。但在十年的发展中，田子坊的居民和商家在其特殊策划团队的引导下，上演了一场自下而上的“田子坊保卫战”。在执着的街道官员的坚持下，在商人的创意策划下，艺术家、学者、媒体先后加入，论证出了该街坊作为城市遗产的独特价值，不同历史时期积淀下的丰富建筑类型、空间形态也成了当下流行的“创意产业”的理论发源地。2008 年，随着知名艺术家纷纷入驻、中外游客盈门，田子坊名气越来越大，房租越来越高，发展之势不可阻挡。区政府正式成立田子坊管委会，出资改善基础设施，补充完善了规划用地调整、住房用途调整等一系列程序。至此，田子坊街区从一个不在保护之列的二级旧里，变成了上海唯一一个石库门“AAA 级景区”；多方利益主体共同创造了一个建筑形态完整、生活原态与时尚产业并存的城市遗产更新实例。

田子坊案例的成功是逆向的城市遗产保护更新过程，不是“以保护为名的开发”，而是“以开发为名的保护”。城市遗产价值的认识过程同步于老建筑空间再利用的开发过程，园区开发者、商家、居民因为想保住遗产所带来的相关利益，而联手挖掘城市遗产的价值，对抗拆迁压力。在这一过程中，毗邻的“衡山路—复兴路历史文化风貌区”的辐射效应成了田子坊得以利用的因素之一，而以阮仪三教授为代表的保护专家的论证与呼吁也是其有力的权威支持。虽然现行的“旧改”政策并不适用于田子坊的更新方式，但是 2008 年以后将田子坊纳入正规体制的尝试，以及其后的一系列补充制度的出台，无疑也显示了城市遗产反作用于城市治理的角色演变。虽然特殊时期、特殊行动者、特殊空间作用下的田子坊更新方式并不一定具有被复制推广的可能性，但是城市遗产的空间价值所带来的经济、社会、文化效应，无疑体现了遗产作为社会空间的意义所在。

（三）步高里——遗产作为价值整体的再评估

步高里位于卢湾区陕西南路和建国西路交界处，为典型的旧式里弄住宅群，由法商建于 1930 年，曾属于法租界，是上海市级文物保护单位。共有砖木结构二层石库门建筑 78 幢，形成了完整的里弄街坊格局，弄堂口的中国式牌楼独具特色。步高里作为受到《中华人民共和国文物保护法》保护的里弄石库门，虽然具有极高的营造技艺和建筑质量，但仍无法满足现代生活需求。相邻的非文保旧里街坊被改造成了现代化高档住宅，而生活在步高里的居民却仍在使用老式马桶。历年的区人大、政协都有相关提案，除了居住密度高、设施缺乏、房屋老化等老问题外，也存在经费拮据的老式街区物业无法满足居民日益提高的现代社区服务需求等问题。2008 年，卢湾区房地局对步高里进行改造，通过洗墙等方式还原建筑表面形态，并改善内部居住条件，最显著的成效是有了坐便器。此外，还安装了小水表、电表，理顺了各种线路，新装了厨房简易喷淋装置等。步高里外墙修缮和卫生间改造的花费是 700 万元，其中，每户居民出资 100 元，市文管会资助了 100 万元，其他都由区政府承担。

随着“原生态”保护的提出，保护专家对这些仍被作为生活场所的城市遗产的价值进行了再评估，认为这种与日常生活密切相关的历史建筑及空间是具有极高价值的“活态”遗产。将日常生活空间纳入城市遗产的保护更新，是将城市遗产作为物质/非物质价值整体的反思实践，在新天地、田子坊等石库门更新案例闻名中外之后，上海人特别是精英人士的城市记忆复活了，中心城区不仅是土地，不仅是历史建筑空间，更是上海人独特的生活空间，石库门作为城市遗产变成了有感情、有集体记忆的空间。

在历史建筑与历史街区等城市遗产的物质价值早已被充分认识的当下，将原住民的社区生活也纳入遗产保护的范畴，体现了治理主体对于城市更新社会成本的反思，也非常契合第三“旧改”的民生主题，然而所谓“活化石”的遗产整体保护，只会使保护陷于发展的困境。虽然“石库门”马桶是针对遗产使用现状的技术创新，但是从长远的日常维护来说，简单的外立面修缮、卫生设施改善并不能改变居民生活的局促现状，对于已遭“七十二家房客”① 破坏的遗产内部结构而言无疑又是再破坏。加之相关部门对文保单位的产权（使用权）变更的限制（无法上市交易，只能政府回购），使得意欲外迁的本地居民只能将不适宜居住的住房出租给外来务工者，然而使用者流动频繁及遗产保护意识及能力不足，因此有专业人士将类似步高里的城市遗产更新称为“临时的好事”。

---

① 由于新中国成立后的历史问题和人口增长的事实，多数上海中心城区的花园住宅、里弄住宅由原来的一幢一户、一门一户或一层一户，改变为多户甚至十几户共住，形成了所谓的“七十二家房客”的局面。

表 2 遗产角色演变的个案比较

	新天地	田子坊	步高里
遗产级别	二级旧里 + 国家级文物保护单位（中共一大会址）	二级旧里	市级文物保护单位
更新时间	1997 ~ 2001 年	2000 年至今	2008 年
更新方式	文保单位控制区，由区政府和大开发商主导的商业开发。保留原有石库门空间及建筑形态，内部拆除重建	面临拆迁危机的非保护里弄。由街道政府、小商贩、社会精英及居民共同参与的渐进式商业更新，区政府后期介入管理，保留建筑和空间形态	由政府主导的改善型更新，由区政府、文保部门、居民共同出资修缮外立面、完善卫生设施、增加公共空间
更新结果	周边地价上升 石库门价值被重视 “上海怀旧”风潮 全国“泛新天地化”	租金及房价飙升 对规划及房屋用途的调整 创意产业理论	里弄马桶的专利技术 对原生态保护的反思 “石库门生活”申报国家级非物质文化遗产
遗产角色	作为文化符号的再利用	作为社会空间的再生产	作为价值整体的再评估

四 小结与反思

上海中心城区以经济发展为直接动力，通过大规模的城市开发和改造获得更新。三轮“旧改”过程中城市遗产的角色也在逐渐演变，第一轮“土地批租”大潮中被置于极低地租带来的直接利益之外，在第二轮“拆、改、留”战略调整期间获得了自行更新的空间，第三轮“综合旧改”中被整体性保护。且不论角色转变过程中的演进机制，由上述对三个案例的解读可见初始条件、“行动 - 结构”因素对城市遗产保护更新的重要作用，而遗产更新的结果又是空间生产的有力例证。

（一）初始条件的重要性

“初始条件”的概念来自复杂性理论，该理论源于物理科学与生物科学，现在通常被认为是社会科学的潜在新范式。更新时机、自身遗产保护级别、所处的区位等先天条件，正如原子的能级、分子结构等初始条件一般，直接影响新天地、田子坊等城市遗产的更新过程。被纳入文物保护的部分基本上可以确保“完存”，文物保护法的相关规定也成为其周边地区更新的前提条件；由地方法规保护的部分在保护和开发之间进退维谷，地方政策意志强则偏保护，反之则开发胜；而处境最为尴尬的是保护规划中被确定为“保留”的部分，以及未被纳入保护范围的部分，如田子坊，通常被视为“鸡肋”或土地开发的障碍，但其可以在制度更替及混合使用的夹缝中获得自我保护和生长的空间。

（二）“行动－结构”因素的关键性

由吉登斯提出的“行动－结构”二重性，在这些城市遗产案例的空间联结下显得异常紧密。新天地的案例中，第一轮“旧改”大潮、土地批租改革，造就了瑞安与卢湾区政府的一拍即合，虽然中共一大会址的政治特殊性和文保单位的保护严格性限制了更新形式，但是具有港资背景的开发商、以国外既有的经验为鉴的美国设计师，加上提供优惠政策补偿、强有力的拆迁支持的区政府，使城市遗产作为文化符号迅速得到了商业化的价值体现；田子坊的案例中，处于“拆”“留”尴尬境地的非保护旧里，在东南亚金融危机、房地产发展停滞的缝隙中得以起步，在另类官员、文化商人和权威精英的合作下，挖掘出了自我保护的价值资源，而第二轮“旧改”进程中对城市遗产由点到面、由模糊到严格的保护政策调整，也成了田子坊发展的契机，多元利益主体最终在街区渐进更新的过程中共同获益，从而达到机制再平衡；步高里的案例中，作为文保单位的严格保护要求，在以“民生”为主题的第三轮“旧改”中发展成了整体性的保护，不仅保护物质空间，也保护居住在其中的居民，既修缮城市遗产又改善居住设施，城市遗产的保护更新同时获得了和谐的社会赞誉。

（三）空间的生产

政治制度、意识形态、社会结构的转型，会要求建成环境、场所安排和空间形态与之配合，城市空间就是物化的政治、经济、社会发展状态的表征。近年来，中国城市空间演化表现出惊人的多变性，空间从未像今天这样关系着社会实践与日常生活。空间既是人类行为实践的场所，又是对现有社会结构和社会关系进行维持、强化或重构的社会实践区域。新天地掀起“上海怀旧”风潮、田子坊促生“创意产业”理论、步高里引发“石库门生态”反思。城市遗产的角色演变体现了从土地价值到土地上的历史建筑及空间形态的附加价值，再到作为生活空间中的历史文化价值的空间价值的叠加、交互过程，从物态到形态（建筑）再到心态，城市遗产作为特殊的空间不仅经历了被更新的客体过程，也成就了城市治理、产业结构、消费文化、社会心理等诸多方面的主体再生产，逐渐改变着近20年来以经济增长为主要诉求的中国城市开发的“价值资源匮乏的尴尬境地”（陈映芳等，2009）。

参考文献

常青：《旧改中的上海建筑及其都市历史语境》，《建筑学报》2009年第10期。

陈映芳：《城市开发的正当性危机与合理性空间》，《社会学研究》2008年第3期。

陈映芳等：《都市大开发——空间生产的政治社会学》，上海古籍出版社，2009。

阮仪三等：《再论市场经济背景下的城市遗产保护》，《城市规划》2003年第12期。

史蒂文·蒂耶斯德尔等著《城市历史街区的复兴》，张玫英等译，中国建筑工业出版社，2006。

王婷婷、张京祥：《文化导向的城市复兴——一个批判性的视角》，《城市发展研究》2009年第6期。

徐明前：《城市的文脉——上海中心城旧住区发展方式新论》，学林出版社，2004。

约翰·厄里：《全球复杂性》，李冠福译，北京师范大学出版社，2009。

张松：《上海城市遗产的保护策略》，《城市规划》2006年第2期。

· 地位获得研究 ·

家庭背景与干部地位获得（1950 ~ 2003）*

孙　明

一　问题的提出

计划经济体制下，干部作为公权力的代理人和国家资源的再分配者是精英的主要组成部分。改革开放以后，政治制度的连续性和公有经济的主导地位使干部享有很高的社会地位，甚至在“放权让利”的市场化过程中也获得新的特权（刘欣，2005a，2005b）。那么，谁会成为干部自然是人们普遍关心的问题。已有的关于社会主义国家政治精英选拔或干部地位获得的研究表明，党员身份所代表的政治资本和文化资本对当干部具有重要作用（Li & Walder，2001；伊亚尔等，2008；Baylis，1974；Bailes，1978；Li & White，1990）。哪些人更容易获得这两种资本进而可能成为干部，是一个有待深入研究的问题。

本文从家庭背景出发来研究干部选拔。如果地位获得是人们动用自己掌握的各种资本进行投资和竞争的过程（林南，2005），那么作为先赋性因素的家庭背景使竞赛在起点上就存在不平等。即使在开放的绩效社会，家庭背景对教育获得、职业获得的作用依然显著（Hauser & Featherman，1976；Bourdieu，1977；Grusky & Hauser，1984；Ganzeboom et al. ,1990）。本文研究的

* 本研究得到教育部重大攻关项目“我国目前社会阶层状况研究”（08JZD0024）和国家社科基金项目“收入分配与社会公平研究”（06BSH049）的资助。[This research was funded by the Education Ministry’s Key Subject Research Project “China’s Current Social Class Study”（08JZD0024）and National Social Science Foundation “Income Distribution and Social Justice Study”（06BSH049）.] 感谢刘欣、李煜、桂勇等人在写作过程中给予的指导。文责自负。

问题是，家庭背景如何影响子代干部地位获得，在不同历史时期哪些家庭的子代在干部选拔中占优势，以及家庭背景作用的机制分别是什么。

二 文献综述

通过对已有文献的梳理，笔者将中国家庭背景与干部地位获得的关系概括为三种观点：家庭背景无用论、家庭背景有用论以及家庭背景作用阶段论。

（一）家庭背景无用论

一些研究者认为在社会主义社会，资源的分配与个人地位大多由政治权力、宏观政治动态而非市场机制决定，国家政策深刻地影响着社会流动的状况。毛泽东时代“去阶层化”“平均主义”的政策在颠覆旧社会分层秩序的同时，也切断了新、老精英代际间优势传递的链条。因此，家庭背景对地位获得基本没有作用（Whyte，1975；Parish，1984；周雪光等，2002）。

笔者认为，以上理论观点从中国特有的制度安排出发来考察家庭背景的作用是具有启发意义的。但是，他们只看到家庭内部代际间地位继承性的消失，却忽略了家庭之间的差异对子代地位获得的影响。例如，在毛泽东时代，家庭出身的差异会使子代受到两种不同的政治待遇——庇护或排斥。因此，家庭背景无用论的观点是值得怀疑的。

（二）家庭背景有用论

该理论观点也称精英竞争理论（Hu，2007），该观点认为1949年新中国成立以后国家政策的本质并不是追求“平均主义”，而是新的革命精英依靠国家权力通过阶级标签系统打击旧精英，是在追求社会平等的名义下谋求特权的垄断和政治地位的再生产。党的革命者、政治干部和党员家庭的子代凭借良好的阶级出身在入学和入党中占优势，初职更可能进入党政机关工作，并最终成为干部精英；旧精英家庭的后代则受到排斥，很难成为干部。1978年以后，家庭的“政治关系”依然重要，市场转型又放松了对新精英家庭的监督，使政治关系有了更多发挥作用的空间，新精英家庭的后代在干部地位获得中具有更加明显的优势。

精英竞争理论虽然看到了家庭之间的政治差异，以及这种差异对子代当干部的影响，但依然存在缺陷：首先，精英竞争的逻辑如何解释毛泽东时代作为新精英核心的干部家庭也在政治运动中受到冲击？改革后“以阶级斗争为纲”的路线被终止，新精英如何继续打击旧精英？其次，Hu 认为改革后精英家庭的优势源自“政治关系”，而这一概念所指不明。并且，无法从理论上阐明为何市场转型会导致对精英家庭监督的放松和政治关系作用的增强这一现象。最后，经济精英在市场化改革中重新出现，知识精英也摆脱了政治上的束缚，为何他们的子弟在干部地位获得中没有优势，而只是革命精英的子代独占优势呢？

（三）家庭背景作用阶段论

魏昂德等人整合了前两种理论观点，认为改革前家庭背景没作用，改革后有作用（Walder & Hu，2009）。他们认为毛泽东试图建立一个平等的社会，体现领袖意志的国家政策既包括打击旧精英的阶级标签系统，也包括“文化大革命”时期打击新精英的一系列政策，这为精英家庭优势的代际传递设置了政策障碍，结果“红色”的无产阶级家庭、“黑色”的反动家庭以及“不红不黑”的中间家庭的子代在当干部的机会上没有差别。改革以后，政治制度的连续性使“红色”的无产阶级家庭在中国具有较高的地位，打击精英政策的终止和市场转型使红色家庭的优势得以传递，他们的子代最有可能成为干部。家庭背景作用阶段论虽然引入了时间的维度，将家庭背景无用论和精英竞争理论整合起来，但也包括了两种理论观点的缺陷。

通过对已有文献的梳理可以看出，研究者对一些重要问题还未形成统一的答案。家庭背景对干部地位获得是否有影响？如果有影响，改革前后两个历史时期，哪些家庭的子代更容易成为干部？家庭背景作用的机制分别是什么？改革前后变化的原因又是什么？围绕以上问题，笔者尝试进行一些理论上的思考，并通过经验研究的发现来回应已有的一些争论。

三 理论建构

本文从一般资本理论和制度分析出发，构建理论分析的框架，笔者认为家庭背景始终对干部地位获得起作用，不同历史时期特有的制度安排或国家政策，并未消除家庭背景的作用，而是改变了不同家庭的机会结构以及家庭背景作用的机制。

地位获得的本质是社会成员与职位（社会角色）之间的匹配（格伦斯基，2005）。由于某些职位依附了有价值的资源，所以地位获得也是人们动用自己掌握的各种资本进行投资和竞争的过程（林南，2005）。“资本”具有多样性，包括一切具有投资功能的资源和资产（格伦斯基，2005）。此外，资本还具有可兑换性，即各种类型的资本在特定条件下通过特定的兑换率相互转化（Bourdieu，1984，1986）。

人们占有资本的类型和数量决定了地位获得的机会，而资本的占有取决于自致性因素和先赋性因素。家庭背景作为先赋性因素是导致资本占有不平等的重要原因（Kelley et al.，1981）。具体而言，父代出于利己的动机会将自己掌握的政治资本、经济资本、文化资本等投资到子代的身上，转化为子代地位获得所需的资本，并形成竞争优势，这是一种代际的“资本兑换”。

根据社会学的新制度主义范式，代际间的资本转化过程不是随意的，而是嵌入一定的制度背景。制度作为规则和规范相互交织的网络，构成了社会行动的外在约束（倪志伟，2007）。在地位获得中，何种资源可称为资本，以及资本如何在代际间传递都受到制度安排的深刻影响。

影响干部地位获得的核心制度是干部选拔录用制度。它规定了当干部必需的资本类型，也意味着不同家庭的机会结构是不平等的。当干部选拔制度发生变化时，父代必须通过新的代际资本传递方式来增加子代成为干部的机会。

干部选拔录用有“逆向选拔”与“绩效选拔”两种理想类型，前者是一种特殊主义原则的选拔，后者坚持的则是普遍主义原则（Li & Walder，2001）。“逆向选拔”本质上是一种庇护性的选拔（李煜，2009），所谓庇护关系是一种特殊的交换关系，具有较高社会经济地位的庇护者运用自己的影响力和资源向社会经济地位较低的被庇护者提供保护和利益，被庇护者向庇护者提供一般性的支持和帮助作为回报（陈尧，2007）。特纳（特纳，2005）曾提出一种“庇护性流动”的概念，认为新精英由老精英根据一些设定的优点来给予精英地位，而不需通过任何努力或策略获得。在庇护关系中，当庇护者是国家或者党组织时，庇护常以国家政策和政治干预的方式进行，表现为一种权力的授予关系（张宛丽，1996）。

“绩效选拔”是指政治精英的选拔遵循择优录取的原则，“优”是指“个人的内在素质、能力和工作技能”（Parsons，1994，转引自李煜，2009）。专家治国论（技术官僚理论）认为政治、经济、社会问题日益复杂，政治的决策应该建立在理性和专业知识的基础上，不应受到党派的私利和意识形态的干扰。因此，专业训练、教育文凭、科学知识、管理经验应成为政治精英选拔最重要的标准（Veblen，1944；Inkeles，1960；Lowenthal，1970；Baylis，1974；Burnham，1960；贝尔，1984；Li & White，1990；Lee，1991）。

笔者将运用上述理论思路和概念工具，来考察改革前后干部选拔录用制度的特征，以及在不同制度安排下父代通过何种资本传递来影响子代当干部的机会。

四 改革前家庭背景与干部地位获得

（一）改革前干部的逆向选拔

1949 年新中国成立后，共产党延续了革命斗争时期根据地建设的经验，短时间内形成党国同构、党国一体、党国一家的党国体制（陈明明，2009；科尔奈，2007），形成了“党的中央集权”。为了更好地实现党政合一，新中国成立初期党在中央政府内部建立了党委和党组织，以保证党对中央政府工作进行有效的监控，并管理中央政府内部的党员。地方仿照中央的模式设立了党的各级委员会，与之对应的各级地方政府成为它的行政执行机构。通过各级党委，党建立了集权的组织基础，编织出一个严密的权力网络（林尚立，2009）。除了各级地方政府，通过“单位制”的建立，党实现了对经济组织和群众组织强有力的领导。

为了加强对各种单位组织的领导以及贯彻党的意志，1953 年 11 月 24 日发布了《中共中央关于加强干部管理工作的决定》，“党管干部”原则成为新中国干部人事制度的根本原则，党实现了对干部任免权力的垄断，并通过“委任制”自上而下地进行权力的逐级授予（王立新，2001；唐元松，2002；彭勇，2004）。在此基础上，党按照自己的意志，以一种“逆向选拔”的方式将政治上忠诚可靠的人选拔到组织的领导岗位上。

因为“逆向选拔”的本质是具有庇护性质的选拔，根据庇护的内容可以分为“阶级庇护”和“政党庇护”。阶级庇护存在于党及其阶级基础之间。1949 年革命胜利后，党和国家通过阶级标签系统，以划分“阶级成分”的方式，重组中国社会的各个阶层（高华，2004），形成了一个政治不平等的身份等级制度。根据生产资料的有无、革命中的表现、政治态度等（高华，2004），社会成员被粗略地分为“红五类”和“黑五类”[①]。出于巩固政权、意识形态和培养革命接班人等的考虑，党委及其组织部门对干部候选人的阶级成分、政治经历、社会关系以及家庭出身等进行严格的政治审核（Lee，1991），其中，阶级出身或家庭出身的“根正苗红”是首要的考察条件（李煜，2009；高华，2004）。

政党庇护是指党组织在干部职业位置的分配中庇护党员，以换取党员对组织的忠诚（伊亚尔等，2008；Li & Walder，2001），最终目的是让党员直接掌握国家权力，保证党对政府的政治领导。可以说，党员与干部身份的合二为一是达到党政合一的有效方式（德热拉斯，1963；科尔奈，2007；王奇生，2003）。

逆向选拔除了阶级庇护和政党庇护外，另一特征是对文化知识的轻视，文化资本远不如政治资本重要。虽然党的领导人多次表示共产党的干部要做到“德才兼备”“又红又专”，但事实上党并没有成功地实现政治忠诚和文化素质的完美结合，“红”与“专”存在鸿沟（Schurmann，1966），当对于政治忠诚与专业技术必须做出取舍时，党选择了前者。

综上所述，改革前的逆向选拔包括阶级庇护和政党庇护，良好的家庭出身和党员身份成为干部地位获得所必需的政治资本。因此，家庭背景对地位获得的作用也就可以分为两种：以家庭出身的方式直接起作用以及通过入党的方式间接起作用。

1. 家庭出身：家庭背景的直接作用

在阶级标签系统中，家庭出身是指本人取得独立经济地位前或参加工作前的家庭阶级成分（李若建，2006），家庭阶级成分取决于主要家庭成员的阶级成分和历史，在出身论、血统论登峰造极的时期甚至要“查三代”，审查祖辈的经济状况。一般而言，家庭阶级成分主要由父亲的阶级成分决定（Walder & Hu，2009）。

从代际资本传递的角度看，良好的家庭出身就是父代的政治资本直接地、没有发生任何变形地传递给子代，具有某种“世袭”的特征。虽然中央对年轻人的“阶级政策”是“有成分论，不唯成分论，重在表现”，但在

---

① “红五类”包括革命军人、革命干部、工人、贫农、下中农，“黑五类”是指地主、富农、反革命分子、坏分子四类人，1957 年之后又增加了“右派”。随着政治运动的深入，阶级成分的划分不断细碎化、复杂化。

“千万不要忘记阶级斗争”的口号下，判断一个人的政治标准唯有出身。

家庭出身对职业地位的获得具有重要的影响，家庭出身好的红色阶级的后代，作为革命事业的接班人受到党和国家的庇护、照顾；“黑五类”的子女不仅遭受歧视，被“戴帽子”“贴条子”，甚至遭受人身的凌辱，在权力和机会的分配方面更是处于严重不平等的地位（李若建，2006；高华，2004）。

改革前家庭背景的主要差异表现为家庭出身这种政治上的不平等，家庭背景无用论恰恰忽略了这一点。由于家庭出身深刻地影响了子代干部地位获得的机会，笔者提出：

假设1：改革前，家庭出身越好的人，越可能成为干部。

2. 入党：家庭背景的间接作用

家庭出身也影响党员身份这一政治资本的获取，间接地作用于干部地位的获得。入党作为一种“忠诚过滤器”（Walder，1995），也需要政治审查。边燕杰等人的研究发现，虽然入党政治审核的模式随着政权工作重心和阶级基础不断改变，但在改革之前家庭出身一直是政治审核的重要内容（边燕杰等，2008）。

1949年新中国成立后，党组织严格考察个人的政治忠诚，而政治忠诚最简单易辨的标准就是阶级成分和家庭出身。由于党的领袖不断追求党组织的政治纯化，党员的选拔最终发展到唯成分论。“文化大革命”期间，对社会成员阶级成分和家庭出身的重视程度登峰造极。被贴上黑色标签的人通常都被排除在党组织之外，而那些有红色标签的人，入党和升迁则容易得多（边燕杰等，2008）。

假设2：改革前，家庭出身越好的人越有可能入党，党员比非党员更有可能成为干部，即入党是家庭出身影响干部任用的中间变量。

（二）改革后干部选拔的绩效转向

1978年以后，党的领导人终止了“以阶级斗争为纲”的政治路线，将经济建设确立为工作的中心。为了更好地适应经济发展需要，实现“四个现代化”的目标，必须对年龄偏大、文化程度偏低的干部队伍进行改革（Lee，1991）。[①] 重新确立干部选拔标准、实现干部队伍的更新换代成为党组

① 改革后，干部选拔制度改革的原因并不局限于经济发展和现代化建设的需要，更多探讨详见 Li & White（1990）。

织工作的核心内容和迫切任务。以邓小平为核心的高层领导清楚地认识到这一点，以个人的权威和威信给予干部改革强有力的支持，并依托各级党的组织系统使改革自上而下地在全国迅速展开（徐湘林，2001））。

改革后干部选拔录用制度所发生的变化，其本质是由逆向选拔向绩效选拔转变，集中体现在干部选拔的重要条件由文化教育替代了家庭出身。良好的家庭出身不再成为干部的政治资本，阶级庇护被终结。取而代之的是对文化知识的高度重视，干部的知识化、专业化成为干部选拔的指导性方针，与革命化、年轻化一道在党的十二大被写入党章。2006 年 1 月 1 日《中华人民共和国公务员法》正式施行，国家逐步确立了“逢进必考”的选拔方式。虽然公务员招考的是非领导职务的工作人员，而这一考试通常是成为干部首先要跨越的门槛。随着教育文凭逐渐成为政治精英选拔的最重要标准，已有的研究发现新一代干部的文化程度大幅提高，毛泽东时代政治上忠诚而学历较低的党官僚正在被技术官僚所替代（Li & Bachman，1989；Li & White，1990；Lee，1991）。

可以说，在改革后的干部选拔制度下，文化资本以及党员身份所代表的政治资本是两种重要的资本类型。父代需要将自己的优势资本转化为子代的文化资本和政治资本，以增加他们当干部的机会，换言之，家庭背景通过教育获得和入党这两个中间机制对子代的干部地位获得产生影响。

1. 家庭背景与教育获得

1977 年恢复高考后，教育资源的分配由“政治挂帅”转变为“分数挂帅”，整个教育制度开始了以教育精英化和教育产业化为特征的改革（李春玲，2003）。家庭资源占有的不平等取代家庭出身的政治不平等，通过“文化资本再生产”和“资本转化”两种方式深刻地影响子代教育机会和学业成就（李煜，2006）。

首先，文化资本的再生产。文化资本的代际传递已经得到经验研究的证实（De Graaf et al.，1986，1988；Teachman，1987；Ganzeboom et al.，1990）。受教育程度高的父代通过家庭内的启蒙教育使子代在进入学校之前就领先一步，并在学校教育之外给予辅导。此外，他们对子代有更高的教育期望，子女会将父母观念和期望潜移默化地内化为自我期望和积极的学习态度，最终转化为学业的成就（Sewell et al.，1969）。

其次，父代的各种优势资本转化为子代的文化资本，帮助子代获得优质的教育机会和教育资源。在教育产业化、市场化之后，优势家庭通过购买学习资料、课外补习、聘请家教等方式增加子女的教育投入。不仅如此，在“划区就近入学”的政策规定下，通过交“择校费”、购买学区房、迁移户口、走后门、托关系等方式使自己的孩子接受更好的教育（李煜，2006；陈友华、方长春，2007）。相比之下，底层家庭在义务教育之外，无力承担大幅上涨的高等教育成本，结果形成一种教育机会的直接经济排斥（刘精明，2005；熊易寒，2010）。

基于教育在干部选拔中的重要作用，笔者提出：

假设3：改革后，优势家庭子代的受教育程度越高，越可能成为干部，即教育获得是家庭背景影响干部地位获得的中间机制。

2. 家庭背景与入党

改革以后，作为政治忠诚过滤器的党员选拔也出现了绩效选拔的特征，入党的条件不再是阶级成分和家庭出身，而是个人的意愿、政治态度和政治表现。同时，党组织注重吸纳受过高等教育的青年人，文化资本在党员身份的获得中变得越来越重要（边燕杰等，2008）。

家庭出身的废止使党员身份更像是一个自致性因素，那么家庭背景在改革以后如何对入党施加影响？笔者认为家庭背景不同，子代的教育获得和入党意愿这两方面也存在差异，进而影响了党员身份的获取。首先，1978年以后党组织有意识地吸纳文化知识水平较高的人入党，良好的教育会增加人们入党的机会。与底层家庭的孩子相比，精英家庭的子代享有更优质的教育资源和更多的机会，他们凭借学业上的成就更受党组织的青睐。其次，中国的改革保持了政治上的连续性，在党政合一的条件下党是许多资源和职位的分配者，对年轻人而言，入党不仅是信仰上的追求，也是实现地位获得和向上流动的重要条件，入党的意愿与职业期望密切相连。Sewell等人的研究发现，父代会影响子代的职业期望、教育期望，期望不同会使子代的教育成就和职业获得产生差异（Sewell et al.，1969）。笔者认为这一社会心理机制同样可以应用到党员身份的获得上，社会经济地位较高的家庭，其子代有较高的职业期望，因而有更强烈的入党意愿。

假设4：改革后，优势家庭的子代更有可能成为党员，党员比非党员更有可能成为干部，即入党是家庭背景影响干部地位获得的中间变量。

五　研究设计

（一）数据

本研究数据来自2003年中国综合社会调查（CGSS）[①]，由中国人民大学社会学系和香港科技大学社会学部共同主持。笔者采用“中国人民大学联合加权方案2”对CGSS 2003年数据进行加权处理。

（二）模型

为了研究改革前后不同历史时期家庭背景影响干部地位获得的模式，笔者采用事件史分析中的离散时间风险模型，即离散时间的logit模型。该模型具有两大优点：一是能够有效地处理时变变量；二是处理数据的删截（删失）问题，模型表达式如下：

$$\log \frac{p(t)}{1-p(t)} = \delta(t) + b_1x_1 + b_2x_2 + \cdots + b_kx_k$$

在上面的模型中，$p(t)$ 是风险率，即观察个体在时间 t 事件发生的概率。$\log \frac{p(t)}{1-p(t)}$ 是对风险率做logit变换。x_1，…，x_k是一组协变量，其中包括父亲职业、性别、调查地类型等不随时间改变的变量，以及党员身份、受教育程度、年龄等随时间变化的时变变量（TVC）。b_1，…，b_k是每个解释变量对应的回归系数。$\delta(t)$ 是一个时间函数，它可以被定义为虚拟变量，来测量不同时间点（比如年）或时间段（时期）的效应。本研究关心的是在特定时间段一组协变量的影响，而不是 $\delta(t)$ 测量的时间效应。

（三）变量

1. 因变量

（1）时期的划分。笔者将1950年至2003年的54年分为改革前后两个时间段：1950年至1977年为改革前的历史时期，也被称为毛泽东时代

---

① 2003年中国综合社会调查（CGSS）的详细信息，请参阅中国社会科学数据库，网址：http://www.cssod.org/index.php。

(Mao-era)，1978 年至 2003 年是改革后的历史时期。在这两个历史时期之中还有一些特殊的历史阶段，比如 1966 年至 1976 年的“文化大革命”时期，但事件的发生数过少使笔者无法对时间段进行更细致的分割。

（2）干部地位获得。干部主要指党政机关、事业单位和国有企业中代理国家权力的管理者和领导，而不是广义上的一种人事身份。笔者将干部操作化为拥有国家行政级别的人，将“副科级以上”编码为 1，将“无国家行政级别”和“副科级以下”编码为 0。

2. 自变量

（1）家庭背景。笔者根据被访者 18 岁时父亲的职业划分为 6 个类别（见表 1)，他们分别占有较多的权力资本、经济资本、政治资本和文化资本。笔者将其再编码为 5 个虚拟变量。需要说明的是，本研究重点不是探讨阶层分化的逻辑，职业分类既能够区分改革前的阶级成分又能体现改革后社会经济地位的差别。

为了考察改革前家庭出身的影响，笔者将父亲职业是军人的被访者单独分为一类。因为以往的研究对改革以前干部的政治地位存在争议（Whyte，1975；Parish，1984；周雪光等，2002；Hu，2007；Walder & Hu，2009)，而毛泽东时代的军人却一直保持着较高的政治地位和声望，干部在政治排行榜上只能让位于革命军人（高华，2004)。

（2）被访者的受教育程度。指被访者进入风险集之前的最高学历。2003 年 CGSS 调查了具有高中及以上学历的被访者的受教育经历。若被访者具有初中以下的学历，则将受教育程度看作一个非时变变量。若被访者具有初中及以上学历，受教育程度则是一个时变变量。笔者将被访者的受教育程度重新编码为一个虚拟变量。

（3）被访者的政治面貌。根据入党时间确定被访者在干部地位获得之前是否党员，党员身份是一个时变变量。

表 1 自变量的描述统计

	定义与编码	总样本（%）	1950～1977 年（%）	1978～2003 年（%）
家庭背景 a	中高层领导干部 =1	17.1	10.2	18.5
	下层领导干部和行政办事人员 =2	7.6	4.2	8.2
	经济管理精英和自雇者（个体户） =3	9.3	19.6	7.4

续表

	定义与编码	总样本（%）	1950～1977年（%）	1978～2003年（%）
家庭背景a	军人=4	1.3	2.0	1.1
	专业技术人员=5	19.4	21.4	19.1
	工人=6	45.3	42.6	45.7
受教育程度b	高中以上学历=1 高中以下学历=0	8.7	7.6	8.9
政治面貌	党员=1 非党员=0	13.3	15.3	12.8
性别	男性=1 女性=0	53.3	54.8	53.0
调查地类型c	大城市=1 县城和集镇=0	60.6	65.6	59.4
年龄	连续变量	32.4 （10.8）	27.2 （10.4）	33.7 （6.9）
事件数		278	67	211

注：1. 变量的描述统计基于重新整理过的数据；数据经过加权；对于年龄这一连续变量，报告的是均值和标准差（括号里的数字）。

2. a. 本研究为更好地考察权力的效应，将高层干部与下层干部进行了区分；因为经济管理精英样本量太少，将其与自雇者（个体户）合并；b. 高中以上学历包括大专、本科、研究生及以上；高中以下学历包括高中、职高、技校、中专、初中、小学、私塾和未受过正式教育；c. 大城市包括直辖市/省会城市市区、地级市市区。

3. 控制变量

本研究要考虑的控制变量包括：性别、年龄和调查地类型。

六 统计结果分析

（一）改革前家庭背景与干部地位获得

表2的统计结果显示，改革前军人的子代在干部地位获得中具有最大的优势。军人子弟成为干部的优势比是工人子弟的8.4倍（$e^{2.134}$），并具有较强的统计显著性（$p<0.05$），而政治上不被信任的经济管理精英和自雇者、专业技术人员的子代没有优势。这说明家庭出身越好，越可能成为干部，假设1得到证实。

另一个发现是毛泽东时代的干部家庭并没有成功地实现权力地位的再生产。模型1中，中高层领导干部与下层领导干部和行政办事人员的子代与工人子弟相比并未显示出优势，甚至从回归系数判断（-0.216），中高层领导干部的子代还处于劣势。

在模型2中，笔者控制了党员身份变量，统计结果显示军人子弟当干部的优势比与工人子弟相比，由8.4倍（$e^{2.134}$）下降到5.3倍（$e^{1.672}$），统计显著性也有所下降（$p<0.1$），这说明党员身份是一个重要的中间变量，换言之，军人子弟凭借良好的家庭出身比其他家庭的子代更容易入党，党员更可能当干部，假设2得到了证实。

表2 改革前家庭背景与干部地位获得的离散时间风险模型估计（1950~1977年）

	总样本	模型1	模型2	模型3	模型4
历史时期					
1950~1977年	-0.504**				
	(0.255)				
1978~2003年（参照）					
父亲职业					
中高层领导干部	1.167***	-0.216	-0.238	-0.177	-0.200
	(0.247)	(0.869)	(0.869)	(0.873)	(0.872)
下层领导干部和行政办事人员	0.542	0.953	0.953	1.023	1.034
	(0.365)	(0.738)	(0.740)	(0.760)	(0.754)
经济管理精英和自雇者	-0.283	-0.865	-0.996	-1.904	-1.952
	(0.455)	(0.860)	(0.863)	(1.410)	(1.411)
军人	1.005*	2.134**	1.672*	2.179**	1.789*
	(0.538)	(0.919)	(0.964)	(0.929)	(0.972)
专业技术人员	0.372	0.529	0.534	0.568	0.592
	(0.282)	(0.513)	(0.513)	(0.530)	(0.535)
工人（参照）					
党员身份	1.494***		1.254**		1.071**
	(0.201)		(0.493)		(0.521)
高中及以上学历	1.265***			-0.075	-0.103
	(0.205)			(0.713)	(0.718)
性别	0.758***	1.138**	0.992**	1.092**	0.986**
	(0.213)	(0.477)	(0.483)	(0.485)	(0.490)
年龄	0.001	0.008	-0.026	0.008	-0.017
	(0.011)	(0.032)	(0.036)	(0.035)	(0.038)
大城市	0.072	1.355*	1.378*	1.325*	1.358*
	(0.202)	(0.731)	(0.745)	(0.738)	(0.752)
常数项	-7.077***	-7.919***	-7.110***	-7.834***	-7.247***

续表

	总样本	模型 1	模型 2	模型 3	模型 4
	(0.452)	(1.171)	(1.244)	(1.244)	(1.317)
log-likelihood	-734	-144	-139	-134	-131
Pseudo R^2	0.102	0.057	0.075	0.067	0.079
事件数	278		67		

注：数据被加权；括号中为标准误；$*p<0.1$，$**p<0.05$，$***p<0.01$。

在模型 3 中，笔者控制了受教育程度变量，结果显示军人子代的优势没有削弱反而增强了，当干部的优势比上升到工人子弟的 8.8 倍（$e^{2.179}$），且具有较强的统计显著性（$p<0.05$），这说明改革前教育不是家庭背景影响子代干部地位获得的中间机制。

表 2 的统计结果支持了笔者的假设，反驳了家庭背景无用论的观点，我们可以看到家庭出身的差异影响了子代当干部的机会，而且并非精英竞争论所认为的，革命的新精英子代占有优势。笔者的研究表明军人的子弟有优势。而作为新政权核心的领导干部没有实现地位的再生产，他们在汹涌澎湃的政治运动中也成为国家政策的打击对象，其子女因受到牵连并没有在干部选拔中占优势。

（二）改革后家庭背景与干部地位获得

表 3　改革后家庭背景与干部地位获得的离散时间风险模型估计（1978 ~ 2003 年）

	模型 1	模型 2	模型 3	模型 4
父亲职业				
中高层领导干部	1.717***	1.525***	1.457***	1.323***
	(0.255)	(0.256)	(0.274)	(0.276)
下层领导干部和行政办事人员	0.955**	0.782**	0.586	0.500
	(0.376)	(0.378)	(0.418)	(0.418)
经济管理精英和自雇者	0.476	0.408	0.236	0.196
	(0.430)	(0.431)	(0.487)	(0.488)
军人	1.623**	1.074*	1.325**	0.906
	(0.645)	(0.653)	(0.656)	(0.662)
专业技术人员	0.666**	0.634**	0.395	0.388
	(0.311)	(0.311)	(0.328)	(0.329)
工人（参照）				
党员身份		1.821***		1.537***
		(0.207)		(0.220)
高中及以上学历			1.617***	1.438***

续表

	模型 1	模型 2	模型 3	模型 4
			(0.217)	(0.219)
性别	1.205***	0.907***	0.962***	0.746***
	(0.226)	(0.232)	(0.232)	(0.237)
年龄	0.030***	0.007	0.021**	0.004
	(0.010)	(0.010)	(0.011)	(0.012)
大城市	0.050	0.170	-0.177	-0.072
	(0.200)	(0.202)	(0.214)	(0.216)
常数项	-8.455***	-7.941***	-8.130***	-7.749***
	(0.446)	(0.462)	(0.467)	(0.485)
log-likelihood	-708	-672	-616	-593
Pseudo R^2	0.058	0.104	0.089	0.121
事件数	211			

注：数据被加权；括号中为标准误；* $p<0.1$，** $p<0.05$，*** $p<0.01$。

表3的统计结果显示，改革后，干部、军人以及专业技术人员的子代与工人的子代相比更可能成为干部。模型1中，中高层领导干部的子代成为干部的优势比是工人子弟的5.6倍（$e^{1.717}$），具有高度统计显著性（$p<0.01$）。下层领导干部和行政办事人员的子代当干部的优势比是工人子弟的2.6倍（$e^{0.955}$），也具有较强的统计显著性（$p<0.05$）。同时可以看出父代的干部级别越高，子代成为干部的优势越大。经济管理精英和自雇者的子代从回归系数看比工人子弟有优势，但不具有统计显著性。专业技术人员的子代成为干部的优势比是工人子弟的1.9倍（$e^{0.666}$），且具有较强的统计显著性（$p<0.05$）。军人的子代当干部的优势比是工人子弟的5倍（$e^{1.623}$），具有较强的统计显著性（$p<0.05$）。从模型1的统计结果可以看出改革后家庭出身作为政治资本对干部地位获得不起作用，不被信任的知识分子阶层以及在“文化大革命”中整体沉没的干部阶层的子女在改革后的干部选拔中都有优势（高华，2004）。

模型2中，笔者控制了党员身份这一中间变量，结果发现干部子弟的优势有所下降；军人子弟当干部的优势比下降最为明显，从5倍下降到2.9倍（$e^{1.074}$），这说明军人子弟当干部的优势主要源自入党；专业技术人员的子代的优势只略微下降。统计结果说明，改革后党员身份还是一种不可或缺的政治资本，干部、军人和专业技术人员的子代与工人子弟相比更可能成为党员，进而在干部选拔中占优势，入党也就成为家庭背景作用于干部选拔的中间机制，假设4得到了证实。

模型3中，笔者引入了受教育程度变量，统计结果显示具有高中及以上学历的人成为干部的优势比是只具有高中以下学历的人的5倍（$e^{1.617}$），且具有高度的统计显著性（$p<0.01$），这说明改革后受教育程度越高越有可能成为干部。而且，在控制受教育程度之后，下层领导干部和行政办事人员以及专业技术人员的子代当干部的优势消失了。中高层领导干部子弟和军人子弟当干部的优势没有消失，不过回归系数略微下降。这说明子代的教育获得是改革后家庭背景影响干部地位获得的中间机制，尤其是对专业技术人员和只拥有少量权力资本的下层领导干部和行政办事人员而言，通过文化再生产和资本转化的方式提高子代的受教育程度，是增加他们当干部机会的主要途径。假设3得到证实。

模型4中，有一个值得关注的研究发现，在控制受教育程度和党员身份这两个变量后，中高层领导干部的子代当干部的优势比依然高达工人子弟的3.8倍（$e^{1.323}$），并且具有高度的统计显著性（$p<0.01$），而其他家庭的优势都消失了。

在入党和教育获得之外，中高层领导干部通过何种途径实现地位的再生产呢？笔者认为中高层领导干部的权力、资源、社会关系转化为子代的社会资本，而社会资本通过非正式制度的途径对干部的地位获得发挥作用。正如周玉（2006）的研究表明，社会网络资本尤其是网络顶端（地位最高的关系人）以及与关键人的关系强度对干部职业地位的获得具有正向的作用，父代是干部的人更可能得到晋升。

为何改革后社会资本在干部选拔中起到重要作用？笔者认为外部条件是改革后打击干部的政治运动和政策被终止，而内在的根源则是干部人事制度本身的缺陷。中国干部的任免权力是高度垄断的，通过自上而下的委任制进行逐级的权力授予。授予主体是中央到地方各级党委以及各类单位内部党委，虽然党的根本组织原则是“民主集中制”，然而“集中”时常压倒“民主”，使组织的领导成为权力授予的真正主体。在组织权力个人化的情况下，组织的领导就成为干部选拔的关键人，以人情、关系、照顾为内容的社会资本也有了发挥作用的空间。尤其是改革后，毛泽东时代打击干部的政策、群众广泛参与的政治运动都被终止了，干部委任制的缺陷在监督放松后逐渐暴露出来。

综上所述，统计结果表明改革后的权力精英和文化精英的后代通过入党和教育获得这两个中间机制，在干部选拔中具有优势，其中，中高层领导干部的子代当干部的机会最大。这一结果与精英竞争论和家庭背景作用阶段论的观点不同，改革后并非革命的新精英或者红色的无产阶级家庭的后代独占优势，在干部选拔发生绩效转向之后，文化精英的后代也有优势。

七　结论与不足之处

本文从代际流动的视角出发，以一般资本理论和制度分析作为理论框架，力图揭示改革前后在不同的干部选拔录用制度下，家庭背景影响子代当干部的机制。本文主要有以下研究发现。

首先，1978 年以前，军人的子弟凭借良好的家庭出身和入党的优势最有可能成为干部。这说明改革前家庭背景是起作用的，它以“家庭出身”的形式表现为一种政治不平等，因此，认为家庭背景不起作用的观点是站不住脚的。其次，1978 年以后，干部以及专业技术人员的后代在干部选拔中占有优势，这表明摆脱了家庭出身等政治束缚的知识精英的后代也有优势。这不同于精英竞争论和家庭背景作用阶段论所认为的，只有革命的新精英或“红色”无产阶级家庭的后代有优势。改革以后，家庭背景起作用的中间机制除了入党还包括子代的教育获得。此外，更有趣的研究发现是，中高层领导干部子弟在控制了党员身份和受教育程度之后，依然表现出显著优势，笔者认为在干部委任制下，中高层领导干部很可能通过社会网络资本来实现地位的再生产。

改革前后家庭背景始终对子代的干部地位获得有影响，无论是政策安排还是出于利己的动机，父代总是将自己占有的优势资本转化为子代当干部需要的资本类型，导致子代干部地位获得机会的不平等。改革前后干部选拔录用制度和选拔标准，则规定了不同家庭的机会结构和家庭背景发挥作用的具体机制。

作为一种尝试和探索，本文依然存在许多不足之处。由于样本量的限制，无法对历史时期进行更加细致的划分，对类似“文化大革命”这样的特殊时期也无法进行深入的分析；军人的样本量也比较少，有可能使统计结果产生偏差，导致研究结论不可靠；体制外单位中的经济管理精英数量极少，笔者只能将其与自雇者进行合并，无法准确获知经济精英子代当干部的机会；最后，中高层领导干部子弟在控制了党员身份和受教育程度之后依然具有非常显著的优势，笔者猜测是社会网络资本的作用，而通过现有资料无法进行验证。笔者希望将来能够以新的研究设计和资料来完善本文的不足，对家庭背景作用于干部地位获得的机制进行更深入的探讨。

参考文献

贝尔·丹尼尔：《后工业社会的来临》，高铦译，商务印书馆，1984。

边燕杰等：《共产党员身份与中国的变迁》，载边燕杰等编《社会分层与流动：国外学者对中国研究的新进展》，中国人民大学出版社，2008。

陈明明：《党治国家的理由、形态与限度》，载陈明明主编《共和国制度成长的政治基础》，上海人民出版社，2009。

陈尧：《政治研究中的庇护主义——一个分析的范式》，《江苏社会科学》2007 年第 3 期。

陈友华、方长春：《社会分层与教育分流——一项对义务教育阶段划区就近入学等制度安排公平性的实证研究》，《江苏社会科学》2007 年第 1 期。

德热拉斯：《新阶级——共产主义制度分析》，陈逸译，世界知识出版社，1963。

高华：《身份和差异：1949—1965 年中国社会的政治分层》，香港中文大学亚太研究所，2004。

戴维·格伦斯基：《社会分层》，王俊等译，华夏出版社，2005。

艾尔文·古德纳：《知识分子的未来和新阶级的兴起》，顾晓辉、蔡嵘译，江苏人民出版社，2006。

雅诺什·科尔奈：《社会主义体制——共产主义政治经济学》，张安译，中央编译出版社，2007。

李春玲：《社会政治变迁与教育机会不平等——家庭背景及制度因素对教育获得的影响（1940 - 2001）》，《中国社会科学》2003 年第 3 期。

李若建：《从赎罪到替罪：四类分子阶层初探》，《开放时代》2006 年第 5 期。

李煜：《制度变迁与教育不平等的产生机制——中国城市子女的教育获得（1966—2003）》，《中国社会科学》2006 年第 4 期。

李煜：《代际流动的模式：理论理想型与中国现实》，《社会》2009 年第 6 期。

林南：《社会资本：关于社会结构与行动的理论》，张磊译，上海人民出版社，2005。

林尚立：《中国共产党与国家建设》，天津人民出版社，2009。

刘精明：《国家、社会阶层与教育：教育获得的社会学研究》，中国人民大学出版社，2005。

刘欣：《当前中国社会阶层分化的多元动力基础——一种权力衍生论的解释》，《中国社会科学》2005 年 a 第 4 期。

刘欣：《当前中国社会阶层分化的制度基础》，《社会学研究》2005 年 b 第 5 期。

路风：《中国单位制的起源和形式》，《中国社会科学季刊（香港）》1993 年第 5 期。

倪志伟：《社会学新制度主义的来源》，载何俊志等编译《新制度主义政治学译文精选》，天津人民出版社，2007。

彭勇：《权力异化的组织根源及改革走向》，《理论探讨》2004 年第 6 期。

唐元松：《选拔制度与选举制度辨析及启示》，载《当代中国政治研究报告》，社会科学文献出版社，2002。

特纳：《担保型流动/竞争型流动和学校体制》，载戴维·格伦斯基编《社会分层》，华夏出版社，2005。

王立新：《制度转换：党政干部选拔制度改革的根本性选择》，《理论学刊》2001 年第 5 期。

王奇生：《党员、党权与党争：1924－1949 年中国国民党的组织形态》，上海书店出版社，2003。

熊易寒：《底层、学校与阶级再生产》，《开放时代》2010 年第 1 期。

徐湘林：《后毛时代的精英转换和依附性技术官僚的兴起》，《战略与管理》2001 年第 6 期。

吉尔·伊亚尔、伊万·塞勒尼、艾莉诺·汤斯利：《无须资本家打造资本主义》，吕鹏、吕佳龄译，社会科学文献出版社，2008。

俞可平：《中华人民共和国六十年政治发展的逻辑》，《马克思主义与现实》2010 年第 6 期。

张宛丽：《非制度因素与地位获得》，《社会学研究》1996 年第 1 期。

周雪光等：《国家社会主义制度下社会阶层的动态分析——1949 至 1993 年的中国城市状况》，载边燕杰主编《市场转型与社会分层》，三联书店，2002。

周玉：《社会网络资本与干部职业地位获得》，《社会》2006 年第 1 期。

Bailes, Kendall E., *Technology and Society under Lenin and Stalin* (Princeton: Princeton University Press, 1978).

Baylis, Thomas A., *The Technical Intelligentsia and the East German Elite* (Berkeley: University of California Press, 1974).

Bourdieu Pierre, *Cultural Reproduction and Social Reproduction* (New York: Oxford University Press, 1977).

Bourdieu Pierre, *Distinction: A Social Critique of the Judgment of Taste* (Cambridge Mass: Harvard University Press, 1984).

Bourdieu Pierre, "The Forms of Capital," In *Handbook of Theory and Research for the Sociology of Education*, edited by J. Richardson (New York: Greenwood, 1986).

Burnham, J., *The Managerial Revolution* (Bloomington: Indiana University Press, 1960).

Crusky, D. B. and Hauser R. M., "Comparative Social Mobility Rerisited: Models of Convergence and Divergence in 16 Countries," *American Sociological Review*, 49.

De Graaf, Paul, M., "Parents' Financial and Cultural Resources, Grades, and Transition to Secondary School in the Federal Republic of Germany," *European Sociological Review*,

1988 (4): 209 - 221.

De Graaf, Paul M., "The Impact of Financial and Cultural Resources on EducationalAttainment in the Netherlands," *Sociology of Education*, 1986 (59): 237 - 246.

Ganzeboom, Harry B. G., Donald J. Treiman and Wout C. Ultee, "Comparative Intergenerational Stratification Research: Three Generations and Beyond," *Annual Review of Sociology*, 1991 (17): 277 - 302.

Ganzeboom, Harry B. G., Paul M. De Graaf and Peter Robert, "Cultural Reproduction Theory on Socialist Ground: Intergenerational Transmission of Inequalities in Hungary," *Research in Social Stratification and Mobility*, 1990 (9): 79 - 104.

Hauser, Robert M. and David L. Featherman, "Equality of Schooling: Trends and Prospects," *Sociology of Education*, 1976 (49): 99 - 120.

Hu, Songhua, *Family Background and Life Chances in Urban China*, 1950 - 1966 (PhD. thesis of University of Stanford, 2007).

Inkeles, Alex, *Social Stratification and the Modernization of Russia. in the Transformation of Russian Society*, edited by C. Black (M. A.: Harvard University Press, 1960).

Kelley, Jonathan, Robert V. Robinson and Herbert S. Klein, "A Theory of Social Mobility, with Data on Status Attainment in a Peasant Society," *Research in Social Stratification and Mobility*, 1981 (1): 27 - 66.

Lee, Hong Yung, *From Revolutionary Cadres to Party Technocrats in Socialist China* (Berkeley: University of California Press, 1991).

Li, Bobai and Andrew G. Walder, "Career Advancement as Party Patronage: Sponsored Mobility into the Chinese Administrative Elite, 1949 - 1996," *American Journal of Sociology*, 2001 (106): 1371 - 1408.

Li, Cheng and D. Bachman, "Localism, Elitism, and Immobilism: Elite Formation and Social Change in Post - Mao China," *World Politics*, 1989 (42): 64 - 94.

Li, Cheng and Lynn White, "Elite Transformation and Modern Change in Mainland China and Taiwan: Empirical Data and the Theory of Technocracy," *China Quarterly*, 1990 (121): 1 - 35.

Lowenthal, Richard, "Development vs. Utopia in Communist Policy," *Change in Communist System*, edited by C. Johnson (Stanford: Stanford University Press, 1970).

Parish, William, "Destratification in China," *Class and Social Stratification in Post - revolution China*, edited by J. Watson (New York: Cambridge University Press, 1984).

Schurmann, Franz, *Ideology and Oranization in Communist China* (Berkeley: University of California Press, 1966).

Sewell, William H., Archibald O. Haller and Alejandro Potres, "The Educational and Early Occupational Attainment Process," *American Sociological Review*, 1969 (34): 82 - 92.

Teachman, Jay D., "Family Background, Educational Resources, and Educational Attainment," *American Sociological Review*, 1987 (52): 548 - 557.

Veblen, Thorsten, *The Engineers and the Price System* (NewYork: The Viking Press, 1944).

Walder, Andrew G., "Career Mobility and the Communist Political Order," *American*

Sociological Review, 1995 (60): 309 - 328.

Walder, Andrew G. and Hu Songhua, "Revolution, Reform, and StatusInheritance: UrbanChina, 1949 - 1996," *American Journal of Sociology*, 2009 (114): 1395 - 1427.

Whyte, Martin King, "Inequality and Stratification in China," *China Quarterly*, 1975 (64): 684 - 711.

人力资本、劳动力市场分割与收入分配*

王甫勤

20世纪70年代以来，世界各国的收入不平等现象呈增加趋势（Morris & Western, 1999），中国社会在改革开放之后，也出现类似的趋势。1978年之前，中国社会的收入分配比较平均，之后，国民的收入差距逐渐扩大。[①]收入分配问题成为国内外学者们广泛研究和讨论的热点问题之一，对于收入不平等的解释主要有两种理论取向，即个人主义和结构主义。很多学者都试图综合这两种解释取向。

本研究试图结合中国改革开放以来的社会变迁经验，综合这两种解释取向，提出一个影响个人收入分配的基本模型，将人力资本因素和劳动力市场结构因素，以及二者的交互效应纳入其中，运用2003年中国综合社会调查（CGSS）[②] 数据分别建立logistic回归模型对本研究所提出的假设进行检验。

---

* 本研究得到了国家社会科学基金项目“收入分配与社会公平研究”（06BSH049）及教育部哲学社会科学重大课题攻关项目“城乡统筹就业问题研究”（07JZD0023）子课题“就业机会公平：影响因素和政策含义”的资助。

① 据估计，1978年中国农村内部的基尼系数为0.21，城镇内部的基尼系数为0.16，全国的基尼系数是0.32。1995年，农村内部的基尼系数已经达到0.44，城镇内部的基尼系数达到0.28，全国基尼系数达到0.39（不同统计部门和学者估计值差别较大，此处取最小值），已经远远超过1978年水平，全国收入差距还有持续扩大的趋势（李实，2004）。

② 本论文使用数据全部来自中国国家社会科学基金资助之中国综合社会调查（CGSS）。该调查由中国人民大学社会学系与香港科技大学社会学部执行，项目主持人为李路路教授、边燕杰教授。感谢上述机构及人员提供的数据协助，本文内容由笔者自行负责。本文根据当前状态和收入状况筛选样本2563个，经过中国人民大学联合加权方案2进行加权后，样本数为2678个，其中男性为1599个，女性为1079个。

一 关于收入不平等的两种解释取向

收入不平等研究主要有两种解释取向，即个人主义和结构主义（Lord III & Falk，1980；Sakamoto，1988；Sakamoto & Chen，1991）。前者强调个人所拥有的人力资本（受教育程度、技能和工作经验等）对于其收入的决定作用（Becker，1964），亦可称之为“人力资本理论”，这一理论在经济学和社会学研究传统中分别有着不同的假设和观点。经济学传统中的人力资本理论，依据新古典经济学劳动力市场完全竞争的假设，认为在劳动力市场完全竞争的条件下，拥有更多人力资本的人（受教育程度较高或工作经验较丰富），生产能力更强，能够给企业带来更高的生产效率，创造更多的利润，个人也能获得更多的工资。工资水平调节着整个劳动力市场的平衡（Ehrenberg & Smith，1982）；社会学传统的人力资本理论依据的是功能主义关于社会分层原则的某些假定，即社会上的某些位置具有功能重要性和人员稀缺性，人们只有通过内在的才能或训练才能达到位置的要求（Davis & Moore，1945），因而从个人的角度来说，增加人力资本投资能够提高个人的收入回报。功能主义的分层理论，包括“布劳－邓肯模型”（Blau & Duncan，1967）的个人收入研究中也暗含了劳动力市场完全竞争的假设（或曰单一劳动力市场假设）。

简而言之，无论是经济学传统的人力资本理论，还是社会学传统的人力资本理论，都认为个人收入的分配不均是建立在个人的人力资本差异的基础之上的。

结构主义的解释取向批评个人主义的解释取向忽略了结构变量对于个人收入的决定作用。这一解释取向根据对结构变量的不同理解或定义形成了不同的分析范式。其中的阶级/阶层分析范式强调社会阶级/阶层结构对人们收入的决定作用。马克思主义从社会生产关系的角度将资本主义社会分为资产阶级和工人阶级，并认为工人阶级的劳动工资等于其劳动价格而非劳动力价值，资产阶级剥削了工人阶级的劳动剩余（马克思、恩格斯，1972）。新马克思主义者代表赖特从所有权和组织资产的维度将资本主义社会划分成雇佣者、管理者和工人三个主要阶级，并分析了不同阶级在收入上的显著差异（Wright，1978；Wright & Perrone，1977）。韦伯将阶级定义为处于共同阶级地位（或处境）的人的任何群体，阶级处境是人们在商品和劳务市场中转让产品和技能以获取收入的机会，即市场机会（market chance）或市场能力（market ability），市场机会/能力越强的人越有可能获取好的职业或高的收入。新韦伯主义者强调高收入职业的内部成员为了维护其利益，往往设置职业准入的门槛（如强调文凭、执业许可证等），阻止外部劳动力的进入，从而导致了从事不同职业的人们之间的收入不平等，并形成“社会封闭”（social closure）（Weeden，2002）。因而处于优势地位的阶级能够保证内部成员的利益，并限制处于劣势地位的阶级成员的利益。

劳动力市场分割理论直接批评了人力资本理论关于劳动力市场完全竞争的假设，强调不同的劳动力市场结构对于收入的决定作用（Dickens & Lang，1985；Kalleberg & Sorensen，1979；Kalleberg et al.，1981）。皮奥雷将劳动力市场划分为初级劳动力市场和次级劳动力市场，并认为在初级劳动力市场中工作的人能够获得高工资、良好的工作环境、稳定的就业、公平的工作规则和晋升机会等。而在次级劳动力市场中工作的人则面临低工资、不良的工作条件、就业的变异性和经常专断的训练以及无晋升机会等。

E. 贝克等（1978）运用1975年和1976年美国GSS调查资料分析了核心部门和边缘部门（或称垄断部门与竞争部门）在劳动力年收入（对数）、基尼系数、贫困率、受教育程度、工作稳定性和劳动力构成等20个方面的差异。研究发现，在核心部门中，劳动力年收入（对数）要显著高于边缘部门，而基尼系数则小于边缘部门（但不显著），贫困率不足边缘部门的1/2，差别显著。在受教育程度方面，核心部门的劳动力接受高等教育的比例要显著高于边缘部门。甚至在家庭背景方面，核心部门也显著优于边缘部门。核心部门和边缘部门仅仅在男女年龄和失业经历等方面没有显著差异。该研究证实了美国劳动力市场部门中，分割现象显著存在。关于劳动力市场结构对于收入的影响在俄罗斯（Gerber，2002）、中国（Zang，2002）、波兰（Domanski，1988）等很多国家都得到了验证。

这两种解释取向的相互排斥，激发了学者们对两者解释力强弱的比较。经验研究表明，这两种解释取向都对解释劳动力收入不平等问题具有重要作用，但这两种解释力孰强孰弱尚未明确。比伯和福姆运用1972~1973年密歇根调查研究中心关于“就业质量调查”的数据，分析了1004个全职蓝领工人的收入决定模式，发现在独立模型中，人力资本变量，包括受教育年限、特殊职业准备、当前工作经验和累积工作经验，对收入（1971年总收入）的决定系数为$R^2=0.183$；结构变量，包括区域（大都市和非大都市)、部门(核心部门与边缘部门)、公司规模、职业群体(熟练技术工人、半技术工人、非技术工人或服务人员)和工会资格,对收入的决定系数为 $R^2=0.503$;人力资本变量和结构变量的联合模型对收入的决定系数为 $R^2=0.551$(Bibb & Form,1977)。因此,比伯和福姆认为,结构变量的解释能力要强于人力资本变量的解释能力。洛德和福尔克运用 1977 年美国 GSS 调查数据分析了 763 名非农劳动力的收入决定模式,这一研究基本上重复了比伯和福姆的研究,但研究设计的部分差异和数据代表性差异,导致他们得出完全相反的结论。在独立模型中,人力资本变量,包括工作经验、特殊职业准备和教育,对收入(年总收入)的修正决定系数为 $R^2=0.278$;结构变量,包括阶级变量(根据赖特的划分维度,分为所有者、管理者和工人三个阶级)、部门(垄断部门和竞争部门)对于收入的修正决定系数为 $R^2=0.157$;人力资本变量和结构变量的联合模型对收入的修正决定系数为 $R^2=0.352$(Lord III & Falk,1980)。因此,洛德和福尔克认为,人力资本变量的解释能力比结构变量要强,但是结构变量对于收入的作用也不可忽视。

个人主义的解释和结构主义的解释都从理论上证明了自己的解释能力,但是还没有得出比较统一的结论。另外,当运用这种观点来解释中国的收入分配问题时,还需要做出哪些修正,这是本文关注的问题之一。

如前文所述,中国市场化改革以来的经济发展引起了国内外学者对于收入分配问题研究的兴趣,他们最关注两个基本问题:①经济发展是加剧还是减轻了收入不平等程度?②经济改革使哪些群体获益?哪些群体受到损失?(Xie & Hannum,1996)。对于第一个问题的回答是肯定的,即改革开放以来中国的收入不平等程度正在加剧。对于第二个问题的回答,不同的学者对中国市场转型过程中的收入分配研究还没有得出广泛一致的结论,呈现出不同的结论。在个人主义的解释取向中,倪志伟的市场转型理论认为,随着市场化的深入,市场权力将会取代再分配权力,直接生产者比再分配者拥有更多的机会和资源,劳动力人力资本的收入回报将会逐渐上升,而干部的政治资本回报相对下降(Cao & Nee,2000;Nee,1989;Nee,1991),即市场转型将使直接生产者获益,再分配权力对于收入的作用下降。而市场转型论的批评者认为①,由于中国社会处于共产党领导之下,主要资源仍然掌握在共产党手中,

① 更进一步的讨论参见刘欣《市场转型与社会分层:理论争辩的焦点和有待研究的问题》,《中国社会科学》2003 年第 5 期。

因此，政治资本的回报不会降低（Bian & Logan, 1996）。一方面，再分配者将再分配权力转化为社会网络资本，并最终转化为私人资产（Rona – Tas, 1994）；另一方面，公共权力除了以再分配权力的形式发挥作用之外，其中一部分还衍生成权力精英谋取私利的“寻租能力”，并以不同的机制对社会分层的结果产生影响（刘欣，2005）。

在结构主义的解释取向中，谢宇和韩怡梅从中国经济增长的地区差异的角度，对经济增长速度不同的城市中的劳动力进行了多层次分析，但其结果并不支持倪志伟的市场转型理论，反而发现经济增长速度与人力资本对收入的回报率呈负相关（Xie & Hannum, 1996）。复旦大学社会学系刘欣教授综合了新马克思主义和新韦伯主义的阶级/阶层分析框架，将中国城市社会分为社会上层、中产上层、中产下层、技术工人及小职员、非技术工人及个体劳动者五个阶层，不同的阶层地位之间的劳动力的收入有显著差异（方程分析的 F 值显著性小于 0.000，回归分析的模型决定系数为 $R^2=0.19$）（刘欣，2007）。有学者通过对中国城市的劳动力市场分析发现，人力资本的收入回报在私有部门要高于国有部门，政治资本的收入回报在私有部门与国有部门之间则没有显著作用（Zang, 2002），但是人力资本的收入回报是否会随着市场化程度的加深而增加仍是一个值得怀疑的命题。虽然吴晓刚也发现教育在市场企业的收入回报高于国有企业，但是在国有企业内部，高赢利企业中的教育作用要弱于低赢利企业，即教育的影响并未随着市场化程度的加深而简单增加。另外，工作经验的收入回报在市场企业和国有企业之间并没有显著的差异（Wu, 2002）。因此，对于中国市场转型过程中的收入分配研究，还需要进行更深入的理论分析和经验探索。

二　中国当前收入分配的交互模型解释

收入不平等的个人主义解释充分考虑了人力资本对于收入回报的积极作用，符合工业化发展过程的教育回报呈上升的趋势，有利于促进劳动力在进入劳动力市场之前（或劳动过程中）加强人力资本投资，但忽视了社会结构变量对于劳动收入的影响作用，不能解释在人力资本条件相当的情况下，某些职业（或行业、部门等）的收入回报高，某些职业（或行业、部门等）的收入回报低。譬如，同一班级的大学生在毕业后，可能只是进入了不同的单位，导致了他们之间的收入出现差异。结构主义解释充分注意到了社会阶级/阶层结构、劳动力市场结构和地区差异等对人们收入的影响作用，但忽略了人力资本在不同社会结构中的收入回报。根据近年来对中国收入不平等的研究经验，我们必须充分考虑人力资本因素和结构因素的作用，以及二者的交互作用，因此，本文着重探讨的结构因素主要指改革开放以来形成的特殊的劳动力市场部门结构。

由于中国的市场化改革是渐进的放权让利式改革，向市场转型是国家推动的结果，因此必然受到国家利益的制约。国家再分配权力在一定程度上仍然保持着对资源的控制，这种改革策略被郝大海和李路路（2006）称为“国家垄断部门”策略，特指在制度转型过程中国家政治权威发挥控制和影响的一种形式。这种策略导致各经济领域的市场化程度和国家控制程度产生差异，进而对劳动力收入产生不同的影响。这种现象可以被称为“中国劳动力市场的部门分割现象”。他们根据市场化程度和国家控制程度将不同的经济领域划分为三个部门，即国有垄断部门、国有非垄断部门和非国有部门。其中国有垄断部门包括三大类：①与政治和意识形态控制相关的部门，如党政机关、学校和大众传媒等；②与经济的宏观调控密切相关的行业，如银行、保险、证券及其他金融机构等；③与国计民生的公共产品相关的行业，如电力、邮政、电信、铁路、航空、制药、医院、公用事业（煤气、自来水、民用电）等。国有非垄断部门则包括国有垄断部门以外的所有国有行业部门。非国有部门包括集体企业、私营企业、外资企业等。刘精明（2006）在对1996年、2003年两次中国综合社会调查项目的数据比较分析后发现，人力资本在不同部门之间的收益率不同，这是由于在中国社会主义市场经济改革进程中，国家权力和市场力量常常以不同的形态相互交织在一起，通过不同的方式改变着各分割部门[①]的结构特征和劳动力市场条件，从而共同决定着当前人力资本回报的基本格局及变化路径。因此，对当前中国劳动力收入的考察，必须将劳动力市场部门的分割要素考虑在内。

据此，笔者初步提出一个关于决定收入分配的交互作用模型，即收入

① 刘精明教授在文章中将公共部门与经济部门的区分、国家力量对劳动力市场的作用、劳动力的雇佣方式作为部门分类的三个主要的结构特征，将劳动力市场划分为7个具体部门，即Ⅰ类公共部门，Ⅱ类公共部门、国有或以国有为主的经济部门、集体或以集体为主的经济部门、私有部门，Ⅰ类非正式劳动力市场，Ⅱ类非正式劳动力市场。

= 人力资本的直接作用 + 劳动力市场部门的直接作用 + 人力资本与劳动力市场部门的交互作用。交互作用表现为两个方面：①不同特征（本文主要指人力资本）的劳动力在市场上的市场机会是不同的。②在不同的市场位置上，劳动力将有可能获得提升人力资本的机会。如果交互作用存在，就表明人力资本和劳动力市场部门不但直接起到改变收入的作用，还分别通过这种间接效应来影响收入。这正是以往研究设计忽略的地方。

为了证明这个模型的有效性，我们试图解决两个问题，第一，比较人力资本模型和劳动力市场部门模型对收入决定作用的大小，第二，证明人力资本与市场部门交互作用的存在及方式。为此，我们提出 4 个研究假设。

假设 1：劳动力的受教育程度越高，其收入也越高。

在以往的经验研究中，作为测量人力资本的主要变量包括受教育程度、工作经验等。但是由于工作经验的测量具有一定程度的复杂性[①]，为了保持模型的简洁性，笔者直接用受教育程度作为人力资本的测量方式。

假设 2：国有垄断部门中劳动力的收入高于其他经济部门。

这一假设在郝大海的论文中已经初步得到验证，但是为了比较市场部门变量和人力资本变量对于收入的决定作用大小，有必要在此做继续分析。

假设 3：受教育程度越高，越容易进入国有垄断部门；受教育程度越低，则越有可能进入非国有部门。

在结构主义解释中，还有另外一种可以称之为“新结构主义”的解释取向：工作竞争模型（job competition model）。这种解释认为，人们收入的高低，取决于他们的社会位置，而不是个人的社会经济特征（如受教育程度和工作经验），但是拥有更多社会经济特征的人，能够更容易获得一个较好的工作位置从而获得更高的收入，社会经济特征在职业获得过程中起到筛选的作用（Baron & Bielby，1980；Sakamoto & Powers，1995）。

假设 4：国有垄断部门劳动力，能够获得更多的接受在职教育的机会，从而提升劳动者的人力资本。

---

① 工作经验一般用年龄来近似估算。通常有三种方法可用来估计工作时间：第一种，直接用年龄来代替工作时间，这种方法最简单，但估算误差较大；第二种，用当前年龄减去受教育年限再减去 6（平均学前年龄），这种方法较为准确，计算也较为简便，但是对于某些非连续就业的受访者的工作年限则不能准确估算；第三种，在第二种方法的基础上再减去中断就业的时间，这种方法最为准确，但是计算复杂，一般研究中也很少使用，见 Tienda, Marta and Haya Stier, “Generating Labor Market Inequality: Employment Opportunities and the Accumulation of Disadvantage,” *Social Problems*, 1996（43）。

根据劳动力市场分割理论，处于优势部门（核心部门或垄断部门等）的劳动力除了有更好的收入外，还享受其他各个方面的福利。可以视在职教育机会为这种福利的一种，因为非国有部门一般不太会允许员工“停岗留薪”这种做法。

三　变量与分析方法

（一）因变量

1. 劳动力收入：个人2002年的全年总收入（包括工资、各种奖金、补贴、分红、股息、经营性收入、银行利息、馈赠等所有收入），其中主要是劳动收入，在分析时转换为收入的对数。

2. 就业机会：劳动力当前就业部门为国有垄断部门、国有非垄断部门和非国有部门的比例。

3. 在职教育机会：劳动力在当前工作期间，或退休劳动力在退休前的最后一份工作期间，是否接受过在职教育（如MBA/MPA/EMBA、职业培训和其他非学历教育等），这一点可以从被访者的教育经历中获得，接受过在职教育=1，未接受过在职教育=0。

（二）自变量

1. 受教育程度：在问卷中使用等级测量法，本文将其转化为受教育年限。具体转化方法是：其他=1，未受过正式教育=3，私塾=4，小学=6，中学=9，高中=12，职高和技校=13，中专=13，大专（非全日制）=14，大专（全日制）=15，本科（非全日制）=16，本科（全日制）=17，研究生（及以上）=20。

2. 劳动力市场部门：国有垄断部门（编码为2），国有非垄断部门（编码为1），非国有部门（编码为0）。

（三）控制变量

1. 年龄：调查当年的实际年龄。

2. 性别：男性（编码为1），女性（编码为0）。

3. 户口性质：分为城镇户口（包括城镇常住户口及当地有效城镇户口，

编码为1）和农业户口（编码为0）。

4. 党员身份：共产党员（编码为1），非共产党员（编码为0）。

（四）分析方法

1. 对劳动力年收入采用多元线性回归模型来分析，回归系数用最小二乘法来估计，全模型如下：

$$\ln(Y) = b_0 + b_1X_1 + b_2X_2 + b_3X_3 + b_4X_1X_2 + b_5X_1X_3 + b_cX_c$$

其中，ln（Y）表示2002年总收入的自然对数；X_1、X_2、X_3分别表示受教育年限、国有垄断部门虚拟变量、国有非垄断部门虚拟变量；X_1X_2表示受教育年限与国有垄断部门的交互作用；X_1X_3表示受教育年限与国有非垄断部门的交互作用；X_c表示由性别、年龄、户口性质和党员身份组成的变量矩阵；b_c是该变量矩阵的回归系数矩阵，回归系数表示各变量在控制其他变量的情况下对收入的回报率。

2. 对劳动力在各部门的就业机会分布采用 multinomial logistic 回归模型来分析，以考察劳动力在进入各部门时的影响因素。其通用估计模型为：

$$\hat{p}_i = \frac{\exp(b_{i0} + b_{i1}X_1 + b_{i2}X_2 + b_{i3}X_3 + b_{i4}X_4 + b_{i5}X_5)}{\sum_{i=1}^{3}\exp(b_{i0} + b_{i1}X_1 + b_{i2}X_2 + b_{i3}X_3 + b_{i4}X_4 + b_{i5}X_5) + 1} \quad (i = 1,2,3)$$

其中，$\hat{p}_1$、$\hat{p}_2$、$\hat{p}_3$ 分别表示劳动力进入国有垄断部门、国有非垄断部门和非国有部门的就业机会（以非国有部门作为参照组）；X_1、X_2、X_3、X_4、X_5分别表示受教育年限、性别、年龄、户口性质和党员身份；回归系数表示 $b_{ij}(j = 1,\cdots,5)$ 在控制其他变量的情况下，X_j每改变一个单位，$\hat{p}_1$ 或 $\hat{p}_2$ 相对于 $\hat{p}_3$ 的优势将会平均改变 exp（b_{ij}）个单位。

3. 对劳动力当前就业期间或退休前的最后一份工作期间，是否接受过在职教育采用 binary logistic 回归模型来分析，其估计模型为：

$$\hat{p} = \frac{\exp(b_0 + b_1X_1 + b_2X_2 + b_3X_3 + b_4X_4 + b_5X_5)}{1 + \exp(b_0 + b_1X_1 + b_2X_2 + b_3X_3 + b_4X_4 + b_5X_5)}$$

其中，$\hat{p}$ 表示接受在职教育的概率，X_1、X_2、X_3、X_4、X_5分别表示劳动力就业部门、性别、年龄、户口性质和党员身份，回归系数表示 b 在控制其他变量的情况下，X 每改变一个单位，接受在职教育的机会的优势比将会平均改变 exp（b）个单位。

四 分析结果

（一）决定劳动力收入回报的因素

根据劳动力收入的回归模型，我们分别分析人力资本、劳动力市场部门对收入的独立作用、联合作用及交互作用（见表1）。

从人力资本模型可以看出，受教育年限对劳动力的收入有显著作用，其收入回报率达到12.0%，模型的决定系数为0.188，非常显著。这说明受教育程度越高，劳动力的收入也越高，从而支持了研究假设1。从劳动力市场部门模型可以看出，国有垄断部门相对于非国有部门有非常高的收入回报率，达到37.4%，国有非垄断部门的收入回报率也比非国有部门高，这一结果虽然支持了研究假设2，但是其决定系数只有0.067，约为人力资本模型的1/3，这说明人力资本对于收入的解释能力比劳动力市场部门强。

在联合模型中，教育的收入回报率仍然显著，但国有垄断部门相对于非国有部门的收入回报率明显降低，回报率的显著性也有所下降，国有非垄断部门的收入回报率与非国有部门没有明显差异。另外，联合模型较人力资本模型的显著性没有显著增加，这说明人力资本与劳动力市场部门之间可能存在某种抑制作用，这种抑制作用在交互模型中表现得更为明显。在交互模型中，决定系数有少量增加，但教育与国有垄断部门及国有非垄断部门之间交互作用的收入回报率为负（-0.033），差别非常明显。另外，在国有垄断部门中，受教育年限对收入回报率的影响明显下降，这说明人力资本与劳动力市场部门之间确实存在交互作用，具体表现为国有垄断部门和国有非垄断部门抑制了人力资本的回报率。

交互模型和独立模型之间似乎存在一定的矛盾。一方面，国有垄断部门和国有非垄断部门的劳动力收入高于非国有部门；另一方面，国有垄断部门和国有非垄断部门又限制了人力资本的回报率。那么国有垄断部门和国有非垄断部门的高收入是如何实现的呢？第一，如劳动力市场部门模型所示，垄断部门确实具有资源优势；第二，国有垄断部门和国有非垄断部门中存在人力资本优势，即国有部门中的劳动力在受教育程度上普遍比非国有部门的要高。在本研究数据样本中，国有垄断部门、国有非垄断部门、

表 1　劳动力收入差异的回归模型(OLS,N = 2678)

常数项/变量	人力资本模型		劳动力市场部门模型		联合模型		交互模型	
	b	beta	b	beta	b	beta	b	beta
常数项	7.460***		8.932***		7.509***		7.325	
受教育年限	0.120***	0.436			0.115***	0.419	0.134***	0.485
劳动力市场部门(参照非国有部门)								
国有垄断部门		0.374***	0.200	0.096*	0.052	0.495**	0.265	
国有非垄断部门		0.089*	0.048	-0.026	-0.014	0.338*	0.182	
教育*国有垄断部门							-0.033**	-0.248
教育*国有非垄断部门							-0.033*	-0.214
性别(男 = 1)	0.223***	0.131	0.213***	0.126	0.224***	0.132	0.221***	0.130
年龄	0.007***	0.079	-0.005**	-0.058	0.006***	0.076	0.007***	0.080
户口(城镇 = 1)	-0.161**	-0.055	0.045	0.015	-0.163**	-0.055	-0.185**	-0.062
党员身份(党员 = 1)	-0.003	-0.001	0.169***	0.080	-0.019	-0.009	-0.013	-0.006
R^2	0.189		0.069		0.192		0.195	
Adjusted R^2	0.188		0.067		0.190		0.193	
Prob > F	0.000		0.000		0.000		0.000	

注：* $p<0.05$；** $p<0.01$；*** $p<0.001$。

非国有部门劳动力的平均受教育年限分别为 13.5 年（n = 737）、11.7 年（n = 748）和 10.6 年（n = 1192）。①

（二）劳动力在各部门的就业机会分布

根据就业机会分析模型，将自变量和控制变量全部纳入 multinomial logistic回归模型（见表 2）。如果将回归系数代入 $\hat{p}_1$、$\hat{p}_2$、$\hat{p}_3$ 预测概率模型中，则可以看出受教育年限对于劳动力进入国有垄断部门和国有非垄断部门具有显著的促进作用。回归系数分别为 0.378 和 0.152，这表示：在控制其他自变量的情况下，受教育年限每增加 1 年，劳动力进入国有垄断部门的机会是进入非国有部门机会的 1.46 倍，进入国有非垄断部门的机会是进入非国有部门机会的 1.164 倍。这说明受教育程度越高的劳动力越是流向国有垄断部门，从而支持了研究假设 3。国有垄断部门和国有非垄断部门正是通过受教育程度这个筛选机制创造了内部的人力资本优势。

表 2　劳动力就业机会分布的 multinomial logistic 回归结果

常数项/变量	国有垄断部门		国有非垄断部门	
	b	exp（b）	b	exp（b）
常数项	-7.888***		-5.425***	
受教育年限	0.378***	1.460	0.152***	1.164
性别（男 =1）	0.010	1.010	0.084	1.088
年龄	0.042***	1.043	0.042***	1.043
户口（城镇 =1）	1.297***	3.657	1.800***	6.052
党员身份（党员 =1）	0.937***	2.552	0.404**	1.497
-2LL	2994.419			
Pseudo R^2（cox and snell）	0.236			
Prob > Chi^2	0.000			
观察值	2678			

注：以非国有部门为参照组，* $p<0.05$；** $p<0.01$；*** $p<0.001$。

从上述模型也可以估计受教育程度高的劳动力进入国有垄断部门（相对于国有非垄断部门）的优势，但这已不属于本文的讨论范围。

（三）对不同市场部门劳动力接受在职教育机会的估计

国有垄断部门的人力资本优势不但体现在劳动力的受教育程度比其他

① 在实际分析中有加权变量，计算中存在误差。

部门要高，还体现在其能够给内部劳动力创造更多的提升人力资本的机会。根据在职教育机会模型，我们可以估计不同部门劳动力接受在职教育的概率（见表3）。从模型中可以看出，国有垄断部门劳动力接受在职教育机会的概率是非国有部门的6.3倍，国有非垄断部门劳动力接受在职教育机会的概率是非国有部门的3.0倍。因此，研究假设4也得到了验证。

表3　不同部门劳动力接受在职教育机会分布的 binary logistic 回归结果

常数项/变量	接受在职教育	
	b	exp（b）
常数项	-2.906***	0.055
劳动力市场部门（参照非国有部门）		
国有垄断部门	1.840***	6.295
国有非垄断部门	1.111***	3.038
性别（男=1）	-0.217	0.805
年龄	-0.036***	0.965
户口（城镇=1）	1.542***	4.672
党员身份（党员=1）	0.486***	1.626
-2LL	2070.656	
Pseudo R^2（cox and snell）	0.100	
Prob > Chi^2	0.000	
观察值	2667	

注：有11个样本回答无效或未回答。* $p<0.05$；** $p<0.01$；*** $p<0.001$。

五　结论与讨论

在本研究中，关于收入不平等的两种解释取向，都得到了一定程度的验证。在将人力资本和劳动力市场结构因素纳入中国当前收入分配的研究模型时，笔者考虑了二者的交互作用，并提出了四个研究假设，通过对2003年CGSS数据的分析，这些研究假设都得到支持。人力资本和劳动力市场结构（部门分割）对劳动力收入都有直接的决定作用。劳动力的收入随着受教育程度的提高而增加，国有垄断部门的劳动力收入比国有非垄断部门、非国有部门的劳动力收入有明显优势。相比较而言，人力资本的解释能力要比劳动力市场部门的解释能力更强。但是，在人力资本和劳动力市场部门的联合模型和交互模型中，笔者发现，人力资本和劳动力市场部门之间存在交互作用且表现为国有垄断部门抑制了人力资本的收入回报率，这一点与臧小伟（2002）和吴晓刚（2002）的研究结论一致，即国有部门中，教育的收入回报率比非国有部门低。但这与国有垄断部门的高收入并不矛盾，因为一方面国有垄断部门本身具有资源优势，另一方面国有垄断部门具有人力资本优势，它们不但能够吸纳受教育程度更高的劳动力，还能够给劳动力提供更多的提升人力资本的机会。

人力资本的收入回报增加可以提高劳动力投资人力资本的积极性，而劳动力市场部门的分割则一方面限制了受教育程度低的劳动力进入优势部门，另一方面导致了优势部门内部人力资本的浪费和人力资本竞争更加激烈。由于中国市场化改革的“国家垄断部门”策略，这种市场分割现象还将持续，这在一定程度上阻碍了公平地分配收入。

可能以下三个方面的因素导致笔者还需要慎重对待研究结论。首先，样本的代表性问题。本研究根据 2003 年 CGSS 的数据提取了“当前状态”为在职，并有明确的工作单位信息和收入信息的样本，虽然经过中国人民大学联合加权方案加权，但仍可能存在一定的样本选择偏差，至少从男女样本的比例上来看，总体样本的代表性仍然值得商榷。其次，由于调查资料的限制，本研究的推论范围也只涉及中国城市劳动力的收入分配。最后，将受教育年限作为人力资本的测量方式，忽略了工作经验的测量，可能是人力资本模型解释力较低的主要原因之一。虽然从模型验证的角度来说，这种测量方式可以接受，但是在全面的收入分配研究中，对工作经验的测量不能忽略。

参考文献

郝大海、李路路：《区域差异改革中的国家垄断与收入不平等——基于 2003 年全国综合社会调查资料》，《中国社会科学》2006 年第 2 期。

刘精明：《劳动力市场结构变迁与人力资本收益》，《社会学研究》2006 年第 6 期。

刘欣：《当前中国社会阶层分化的多元动力基础——一种权力衍生论的解释》，《中国社会科学》2005 年第 4 期。

刘欣：《中国城市的阶层结构与中产阶层的定位》，《社会学研究》2007 年第 6 期。

李实：《中国个人收入分配研究回顾与展望》，载姚洋主编《转轨中国：审视社会公平和平等》，中国人民大学出版社，2004。

《共产党宣言》，《马克思恩格斯选集》（第1卷），人民出版社，1972。

马克斯·韦伯：《经济与社会（上）》，林荣远译，商务印书馆，1997。

马克斯·韦伯：《经济与社会（下）》，林荣远译，商务印书馆，1997。

Baron, James N. and William T. Bielby, "Bringing the Firms Back in: Stratification, Segmentation, and the Organization of Work," *American Sociological Review*, 1980, 45 (5): 737 – 765.

Beck, E. M., Patrick M. Horan and Charles M. Tolbert, "Stratification in a Dual Economy: A Sectoral Model of Earnings Determination," *American Sociological Review*, 1978, 43 (5): 704 – 720.

Becker, Gary S., *Human Capital: A Theoretical and Empirical Analysis, with Special Reference to Education* (New York: Columbia University, 1964).

Bian, Yanjie and John R. Logan, "Market Transition and the Persistence of Power: The Changing Stratification System in Urban China," *American Sociological Review*, 1996, 61 (5): 739 – 758.

Bibb, Robert and William H. Form, "The Effects of Industrial, Occupational, and Sex Stratification on Wages in Blue-Collar Markets," *Social Forces*, 1977, 55 (4): 974 – 996.

Blau, Peter M. and Otis Dudley Duncan, *The American Occupational Structure* (New York: The Free Press, 1967).

Cao, Yang and Victor G. Nee, "Comment: Controversies and Evidence in the Market Transition Debate," *The American Journal of Sociology*, 2000, 105 (4): 1174 – 1189.

Davis, Kingsley and Wilbert E. Moore, "Some Principles of Stratification," *American Sociological Review*, 1945, 10 (2): 242 – 249.

Dickens, William T. and Kevin Lang, "A Test of Dual Labor Market Theory," *The American Economic Review*, 1985, 75 (4): 792 – 805.

Domanski, Henryk, "Labor Market Segmentation and Income Determination in Poland," *The Sociological Quarterly*, 1988, 29 (1): 47 – 62.

Ehrenberg, Ronald G. and Robert S. Smith, *Modern Labor Economics: Theory and Practice* (Dallas: Scott: Foresman and Company, 1982).

Gerber, Theodore P., "Structural Change and Post Socialist Stratification: Labor Market Transitions in Contemporary Russia," *American Sociological Review*, 2002, 67 (5): 629 – 659.

Kalleberg, Arne L. and Aage B. Sorensen, "The Sociology of Labor Markets," *Annual Review of Sociology*, 1979, (5): 351 – 379.

Kalleberg, Arne L., Michael Wallace and Robert P. Althauser, "Economic Segmentation, Worker Power, and Income Inequality," *The American Journal of Sociology*, 1981, 87 (3): 651 – 683.

Lord, George F. and William W. Falk, "An Exploratory Analysis of Individualist Versus Structuralist Explanations of Income," *Social Forces*, 1980, 59 (2): 376 – 391.

Morris, Martina and Bruce Western, "Inequality in Earnings at the Close of the Twentieth

Century," *Annual Review of Sociology*, 1999 (25): 623 - 657.

Nee, Victo, "Social Inequalities in Reforming State Socialism: Between Redistribution and Markets in China," *American Sociological Review*, 1991, 56 (3): 267 - 282.

Nee, Victor, "A Theory of Market Transition: From Redistribution to Markets in State Socialism," *American Sociological Review*, 1989, 54 (5): 663 - 681.

Piore, M. J., "The Dual Labor Market: Theory and Application," *Problems in Political Economy: An Urban Perspective*, edited by D. Gordon (Lexington, Mass.: Heath, 1973).

Rona-Tas, Akos, "The First Shall Be Last? Entrepreneurship and Communist Cadres in the Transition from Socialism," *American Journal of Sociology*, 1994, 100 (1): 40 - 69.

Sakamoto, Arthur and Daniel A. Powers, "Education and the Dual Labor Market for Japanese Men," *American Sociological Review*, 1995, 60 (2): 222 - 246.

Sakamoto, Arthur and Meichu D. Chen, "Inequality and Attainment in a Dual Labor Market," *American Sociological Review*, 1991, 56 (3): 295 - 308.

Sakamoto, Arthur, "Labor Market Structure, Human Capital, and Earnings Inequality in Metropolitan Areas," *Social Forces*, 1988, 67 (1): 86 - 107.

Tienda, Marta and Haya Stier, "Generating Labor Market Inequality: Employment Opportunities and the Accumulation of Disadvantage," *Social Problems*, 1996, 43 (2): 147 - 165.

Weeden, Kim A., "Why Do Some Occupations Pay More Than Others? Social Closure and Earnings Inequality in the United States," *The American Journal of Sociology*, 2002, 108 (1): 55 - 101.

Wright, Erik Olin and Luca Perrone, "Marxist Class Categories and Income Inequality," *American Sociological Review*, 1977, 42 (1): 32 - 55.

Wright, Erik Olin, "Race, Class, and Income Inequality," *The American Journal of Sociology*, 1978, 83 (6): 1368 - 1397.

Wu, Xiaogang, "Work Units and Income Inequality: The Effect of Market Transition in Urban China," *Social Forces*, 2002, 80 (3): 1069 - 1099.

Xie, Yu and Emily C. Hannum, "Regional Variation in Earnings Inequality in Reform-Era Urban China," *The American Journal of Sociology*, 1996, 101 (4): 950 - 992.

Zang, Xiaowei, "Labor Market Segmentation and Income Inequality in Urban China," *The Sociological Quarterly*, 2002, 43 (1): 27 - 44.

上海城市居民的社会分层与流动研究*

王甫勤

一 引言

改革开放30多年来，中国社会经济结构剧烈变动，社会结构逐渐转型，社会阶层分化更加明显，不同阶层之间的社会流动更加频繁。上海既是中国人口最多的城市，也是中国经济中心之一。自20世纪90年代以来，上海城市经历了快速转型，人口、组织及社会结构发生了剧烈的变动（李友梅，2008）。但是目前关于上海城市居民的社会分层研究，主要集中于中产阶层方面：如连连（2009）对1949年以前上海中产阶层的研究，李春玲（2011）对金融风暴后上海和北京两地中产阶层的比较研究，但目前对上海城市居民整体的社会分层结构及流动模式缺乏系统深入的研究。

从当前学者对上海城市社会分层的研究来看，主要还是以职业类别作为社会分层的基本标准，并形成了关于上海城市居民社会分层结构的两种基本观点，即“（亚）金字塔形”和“橄榄形”的社会阶层结构。

仇立平（2001）认为上海的社会阶层结构基本上是以职业地位为标准的“金字塔形”结构，最上层是“权力+财富阶层”，而最下层是无权无财的“普通大众”。仇立平根据1999年在上海做的调查数据、1995年1%人口

* 本研究得到了教育部人文社会科学课题重大攻关项目“我国目前社会阶层状况研究”（08JZD0024）、中国博士后科学基金项目“中国城市中产阶层与社会建设研究”（20110490074）及同济大学人文社会科学青年项目“上海中产阶层的结构定位与社会冲突研究”（0703219013）的资助。

抽样调查数据，对八大类职业的综合职业地位（包括声望、权力和收入）进行了测算，并划分出五大社会阶层——根据职业地位指数的高低依次可分为上上阶层、中上阶层、中间阶层、中下阶层和下下阶层，五大阶层在整个社会阶层结构中的比例分别为4.8%、7.5%、15.6%、9.0%、62.8%。如果将中下阶层中的商业从业人员和下下阶层中的服务业人员归于一类，则上海城市居民的社会阶层结构呈明显“（亚）金字塔形”特征。仇立平还通过上海市2000年10%人口抽样调查数据、2005年1%人口抽样调查数据、“中国家庭动态调查（CFPS：上海）”数据，重新估算上海各阶层人口的规模与比例，指出，尽管上海经济发展已经达到了中等发达国家水平，但是上海的社会分层结构仍然是“（亚）金字塔形”的（仇立平，2010a）；比起标准的“金字塔形”社会分层结构来说，办事人员及相关人员或职员阶层还不够强大，农业劳动者还没有随着城市化的进程被完全消解（仇立平，2010b）。

李友梅（2005）认为衡量社会结构呈现“橄榄形”主要有两个标准：一是职业结构中从事白领职业的人口比例超过50%；二是形成一定规模的中等收入者群体。李友梅认为在上海当代社会结构中，西方意义上的白领职业群体已达到人口总量的50%，从总体上看，上海的社会结构已经呈现出“橄榄形”的特征，即“中间大，两头小”（李友梅，2005）。

综合来说，由于大规模抽样调查数据的欠缺，学者们对于上海城市居民的社会分层研究主要以上海市人口普查数据为依据，这就使得对居民的阶层划分只能以职业类别作为唯一依据。虽然职业分层能够在较大程度上衡量人们在社会等级体系中的地位，与人们的社会声望、权力和财富都存在内在的关联，而且在操作上具有较大优势，因而常常被学者用来作为社会分层的指示器，但是，把职业作为唯一的分层标准，一掩盖了社会阶层分化的动力机制，也掩盖了不同社会阶层之间冲突的根源。因此，要了解社会阶层分化的形式，还需要把握导致社会阶层分化的制度根源。

二　上海城市居民阶层结构划分模式探讨

中国学者在西方社会分层理论的基础上，对中国城乡社会阶层结构划分做了很多有益的尝试（陆学艺，2002；李路路，2003；李培林、张翼，2004；李强，2004；李强，2008；孙立平，2006；郑杭生，2004），这些研究总体上概括了中国社会阶层不平等的状况，但也存在一定的不足之处——或以西方社会分层为基础，缺乏对中国现实的关注；或以中国现实为依据，分层框架较为宽泛，在实证研究中难以操作。刘欣（2007）从新制度主义社会学的理论视角，构建了一个基于公共权力、产权和市场能力的城市社会阶层分析框架，结合了新马克思主义和新韦伯主义分层理论的基本要素以及中国的社会现实，对中国社会阶层状况进行了更具有解释力的分析。

本研究拟根据刘欣（2007）的阶层分析方法，来划分上海城市居民的社会阶层结构，主要操作逻辑如图 1 所示：①依据职业身份是否干部将人们划分为两个基本类别，即享有公共权力的干部阶层和不享有公共权力的非干部阶层，以及享有公共权力较少或没有公共权力的行政人员/职员；②在干部阶层内部根据行政级别的高低再划分为局级及以上级别干部、处级中层干部、科级基层干部三个类别；③在非干部阶层内部根据是否拥有企业产权和资产控制权，划分为五个类别，即雇主阶层、经理阶层、专业技术人员阶层、工人阶层和农业劳动者阶层[①]，对于前四个类别继续根据企业资产、管理级别、技术职称和有无技术进行细分。经过上述划分之后，上海城市居民最终被划分为 14 个阶层位置。接下来，本研究将采用调查数据对这 14 个阶层位置进行分析和估计。

三 研究设计

（一）样本选择和数据来源

本研究采用 2008 年上海市民生活状况调查数据。该调查的对象是 2008 年上海市符合劳动年龄（18 ~ 65 岁）的非在学常住人口（拥有上海市户籍），采用多段分层的概率抽样方法选取调查对象，运用结构式问卷收集资料，从 2008 年 4 月中旬开始，历时约两个月。调查地区包括黄浦区、卢湾区、徐汇区、长宁区、静安区、普陀区、闸北区、虹口区、杨浦区、浦东

① 由于本研究的调查范围除了上海市区之外，还包括嘉定区等远郊区县，因而样本中含有一定比例的农业劳动者。

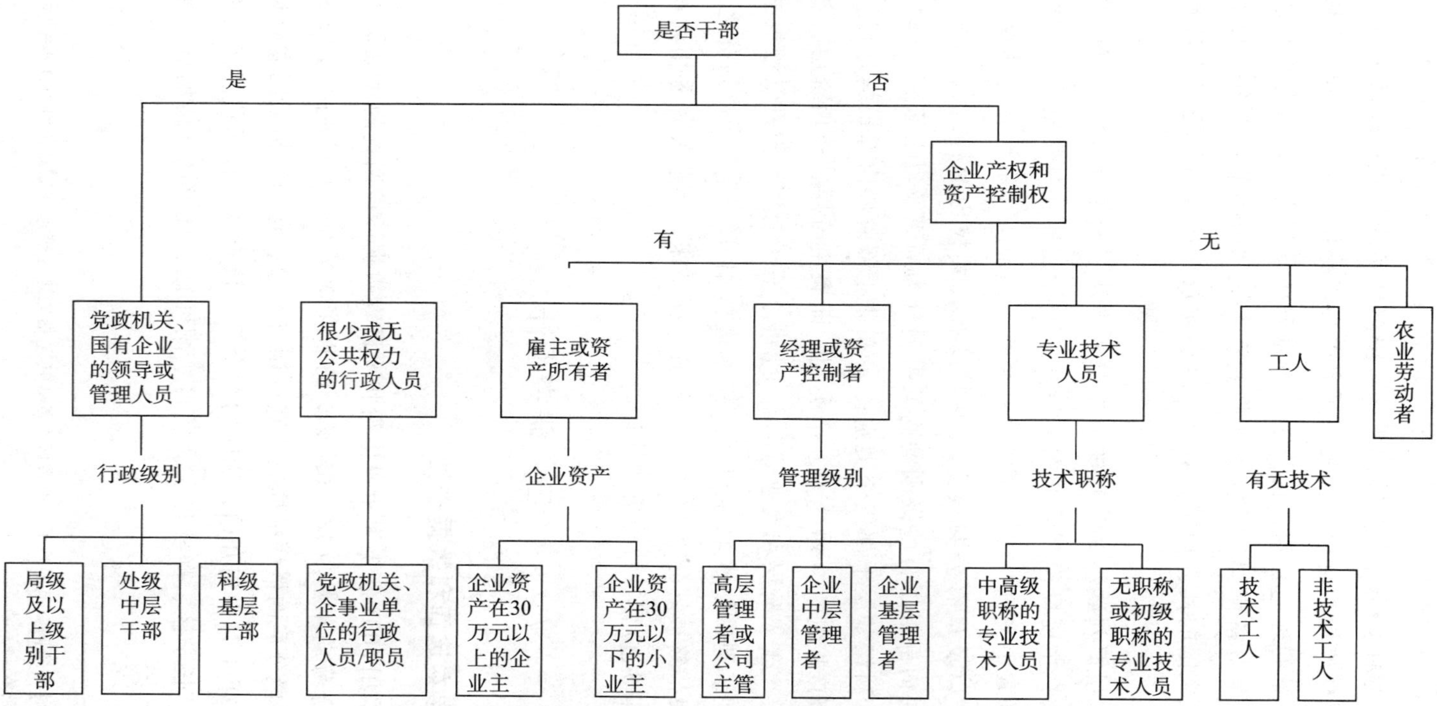

图1 上海城市居民社会阶层结构划分框架（依据刘欣，2007）

说明：本图的原型引自刘欣（2007）对中国城市居民的阶层结构划分框架图，由于操作化的差异，本图在原图的基础上对部分测量指标进行了调整，但划分逻辑和原图保持一致。

新区、嘉定区、金山区、松江区、崇明县，回收有效问卷 5000 份，本研究根据被访者的职业经历和当前职业身份剔除了“无工作”（477 人）及部分“军人”（4 人）和“无法分类的就业人口”（207 人），最终获得分析样本 4312 人。

（二）分析变量

本研究根据公共权力、产权和市场能力等维度划分人们的社会阶层地位，并研究父辈阶层地位和子辈阶层地位在不同时代的代际关联特征。根据人们是否干部及其行政级别来测量公共权力。根据人们在市场化企业中的管理级别、技术职称、有无技术来测量市场能力。父亲的社会阶层地位根据父亲职业来划分。为控制年代效应，根据人们第一次参加工作的时间，将人们分为 1977 年及以前、1978～1991 年、1992 年及以后进入劳动力市场三个同期群。表 1 给出了本研究涉及的主要变量的描述统计。

表 1　2008 年上海市民生活状况调查样本情况描述（N＝4312）

变量	取值及编码	样本个数	比例（%）
是否干部	是	461	10.7
	否	3851	89.3
行政级别	局级及以上	1	0.0
	处级	30	0.7
	科级	187	4.3
	一般科员	243	5.6
	不适合	3851	89.3
企业资产	30 万元以下	5	0.1
	30 万元以上	26	0.6
	不适合	4281	99.3
管理级别	高层管理人员/公司主管	61	1.4
	中层管理人员	225	5.2
	一般管理人员	529	12.3
	不适合	3497	81.1
技术职称	高级技术职称	49	1.1
	中级技术职称	320	7.4
	初级技术职称	298	6.9
	无技术职称	167	3.9
	不适合	3478	80.7

续表

变量	取值及编码	样本个数	比例（%）
有无技术	有	406	9.4
	无	1576	36.5
	不适合	2330	54.0
第一次参加工作时间	1977年及以前	2214	51.3
	1978～1991年	1281	29.7
	1992年及以后	817	18.9
父亲的社会阶层	社会中上层	414	10.4
	中间阶层	235	5.9
	社会中下层	535	13.5
	非技术工人	1843	46.5
	农业劳动者	937	23.6

注：表中“不适合”表示不能按照该指标划分，只能根据其他指标划分。

（三）分析模型

本研究利用对数线性模型（log-linear models）和对数相乘模型（log-multiplicative models）（简称流动表分析技术）来分析父子阶层地位的交叉流动表。流动表分析技术不仅可以限制流动表行效应和列效应的影响，还可以根据理论假设对单元格进行相关限制。李煜（2008）将流动表分析技术概括为两大类型，即概括性取向的分析策略和分析性取向的分析策略。本研究拟根据概括性取向的流动表分析技术来研究上海城市居民的社会流动状况。在二维表分析中，对模型的设定如下（以Goodman RC II模型为例）：

$$log(F_{ij}) = \mu + \mu_i^R + \mu_j^C + \varphi\mu_i\nu_j \tag{1}$$

式中，F_{ij}是第ij单元格上的期望频数，其对数形式首先被分解成主效应（μ）、行效应（μ_i^R）和列效应（μ_j^C）三部分，这三者代表流动表中的边缘分布效应。$\varphi\mu_i\nu_j$是代际交互效应，是真正代表阶层间流动机会差异的部分。μ_i代表父代职业阶层间的相对距离，ν_j代表子代职业阶层间的相对距离。φ被称为代际关联度，代表的是整个流动表的平均代际关联度。①

① 对于Goodman RC II模型及扩展模型的详细介绍可参见李煜（2008）。

在三维表分析中，对模型的设定如下（以 Goodman RC II 三维模型为例）：

$$log(F_{ij}) = \mu + \mu_i^R + \mu_j^C + \mu_k^L + \mu_{ik}^{RL} + \mu_{jk}^{CL} + \varphi_k \mu_{ik} \nu_{jk} \quad (2)$$

模型（2）的主效应、行效应、列效应解释同模型（1）。μ_k^L 表示层（L）的效应。流动表的交互效应由 $\varphi_k \mu_{ik} \nu_{jk}$ 项表述，其中 $\mu_{ik} \nu_{jk}$ 表示各个流动表相同的关联性或相同的关联模式，代表的是各国/各时期的“共性”；而 φ_k 项代表了对应国家/时期的“个性”。

四　上海城市居民阶层结构

笔者根据不同阶层所掌握资源的多少将图 1 中的 14 个阶层合并为 6 个社会阶层：社会上层（I）、社会中上层（II）、社会中间层（III）、社会中下层（IV）、非技术工人阶层（V）、农业劳动者阶层（VI）。表 2 是根据上海市民生活状况调查数据（2008）计算的各阶层规模及比例。社会上层包括行政级别为局级及以上的国有企事业单位的干部和企业资产在 30 万元以上的企业主，前者掌握较多的公共权力或公有资产的控制权，后者则掌握较多的经济资本，两者合计的比例约为 0.1%。社会中上层包括国有企事业单位的处级中层干部、企业资产在 30 万元以下的小业主、高层管理者或公司主管以及中高级职称的专业技术人员，他们分别掌握了较多的公共权力、经济资本、组织资源和人力资本，四者合计占总的阶层规模的 6.6% 左右。社会中间层主要包括行政级别为科级的国有企事业单位的基层干部、企业中层管理者以及无职称或初级职称的专业技术人员，他们拥有一定的公共权力、组织资源和人力资本，他们所占比例约为 13.3%。社会中下层主要包括党政机关、企事业单位中那些没有行政级别行政人员或一般职员，企业基层管理者和技术工人等，他们只拥有较少的公共权力、组织资源和人力资本，在刘欣（2007）的分析框架中，作为被支配者阶层，他们在整个社会阶层结构中占有较高比例，达到 1/3 左右。非技术工人阶层和农业劳动者阶层则完全不拥有公共权力、经济资本、组织资源和人力资本，处于被支配地位，位于社会下层，两者的比例分别为 40.9% 和 5.1%。

表 2　上海城市居民阶层结构与规模

阶层位置	阶层归类	频数	比例（%）
1. 局级及以上级别干部	I	1	0.0
2. 处级中层干部	II	30	0.7
3. 科级基层干部	III	187	4.3
4. 党政机关、企事业单位的行政人员/职员	IV	791	18.3
5. 企业资产在 30 万元以上的企业主	I	5	0.1
6. 企业资产在 30 万元以下的小业主	II	0	0.0
7. 高层管理者或公司主管	II	20	0.5
8. 企业中层管理者	III	100	2.3
9. 企业基层管理者	IV	304	7.1
10. 中高级职称的专业技术人员	II	235	5.4
11. 无职称或初级职称的专业技术人员	III	287	6.7
12. 技术工人	IV	368	8.5
13. 非技术工人	V	1764	40.9
14. 农业劳动者	VI	220	5.1
总　计		4312	100

根据表 2 所反映的社会阶层结构及相应的比例，笔者绘制出上海城市居民阶层结构图（2008）。如图 2 所示，上海城市居民阶层呈现出比较典型的“金字塔形”特征，位于阶层结构底端的是非技术工人阶层和农业劳动者阶层，两者合计比例超过了 45%，中间阶层比例合计达到 53.8%，虽然超过

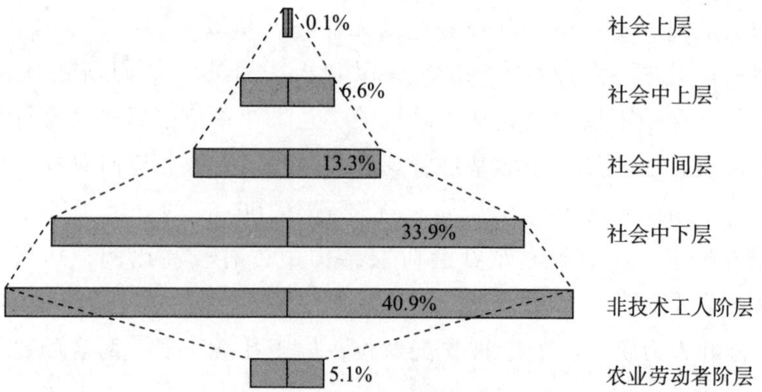

图 2　上海城市居民阶层结构

总阶层规模的50%，但是依然不能由此判断上海城市的社会阶层结构是“橄榄形”的，因为社会上层的比例极低，没有出现“中间大，两头小”的趋势。从这一点来看，本研究更倾向于支持仇立平（2010a，2010b）的研究观点。

五 实证结果分析

上文分析指出，当前上海城市居民社会阶层结构存在明显的分化特征，但这并不意味着上海社会阶层结构是一个封闭的或不平等的结构。对于社会阶层结构是否合理或开放的研究属于社会流动研究的范畴，通常根据代际社会流动来衡量。代际社会流动研究的核心问题是父辈阶层地位和子辈阶层地位之间的代际继承程度（相关程度）及这种相关程度和模式在不同国家或历史时期的变迁。本研究首先通过流动率的计算简单描述上海城市居民的社会流动特点，并利用流动表分析技术分析（不同时期）社会阶层之间的边界（boundary）。

（一）上海城市居民的社会流动率分析

表3是根据父辈和子辈阶层地位形成的5×5[①]列联表，对角线位置表示父子社会阶层地位相同，未发生社会流动或发生水平流动，非对角线位置则表示父子社会阶层地位不同，发生了社会流动，对角线下方表示发生了上向流动（父辈地位低于子辈地位），对角线上方表示发生了下向流动（父辈地位高于子辈地位）。根据表3计算，当前上海居民总的流动率为66.90%（1－1312/3964＝66.90%），达到了2/3；上向流动率（48.3%）远高于下向流动率（18.6%）。总的社会流动率与1999年上海调查数据相比，基本持平[②]（仇立平，2001），稍高于20世纪80年代中期台湾地区的社会流动率水平（64.1%），接近美国20世纪70年代初期的社会流动率水

① 由于社会上层人数较少，所占比例在总样本中较低，所以将其并入社会中上层，以减少分析误差。单元格中有三个数值，第一个数值（如21）表示对应单元格的频次，第二个数值（如8.9%）表示行百分比，是依据父辈地位边缘和计算的百分比；第三个数值（如7.6%）表示列百分比，是依据子辈地位边缘和计算的百分比。

② 由于调查数据收集的方法及阶层划分的方法不同，两者并不具有实质性的比较意义。

平（68.1%）。① 但是总的社会流动率不能完整地反映社会结构的开放性程度，早期社会学者们通过结构性流动来测量社会结构的变动，用循环流动来测量社会结构的开放性程度。结构性流动通过父子两代职业的边际分布的差异系数（index of dissimilarity）来计算，公式如下：

$$结构流动率 = \Delta(I.D) = \frac{1}{2}\sum_{i=1}^{n}|x_i - y_i|$$

表 3 上海城市居民代际社会流动表（2008）

父辈地位＼子辈地位	社会中上层	社会中间层	社会中下层	非技术工人	农业劳动者	合计
社会中上层	52	72	170	118	2	414
	12.6%	17.4%	41.1%	28.5%	0.5%	100.0%
	18.7%	13.8%	12.6%	7.3%	1.0%	10.4%
社会中间层	21	42	78	86	8	235
	8.9%	17.9%	33.2%	36.6%	3.4%	100.0%
	7.6%	8.1%	5.8%	5.3%	3.9%	5.9%
社会中下层	50	100	204	175	6	535
	9.3%	18.7%	38.1%	32.7%	1.1%	100.0%
	18.0%	19.2%	15.1%	10.8%	2.9%	13.5%
非技术工人	102	217	654	848	22	1843
	5.5%	11.8%	35.5%	46.0%	1.2%	100.0%
	36.7%	41.7%	48.5%	52.6%	10.8%	46.5%
农业劳动者	53	89	243	386	166	937
	5.7%	9.5%	25.9%	41.2%	17.7%	100.0%
	19.1%	17.1%	18.0%	23.9%	81.4%	23.6%
合　计	278	520	1349	1613	204	3964
	7.0%	13.1%	34.0%	40.7%	5.1%	100.0%
	100.0%	100.0%	100.0%	100.0%	100.0%	100.0%

根据结构流动率公式计算，当前上海居民的结构流动率约为 27.7%，约占总的流动率的 40% 左右，循环流动率约为 39.2%（66.9% - 27.7%）。这表示当前上海居民的社会流动大约有 40% 是由于社会整体结构变迁所引起的。从循环流动率来看，比台湾地区 20 世纪 80 年代中期（26.0%）要高 13% 左右，而比美国 20 世纪 70 年代初期（49.3%）低 10% 左右。也就是说，虽然三者总的流动率非常接近或类似，但是从循环

① 台湾地区和美国的社会流动率数据来自许嘉猷（1989），下同。

流动率来看，三者的社会结构开放度却有着较大的差异，上海居民当前的社会流动率介于两者之间。从父子两代阶层地位的边际分布来看，社会中上层的比例下降了3.4个百分点（由10.4%下降到7.0%），非技术工人阶层和农业劳动者阶层分别下降了5.8个百分点和18.5个百分点；另外，社会中间层和社会中下层的比例则出现了较快的增长，分别增加了7.2个百分点和20.5个百分点，这说明位于社会阶层结构两端的比例有所下降，而中间层的比例有所增加，社会结构变化更加趋向合理化。

由于流动率的计算较大程度上受边际分布的影响，因而这些百分比并不能衡量父辈社会阶层地位和子辈社会阶层地位之间的关联程度。因而本研究继续采用对数线性模型和对数相乘模型对表3的数据进行了模拟。为了区分不同年代父子阶层地位之间的关联效应，本研究在表3中加入了时间维度（被访者进入劳动力市场的时间）——通过三维表分析可以发现随着时间的推移（中国从传统社会向现代社会转型），父子阶层地位之间关联性的变化趋势。

（二）上海城市居民的流动模式分析

二维表模型和三维表模型分别以独立模型和条件独立模型作为基准模型，然后分别加入对角线参数、行效应、列效应、交互相应等相关参数。相关模型如表4所示，模型运用Lem软件进行计算①，拟合结果见表4。

在所有二维表模型中，模型1-8的p值最大（$p=0.192>0.05$），这说明模型已经足够拟合数据，但是模型1-8中，模型1-3的BIC值高，且消耗自由度大，这表示模型1-8不是一个简约的模型，因而本研究选择模型1-3作为上海城市居民代际社会流动的最终解释模型。模型1-3是单一相关对角线模型，笔者在模型1-2的基础上增加了对角线参数。该模型假定列联表行和列均按等级次序排列，且相邻类别之间的距离相等，还假定对角线位置与非对角线位置的流动模式不同，通过使用一个参数来估计行与列之间的相关，即父辈阶层地位和子辈阶层地位之间的关联性强度，该关系系数的估计值$\Phi=0.119$。

① 在运用Lem软件拟合数据的过程中，曾多次得到上海社会科学院社会学所李煜研究员的指导，在此表示感谢。

表 4　上海城市居民社会流动模式及不同时代代际流动特征分析模型（N＝3964）

	模型说明	df	L^2	p	BIC
二维表	1－1. 独立模型（independence，baseline model）	16	441.48	.000	308.9
	1－2. 单一相关模型（uniform association model）	15	272.59	.000	148.3
	1－3. 单一相关对角线模型（uniform association model with diagonals）	10	36.7	.000	－46.1
	1－4. 行效应对角线模型（raw effect association model with diagonals）	7	23.9	.001	－34.1
	1－5. 列效应对角线模型（column effect association model with diagonals）	7	29.1	.000	－28.9
	1－6. 行列效应对角线模型（row and column effects model I with diagonals）	4	12.6	.013	－20.5
	1－7. 行列效应相等对角线模型（equal row and column effects model I with diagonals）	7	21.2	.003	－36.8
	1－8. 行列效应相乘对角线模型（row and column effects mode II with diagonals）	4	6.1	.192	－27.0
	1－9. 同等行列效应相乘对角线模型（equal row and column effects mode II with diagonals）	7	21.2	.004	－36.8
三维表	2－1. 条件独立模型（conditional independence，baseline model）	48	492.2	.000	94.5
	2－2. 同质对角线独立模型（homogeneous independence with diagonals）	43	115.3	.000	－240.9
	2－3. 条件准独立模型（conditional quasi－independence）	33	103.8	.000	－169.6
	2－4. 同质单一关联对角线模型（homogeneous uniform association with diagonals）	42	73.5	.002	－274.4
	2－5. 异质单一关联对角线模型（heterogeneous uniform association with diagonals）	40	66.2	.006	－265.2
	2－6. 同质行效应对角线模型（homogeneous row effects with diagonals）	39	62.7	.009	－260.4
	2－7. 异质行效应对角线模型（heterogeneous row effects with diagonals）	31	44.0	.061	－212.8
	2－8. 同质列效应对角线模型（homogeneous column effects with diagonals）	39	65.1	.006	－258.0
	2－9. 异质列效应对角线模型（heterogeneous column effects with diagonals）	31	50.5	.015	－206.3
	2－10. 同等行列效应模型 II（equal RC effect model with diagonals [$\Phi_k = \Phi$]）	39	57.6	.028	－265.5
	2－11. 同等行列效应模型 II（equal RC effect model with diagonals）	37	42.4	.251	－264.2
	2－12. 行列效应对角线模型（RC effect model with diagonals）	34	24.6	.882	－257.1

注：模型的拟合优度主要通过 L^2 和 BIC 来比较，L^2 和 BIC 值越低，表示模型越拟合。由于 BIC 值依据 L^2、自由度及样本数三者来计算，其应用范围更加广泛。本研究也主要以 BIC 值来作为判定模型拟合优度的主要标准。

（三）不同时期上海城市居民流动模式的变迁

根据上述三维表模型的比对，本研究认为异质单一关联对角线模型（模型2－5，即在模型1－3的基础上又增加了关于不同时期父子地位关联强度不同的假定）是不同年代代际流动的最优拟合模型，并利用该模型对三维表进行效应估计，结果见表5。统计结果显示，不同年代父辈地位和子辈地位之间的关联强度有明显差异，对于改革开放之前就进入劳动力市场的人来说，父辈地位对子辈地位的影响最小，关联程度只有0.088。随着市场化改革的推进和深入，父辈地位对子辈地位的影响越来越大，对于1978～1991年进入劳动力市场的人而言，代际地位的关联强度增加到0.115，对于1992年及以后进入劳动力市场的人来说则增加到0.191，这种逐渐增强的趋势，是否意味着存在阶层固化的潜在趋势？这需要学者们进一步深入的研究。从行效应来看，当前上海城市居民的阶层边界主要存在于社会中上层、社会中间层、社会中下层与非技术工人阶层、农业劳动者阶层之间（见表5）。虽然社会中上层、社会中间层、社会中下层之间的相互流动较为容易，非技术工人阶层和农业劳动者阶层之间的相互流动较为容易，但是他们跨越阶层边界上向流动的难度则相当大。从列效应来看，农业劳动者阶层几乎不能够从其他阶层获得补充，社会中下层和非技术工人阶层之间相互补充的程度最高，社会中上层和社会中间层从其他阶层获得补充的可能性较高。从对角线效应来看，无论在哪一年代，农业劳动者阶层和非技术工人阶层的继承度（分别为2.620和0.165）非常高，社会中上层的继承度最低（－0.124），社会中间层和社会中下层的继承度也相对较低，这也说明了非技术工人阶层和农业劳动者阶层与社会中上层、社会中间层、社会中下层之间存在阶层边界。

表5 异质单一关联对角线模型对不同年代代际流动的参数估计

效应/阶层	社会中上层	社会中间层	社会中下层	非技术工人阶层	农业劳动者阶层
关联效应 Φ_k	0.088	0.115	0.191		
行效应 μ_i	－0.328	－0.933	－0.063	1.030	0.294
列效应 ν_j	－0.122	0.383	1.353	1.282	－2.895
对角线效应	－0.124	0.084	0.026	0.165	2.620

六 结论与讨论

以往上海城市居民社会分层研究，主要将职业类型作为划分阶层的标准——虽然能够在一定程度上反映不同社会阶层之间的差异，但是却掩盖了阶层分化的根源，模糊了不同社会阶层之间的关系。本研究根据刘欣（2007）提出的中国城市居民阶层划分的框架，根据公共权力、产权和市场能力三个维度对上海城市居民的阶层结构进行定位和归类，最终划分出六个社会阶层，分别是社会上层、社会中上层、社会中间层、社会中下层、非技术工人阶层和农业劳动者阶层。研究采用2008年上海市民生活状况调查数据（N=4312）分析发现，当前上海城市居民的社会阶层结构依然保持着典型的“金字塔形”，社会上层人口比例较低，而非技术工人和农业劳动者组成的社会下层人口比例较高，中产阶层比例虽然超过总数的一半，但是其中大部分以社会中下层为主，整个社会与“中间大，两头小”的“橄榄形”社会结构仍然有一定距离。

另外，本研究从代际社会流动的角度分析了上海城市居民的阶层分化与流动特征。从总体上看，目前上海城市居民总的社会流动率较高，约有2/3的阶层人口发生了社会流动（不包括水平流动），稍高于20世纪80年代中期台湾地区的社会流动水平，并接近美国20世纪70年代初期的社会流动水平。但是，我们也看到，在上海城市居民的代际社会流动中，有近四成是由整体社会结构变迁所引起的结构性流动——这比20世纪70年代的美国要高10%左右。也就是说，上海当前实际的社会结构开放程度可能还没有达到美国20世纪70年代的水平。仇立平（2010b）认为，当前上海居民的社会阶层结构同上海的经济发展（现代化程度）不是同步的，本研究发现，导致这种非同步的原因正是社会流动水平较低。本研究运用流动表分析技术，根据人们进入劳动力市场的时间将当前上海城市居民的代际流动划分为三个阶段，通过异质单一关联对角线模型分析发现，随着时间的推移（中国从传统社会向现代社会转型），父辈地位和子辈地位之间的关联强度并未出现递减趋势，反而出现了递增的趋势（虽然总体强度不是很高）；从社会阶层关系来看，社会中上层、社会中间层、社会中下层与非技术工人阶层和农业劳动者阶层之间有一定的阶层边界，非技术工人阶层和农业劳动者阶层的继承度较高——他们上向流动到社会中下层、社会中间层、社会中上层的难度较大。但是，另一方面，从阶层成员补充的角度来看，社会中下层和非技术工人阶层之间的相互补充程度较高。这说明在整个社会结构的转型过程中，结构性流动有两个可能趋势：其一是城市化的影响，相当一部分农业人口转化为非农业人口，但是这些人只能从事一些非技术性工作；其二，产业结构升级，相当一部分非技术工人进入一般企业单位，成为行政人员或办事人员，跨越阶层边界进入了社会中下层。总体来看，上海城市居民的社会阶层结构正在从“金字塔形”向“橄榄形”结构转型，但从目前的趋势来看，这种转型尚处于起步阶段。

参考文献

仇立平：《职业地位：社会分层的指示器——上海社会结构与社会分层研究》，《社会学研究》2001 年第 3 期。

仇立平：《当代中国上海社会分层结构形态及其解读》，载《中国研究》（2008 年春秋季合卷），社会科学文献出版社，2010a。

仇立平：《非同步发展：上海现代化发展水平和社会阶层结构》，《社会科学报》2010 年 b2 月 23 日，第 11 版。

李春玲：《金融危机后北京和上海的中产阶层现状中国“中产”稳定崛起》，《社会观察》2011 年第 2 期。

李培林、张翼：《中国的消费分层：启动经济的一个重要视点》，李培林等主编《中国社会分层》，社会科学文献出版社，2004。

李强：《社会分层十讲》，社会科学文献出版社，2008。

李强：《转型时期中国社会分层》，辽宁教育出版社，2004。

李友梅：《社会结构中的“白领”及其社会功能——以 20 世纪 90 年代以来的上海为例》，《社会学研究》2005 年第 6 期。

李友梅主编《上海社会结构变迁十五年》，上海大学出版社，2008。

李煜：《社会流动的研究方法：指标与模型》，《社会学》2008 年第 4 期。

连连：《萌生：1949 年前的上海中产阶级》，中国大百科全书出版社，2009。

刘欣：《中国城市的阶层结构与中产阶层的定位》，《社会学研究》2007 年第 6 期。

陆学艺：《当代中国社会阶层研究报告》，社会科学文献出版社，2002。

孙立平：《断裂：20 世纪 90 年代以来的中国社会》，社会科学文献出版社，2003。

许嘉猷：《台湾代间社会流动初探：流动表的分析》，载伊庆春、朱瑞玲主编《台湾社会现象的分析》，“中央研究院三民主义研究所”，1989。

郑杭生、李路路等：《当代中国城市社会结构现状与趋势》，中国人民大学出版社，2004。

郑杭生主编《中国社会结构变化趋势研究》，中国人民大学出版社，2004。

Blau, Peter M., Otis Dudley Duncan, *The American Occupational Structure* (New York: The Free Press, 1967).

Ganzeboom, H. B. G., D. J. Treiman, W. Ultee, "Comparative Intergenerational Stratification Research: Three Generations and Beyond," *Annual Review of Sociology*, 2003 (17): 277-302.

社会流动有助于降低健康不平等吗？*

王甫勤

自1980年布莱克健康报告①（*Black Report*）发布以来，健康不平等问题逐渐成为社会学研究的重要议题。布莱克等人的研究发现，不同社会经济地位的人们在死亡率和发病率方面存在显著差异，处于社会上层地位的人健康状况明显优于处于社会下层地位的人（Black et al.，1980）。布莱克健康报告发表后，各国学者都开始探索健康不平等问题，并产生了大量的研究成果。各国研究表明，人们的社会经济地位同他们的健康状况之间存在稳定且持续的关系（Lowry & Xie，2009）。但是，对于健康不平等与社会经济地位不平等是否具有明确的因果关系一直存在争论（Dahl，1996）。在健康不平等研究中，社会因果论（social causation）和健康选择论（health selection）是两种基本的竞争理论，很多研究都是围绕这两种理论的解释力展开的（Warren，2009）。社会因果论认为人们在社会结构中的不平等位置导致人们在工作环境、接受医疗服务的机会、健康风险等方面有明显的不同，因而处于社会上层地位的人的健康状况比处于社会下层地位的人要有优

---

* 本研究得到了教育部重大攻关项目“我国目前社会阶层状况研究”（项目批准号08JZD0024，主持人：复旦大学社会学系刘欣教授）的资助。本论文使用的数据全部来自国家社会科学基金资助的“中国综合社会调查”（CGSS），该调查由中国人民大学社会学系与香港科技大学社会学部执行，项目主持人为李路路教授、边燕杰教授。感谢上述机构及相关人员提供的数据协助，同时，编辑部和匿名评委对本文的修改提出了很多宝贵建议，在此一并致谢。本文内容及观点由笔者自行负责。

① 英国卫生与社会保障部1977年成立“健康不平等”研究委员会，由道格拉斯·布莱克爵士担任委员会主席。委员会的主要研究目的是回顾不同社会阶级之间健康状况的差异，解释其原因，进而为制定消灭健康不平等的社会政策和未来研究提供建议。

势（Dahl，1996）。健康选择论认为健康状况是人们在地位获得过程中的筛选机制之一，只有那些健康状况良好的人才能够获得上向流动，而健康状况较差的人将会发生下向流动（West，1991），因而处于社会上层地位的人的健康状况要优于处于社会下层的人。尽管两种理论都在一定程度上形成了健康不平等的解释机制，但是其解释力在不同的社会背景下仍有相当大的差异。

以往的研究，主要通过追踪数据来比较社会因果论和健康选择论的解释力（Elstad & Krokstad，2003），而本研究试图运用"中国综合社会调查"（CGSS）2005 年的数据，从社会流动与健康不平等之间关系的角度来分析并解释中国民众的健康不平等状况及其形成机制，并从侧面比较两种理论的解释力。一方面，避免截面数据在研究中国健康不平等问题时造成的缺陷；另一方面，为社会流动的后果研究开拓新的视野。

一 关于健康不平等的理论解释

健康不平等不是指所有的健康差异，而是指不同社会群体之间的健康水平具有系统性差异，如穷人、少数民族、妇女等群体比其他社会群体遭遇更多的健康风险和疾病等社会不平等（Braveman，2006）。在社会学研究中，主要关注不同社会经济地位群体之间的健康不平等，因而健康不平等又被称为健康的社会不平等。

布莱克健康报告指出了四种解释健康不平等的基本观点（Black et al.，1980）。其一是虚假相关论，认为人们的健康水平同他们的社会经济地位之间并没有真正的相关关系，统计上出现的相关关系只是由于测量的误差所导致的。这种观点没有得到各国实证研究的支持。后续的研究表明，健康不平等在世界范围内是一种普遍现象，并不存在明显的测量误差。其二是自然或社会选择论，认为人们的健康状况决定了他们的阶级位置，因而不同阶级之间的健康梯度（gradients）是自然形成的。这种观点符合达尔文主义的逻辑，是健康选择论的早期版本。其三是唯物主义或结构主义的解释，认为同阶级结构相关的生活条件是造成健康不平等的重要原因。这种观点发展成后来的社会因果论。其四是文化主义或行为主义的解释，认为健康不平等是由人们的健康风险行为引起的，如吸烟、不良饮食习惯、公共医疗卫生服务使用不当等，而这些行为在不同的社会群体中有明显的不同。文化主义或行为主义解释一般不以个人为分析单位，在比较不同工业化社会中人们的健康梯度时这种分析比较常见（Holstein et al.，2009）。因而，在社会学和公共卫生研究领域中，对于健康不平等问题的理论解释和争论一直围绕社会因果论和健康选择论的解释力展开，并持续至今。

社会因果论和健康选择论在不同国家或地区都找到了相应的证据支持。社会因果论的支持者发现，那些社会经济地位较高和社会关系较为完整的人比那些社会经济地位较低和社会关系不完整的人在发病率和死亡率方面都低，这种证据支持很少有例外，而且在不同的时间、地区、性别和年龄之间都能发现这种关系（Goldman，2001）。研究者们通过多种测量方式来测量健康水平和社会位置，如将健康水平操作化为主观自评健康状况、常见疾病、残疾、死亡率、心理健康状况等，将社会位置操作化为收入、财富、教育、职业、社会整合度、婚姻状况等。埃尔施塔德（Jon Ivar Elstad）等对北特伦德拉格①9189名年龄在25~49岁（1985年）的成年男性进行了两次追踪研究，时间间隔为10年。他们发现，相对于高级白领阶层而言，中间职业阶层和体力职业阶层人口的主观健康认知发生了负向的变化，即随着阶层地位的降低，他们的健康水平也开始下降；1985年，高级白领阶层、中间职业阶层、体力职业阶层和非雇佣阶层（non-employed）报告健康状况较差的比例分别是8.1%、9.9%、12.9%和36.2%，平均值为12.4%；1995年，四个阶层报告健康状况较差的比例分别是11.4%、17.1%、20.4%和55.9%，平均值为22.3%；两个时间点虽然在比例上有一定差异，但是健康不平等的基本模式保持一致（Elstad & Krokstad，2003），即阶层地位较高的群体维持较高的健康水平，不同阶层之间存在明显的健康梯度。玛丽莲·温珂拜（Marilyn A. Winkleby）等通过斯坦福大学五城市项目（The Stanford Five City Project）的2380个参与者数据来分析社会经济地位与人们心脑血管病之间的关系，他们采用教育、职业和收入三个指标来测量人们的社会经济地位，研究发现教育作为人们社会经济地位最为重要的指标与人们的胆固醇含量之间具有密切的关系，受教育程度越高的人，胆固醇超标的风险越低；收入和职业同胆固醇含量之间并没有显著的相关关系（Winkleby et al.，1992）。教育通过多种机制影响人们的健康不平等，如改变人们的生活方式、人们解决问题的能力、人们的价值观，并且教育还能够促进人们心智成熟，培养人们赚钱的能力等。艾米丽·格伦迪（Emily

① 挪威中部的县城。

Grundy）等通过六个指标来测量健康状况（其中四个是自我评估指标，两个是临床医学指标），用住房情况和是否接受收入资助作为社会经济地位的测量指标，分析了1993～1995年65～84岁老年人口健康状况的影响因素，研究发现，接受收入资助的人（作为经济上贫困的指标）不管是其主观报告的健康状况，还是临床测量的健康指标（包括高血压和处方药的使用）都具有明显的劣势，住房情况在主观健康状况方面具有显著影响（Grundy & Sloggett，2003）。总体上来说，人们的客观社会经济地位对人们的健康水平（不管对于健康水平采用何种测量指标）有显著的影响。不同社会经济地位的人口之间存在明显的健康梯度。

健康选择论的支持者认为，与健康相关的流动（health related mobility）是健康不平等的主要原因，那些健康状况较好的人能够获得上向流动，相反，健康状况较差的人则下向流动（Dahl，1996；West，1991），因此不同社会经济地位人口之间健康梯度增加。即使是这种理论最坚定的反对者也不否认健康在人们社会流动过程中的作用，支持者和反对者争论的关键在于与健康相关的流动对健康不平等的作用是巨大的（substantial）还是边缘的（marginal）（Dahl，1996）。克里斯·帕沃尔等对英格兰、威尔士和苏格兰1958年3月3日至9日出生的儿童同期群进行了三次追踪研究（分别在他们16岁、23岁和33岁时进行了调查），研究发现，健康（如身高，或患病）直接或间接地影响着人们的代内流动，但是不同时期的健康状况对人们的流动影响作用有差异，那些23岁时健康状况较差的人，有较大的优势下向流动（Power，Matthews & Manor，1996）。梅尔·巴特利等发现体力职业是最容易被“健康选择的”，在失业率上升时期，有一定身体缺陷的人很难找到体力型职业，在失业率下降时期，他们的就业难度也不会降低（Bartley & Owen，1996）。还有学者认为，儿童时期的健康水平是代际社会经济地位传递的中间机制，一方面，那些家庭条件优越的人在儿童时期就表现出较高的健康水平，因而在教育获得和财富积累方面占据优势；另一方面，儿童时期的健康水平还通过教育获得和成人时期的健康水平对人们的职业地位、收入和财富产生间接影响（Haas，2006）。因而，他们认为不同社会阶层之间的健康梯度应当嵌入更大范围的社会分层过程才能得到更好的解释。

尽管两种理论都在不同时间、地区发现了经验证据，但是这些研究都是以欧美国家经验数据为主，关于中国健康不平等的研究尚未得到重点关注（Lowry & Xie，2009）。劳瑞和谢宇（2009）第一次对中国民众的健康不平等状况进行了研究。他们运用中国2005年1%人口抽样数据，对中国城乡人口的健康不平等状况进行了详细的分析，并检验了社会经济地位与人们健康状况之间的关系随着年龄变化的趋势，研究发现，随着人们收入水平的提高，其主观健康水平越来越高。另外，他们还发现社会经济地位具有累积效应，随着人口年龄的增长，不同社会经济地位人口的健康不平等差距呈扩大的趋势。他们的研究支持了社会因果论的基本观点，但由于截面数据的限制，他们没有检验健康选择论的相关观点。本研究尝试通过改变研究设计——研究社会流动与健康不平等之间的关系——来间接检验[①]社会因果论和健康选择论这两种理论观点，这样做一方面可以克服截面数据的限制，另一方面，也是关于社会流动后果研究的重要尝试。

二　社会流动与健康不平等之间的关系

以往关于社会流动后果的研究主要集中于社会流动对于人们的政治态度、政党偏好、投票行为、社会态度、生育行为等方面（Ganzeboom, Treiman & Ultee, 1991）的影响。在公共健康研究中，学者们非常关注社会流动是否有益于强化或降低健康不平等。一方面，社会经济地位与人们的健康不平等之间具有密切的关系，而社会流动被认为是降低社会不平等的一种主要途径（Lipset & Bendix, 1959），因此，增加社会流动的机会，能够让那些处于社会中下层地位的人，凭借自己的能力获得上向流动，进而改善自己的健康状况。巴特利等对英国国家统计局在1991年（16～50岁）和2001年（26～60岁）对20万名左右的男性和女性人口进行的健康调查数据分析后发现，当控制人们1991年的阶级地位时（流动起点），那些流动到较为优势地位的人，相比那些流动到较为劣势地位的人，具体较小的优势报告健康不良状况；另外，当控制人们2001年的阶级地位时（流动终点），那些从劣势地位流动到优势地位的人，相比本身就处于优势地位的人，又具有较大的优势报告健康不良状况（Bartley & Plewis, 1997）。综合而言，社会流动对于不同社会经济地位人口之间的健康不平等起到了"混

① 笔者将利用追踪数据对社会因果论和健康选择论进行直接验证的研究称为直接研究，而本研究变换了思路，通过研究社会流动与健康不平等之间的关系（或曰社会流动是如何改变不同社会阶层人口之间的健康梯度的）来分析和理解社会因果论与健康选择论在中国经验中的解释力，因而是一种间接检验。

合”的作用，因而社会流动可以降低社会不平等。另一方面，研究者发现社会经济地位对健康不平等具有累积效应（Lowry & Xie，2009），即长期处于优势地位（或劣势地位）的人拥有更高（或更低）的健康水平，而社会流动在一定程度上可以削弱这种累积效应（Blane，Smith & Bartley，1993）。

保罗·博伊尔等同样使用英国国家统计局的调查数据[①]分析了社会流动对人们健康不平等状况的影响（Boyle & Popham，2009）。他们发现，在1991年时，虽然那些流动人口的健康状况确实是介于起点位置和终点位置人口的健康水平之间，但是，当比较人们1991年和1971年的健康状况时发现，每个社会阶级之间的健康梯度并没有很大差异。他们认为，健康不平等并不是社会流动的必然后果，相反，社会流动有可能会加剧社会不平等。比约格尔夫·克劳森（Bjorgulf Claussen）等研究发现，发生社会流动的人，其死亡率介于起点位置和终点位置人口的死亡率之间，但由于没有考虑到社会因果和健康选择效应，因此社会流动对人们健康水平的影响可能并不重要（Claussen et al.，2005）。

社会流动与人们健康水平之间的统计相关关系并不能用来解释社会流动能否降低抑或加剧健康不平等。因为健康水平和健康不平等是两个不同的概念，以往的研究恰恰混淆了这一点，流动前后健康水平的变化并不能解释健康不平等的加剧或降低，健康不平等的加剧或降低要取决于社会经济地位和健康选择性流动是否发挥作用及作用大小。本研究通过图1（图A～C）[②]和一组模拟数据来分别展示社会流动与健康不平等之间的关系。

图中三种类型的线条分别代表不同社会阶层经济地位人口在发生社会流动前后健康梯度的变化（即健康不平等趋势的变化）。图1的A、B、C都假定处于社会上层的人口拥有较高的健康水平，社会上层和社会下层之间存在明显的健康梯度（d1）。图1的A表示的情况是，社会流动同人们的健康水平之间没有相关关系，因而不能改变不同社会阶层人口之间的健康梯度，即社会流动既不能强化也不能降低健康不平等（d1 = d2）；在这种情况下，社会因果论和健康选择论对于解释健康不平等现象都不具有显著性。在图1的B和C中，社会流动同人们的健康水平之间有显著的相关关系，

① 博伊尔等使用的数据是1971年和1991年两个时间截点的数据，并且同巴特利等使用的数据在年龄范围上有所差异。博伊尔的分析样本在1971年的年龄范围是0～49岁，1991年是20～69岁，总样本量为247520人。

② 这三个图都只是理想图，与实际状况并不完全相符，这里只为区分概念而使用。

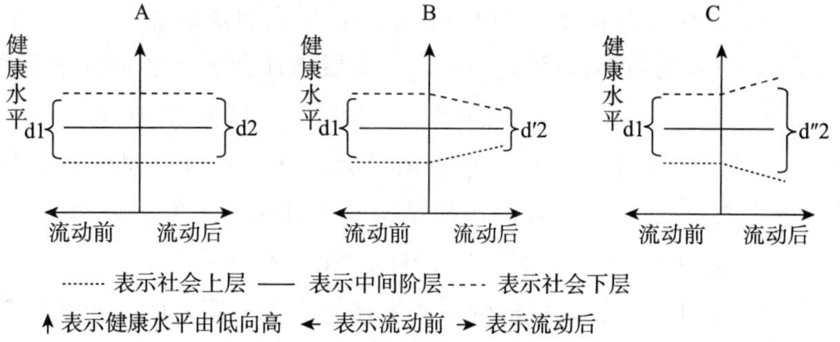

图 1　社会流动与健康不平等的变化趋势

但是在不同的情况下，却有可能会降低或强化健康不平等。所谓不同的情况指在特定的时间、地域背景下，是社会因果论还是健康选择论对人们的健康不平等更具有解释力。如果社会因果论具有更强的解释力（图 1 的 B 表示的情形），那么当社会下层人口发生上向流动，获得较高的社会经济地位时，由于改善了自己的工作环境和生活质量，从而避免较大的健康风险，同时由于自身社会经济地位的提高，获取医疗服务资源的能力增强，因而他们的健康水平会提高（尤其是相对流动前而言）；相反，当社会上层人口遭遇下向流动时，人们的健康水平会有所下降，但是由于受到起点位置的保护，人们的健康水平不会有明显下降。因而，从平均水平来看，不同社会经济地位之间的健康梯度会有所减小（d′2 < d1），这种情况下，就会呈现巴特利等所宣称的“混合效应”。但是，当健康选择论具有更强的解释力时，即健康水平影响人们的社会流动，将会出现如图 1 的 C 所示的情况，社会上层成员中健康情况较差的人，下向流动到社会中下层；社会下层成员中健康状况较好的人流动到社会中上层，因而会产生健康不平等的“马太效应”，从而导致不同社会阶层之间的健康梯度增加（d″2 > d1），在这种情况下，社会流动会强化健康不平等。

为了更具体地描述图 1 的 A、B、C 所展示的社会流动与不同社会阶层人口的健康水平及健康梯度之间的关系，本研究创建一组模拟数据（见表 1）来描绘图 1 的 A、B、C 所出现的情况。假定有三组样本（样本 A、B、C），分别有 1500 人，其中社会上层 500 人，社会下层 1000 人；在社会流动发生前，社会上层人口中，健康状况较好的人口比例为 80%；在社会下层人口中健康状况较好的人口比例为 60%，社会上层与社会下层之间的健康梯度为 80% − 60% = 20%。我们可以通过社会流动前后，不同社会阶层人口之间健康梯度的变化理解和解释社会因果论和健康选择论的作用机制及解释力。在样本 A 中（对应于图 1 的 A 的情形），流动前后社会上层和社会下层之间的健康梯度没有显著变化（d1 = d2 = 20%），健康梯度不受社会阶层结构的影响，而由其他社会因素所导致的健康状况也没有构成社会流动的筛选机制。在样本 B 中（对应于图 1 的 B 的情形），社会阶层结构对于健康不平等现象起主导作用，选择性流动的作用较小，社会下层人口流动到社会上层时，健康水平提高，但与原先就处于社会上层人口的健康水平之间仍有一定差距，经过社会流动的混合后，整个社会上层人口的健康水平出现下降（74%），相反，整个社会下层人口的健康水平有所提高（61%），因而流动后社会上层和社会下层之间的健康梯度明显减小（d′2 = 13% < d1），这就是社会流动所引起的“混合”作用。在样本 C 中（对应于图 1 的 C 的情形），社会阶层结构对于健康不平等的影响较小，而选择性流动起主导作用，在社会上层中，健康状况较好的人发生下向流动的概率为 20%，而健康状况较差的人发生下向流动的概率为 40%，是健康状况较好的人口的 2 倍；在社会下层中，健康状况较好的人拥有更大的优势进入社会上层，其发生社会流动的概率为 40%，而健康状况较差的人发生社会流动的概率只有 10%，是健康状况较好人口的 1/4。由于健康选择性流动的影响，流动后社会上层和社会下层之间的健康梯度明显增加（d″2 = 33% > d1）。

表 1　社会流动与健康不平等的变化关系（虚拟数据，N = 1500）

		流动前状态	流动		流动后状态
			未流动者	流动者	
样本A	社会上层	400^a 100^b	330^a 60^b	70^a 40^b	500^a 140^b
	健康状况好（%）	80	85	64	78
	社会下层	600^a 400^b	430^a 320^b	170^a 80^b	500^a 360^b
	健康状况好（%）	60	57	68	58
样本B	社会上层	400^a 100^b	280^a 60^b	120^a 40^b	460^a 160^b
	健康状况好（%）	80	82	75	74
	社会下层	600^a 400^b	420^a 300^b	180^a 100^b	540^a 340^b
	健康状况好（%）	60	58	64	61

续表

		流动前状态	流动		流动后状态
			未流动者	流动者	
样本C	社会上层	400[a] 100[b]	320[a] 60[b]	80[a] 40[b]	560[a] 100[b]
	健康状况好（%）	80	84	67	85
	社会下层	600[a] 400[b]	360[a] 360[b]	240[a] 40[b]	440[a] 400[b]
	健康状况好（%）	60	50	86	52

注：a 表示健康状况较好的人数，b 表示健康状况较差的人数。

这组模拟数据曾在埃尔施塔德（Elstad，2001）关于挪威男性的健康不平等现象研究中被使用，本研究根据需要对其进行了修改。

因而，从理论上说，社会流动对人们健康水平以及不同社会阶层人口健康不平等的影响可以从侧面来检验社会因果论和健康选择论的理论解释力。本研究正是根据这一特征，在不使用追踪数据的情况下来分析中国人口健康不平等状况及其解释机制。

在中国文化背景中，个人的基本行为（包括健康行为和医疗服务使用等）受到家庭及初级社会群体的制约，并不单纯的是个人主义行为（Lowry & Xie，2009），家庭和其他初级群体形成了个人健康状况的庇护网①，尤其在当前中国社会医疗保障体系覆盖率较低和保障水平不高的情况下，个人需要担负的医疗费用比例比大部分发达国家和发展中国家要高得多。② 当个人出现能力不足（如患病或贫困）时，往往需要从家庭和其他初级群体网络中获得支持，降低健康风险。因此，本研究认为，在中国特殊的经济文化背景下，社会经

① 当个人遭遇重大疾病、失去决策能力时，也可能起相反的作用，如放弃治疗，但是，在一般情况下，家庭对个人健康起主要保护作用。

② 根据《2010 中国卫生统计年鉴》数据，2000～2007 年，中国卫生总费用中，个人支出的比例分别为 59.0%、60.0%、57.7%、55.9%、53.6%、52.2%、49.3% 和 44.1%，虽然比例在逐渐降低，但是同其他很多发达国家和发展中国家相比，个人支付的比例要高得多；如 2007 年，澳大利亚的个人支出比例为 32.5%，加拿大为 30%，丹麦为 15.5%，日本为 18.7%，法国为 21.0%，德国为 23.1%，意大利为 23.5%，英国为 18.3%，美国为 54.5%（美国的社会保险体制比较特殊）。因而相比其他国家而言，中国人口在面临健康问题时，更需要家庭的庇护。根据《中国统计年鉴 2009》和《2009 年我国卫生事业发展统计公报》，2008 年全国城镇居民平均每人全年的消费性支出为 11242.85 元，农村居民（高收入组）平均每人全年的消费性支出为 6853.69 元。而 2008 年全国医院住院人均医药费用高达 5234.1 元，占城镇居民个人支出的 46.6% 左右，占农村居民（高收入组）个人支出的 76.4%。可以想象，在这种情况下，他们如果不借助家庭或初级社会群体的资助，是很难支付高额的医药费用的。

济地位是健康不平等形成的主要原因，而由于家庭和初级社会群体的庇护作用，健康不会导致人们社会经济地位的迅速下降。也就是说，社会因果论比健康选择论对于中国民众的健康不平等现象更具有解释力。据此，本研究提出社会流动影响人们健康水平和健康不平等的两个基本假设。

基本假设1：社会流动对人们的健康水平有显著影响，上向社会流动能够提高人们的健康水平，相反下向社会流动对人们的健康不利。上向社会流动意味着人们社会经济地位（生活机会）的提高，他们获取医疗服务资源的能力增强，并使自己更少地承受健康风险，于是发生上向社会流动的人健康水平将有所提高。反之，相反。

基本假设2：社会流动有助于降低健康的社会不平等。社会因果论强调社会经济地位是产生健康不平等的主要原因（Dahl，1996），于是社会下层人口的上向流动和社会上层人口的下向流动对于健康不平等将起到混合的作用，于是社会上层和社会下层人口之间的健康梯度将会减小（即呈现图1的B的变化趋势）。如果假设2不成立，根据反证法的基本思路，本研究则更有可能接受健康选择论（West，1991）的基本观点，即健康状况较好时促进社会下层人口的上向流动，而健康状况较差时促进社会上层人口的下向流动，从而导致了健康不平等的扩大化（即呈现图1的C的变化趋势）。

三 研究设计

（一）分析策略

本研究重点分析社会流动对人们健康水平及健康不平等的影响，并检验社会因果论和健康选择论对健康不平等的解释力。以往的研究主要通过追踪数据[①]来检验这两种理论，但本研究运用截面数据，尝试通过改变研究

① 中国国家卫生部和美国北卡罗来纳大学人口研究中心从1989年起对中国9个省份城乡人口开展了“中国健康与营养调查”（China Health and Nutrition Survey，CHNS），这是一项追踪调查，共开展了8次，分别是1989年、1991年、1993年、1997年、2000年、2004年、2006年、2009年，有关研究方法设计、调查数据（1989～2009年）可以从其官网直接下载（http://www.cpc.unc.edu/projects/china）。历次调查共涉及27560人不同年代的各项指标，这项数据自公布以来，产生较大的国际影响，成为中国健康研究的基础数据库之一。本研究主要关注社会流动与健康不平等的关系，故没有充分利用该数据资源。有兴趣的读者可以尝试使用该数据来比较和检验社会因果论与健康选择论对于中国民众健康不平等现象的解释力。

设计来间接检验这两种理论。首先通过对角线模型研究社会流动对人们健康水平的影响，再通过计算不同阶层发生社会流动之后健康梯度的变化来比较社会因果论和健康选择论的解释力。

（二）变量测量

1. 因变量

健康状况。与国外的很多研究一样（如 Elstad and Krokstad，2003），本研究通过人们对自己健康状况的主观评估来测量人们的健康状况，主观健康状况评估在很多发达国家和发展中国家被认为是死亡率和其他功能性限制的有效预测指标（Lowry & Xie，2009）。在调查设计中，询问被访者“在上个月，是否因为健康状况而影响到您的日常工作（在家里或家外）？”将回答结果合并为二分类变量，回答“完全没有影响”的，重新编为“健康状况良好”（编码为 1）；回答“有很少影响①”“有一些影响”“有很大影响”和“不能进行日常工作”等合并为“健康状况不好”（编码为 0）。

2. 自变量

社会流动。根据代际职业流动②来测量。流动的起点是被访者 14 岁时父亲的职业地位，终点是被访者当前职业或退休前最后一份职业地位。对于这两种职业地位，分别根据戈德索普等人（Erikson，Goldthorpe & Portocarero，1983）提出的十一分类职业阶层框架进行合并，最终形成三分类职业阶层框架，即非体力工人阶层（EGP 分类中的阶层 I、II、IIIa 和 IIIb）、体力工人阶层（阶层 IVa、IVb、V、VI 和 VIIa）与农业劳动者阶层（阶层 IVc 和 VIIb）。再根据父辈职业地位和被访者当前职业地位形成 3×3 流动表，划分出社会流动状况的三个维度：其一，“是否发生了社会流动”，主对角线单元格为未发生社会流动或水平流动（编码为 0），非对角线单元格为发生了社会流动（编码为 1）；其二，“社会流动的方向”，对角线下方单元格为下向社会流动（编码为 -1），对角线单元格为未发生社会流动或水

① 考虑到该指标属于回忆性问题，当被访者声称自己的健康状况很少影响到自己的日常工作时，我们认为被访者在实际生活中、在某些方面受影响的概率较大，因而将其归为“健康状况不好”。

② 代际流动相对代内流动而言更能反映社会阶层结构的变迁，因而在社会分层研究中，代际流动是衡量社会开放程度的主要指标（Lipset & Bendix，1959）。

平流动（编码为0），对角线上方单元格为上向社会流动（编码为1）；其三，“社会流动的距离”，表示起点到终点位置的变化量级（=起点－终点）。

本研究还关注社会经济地位对人们健康水平的影响，在社会流动的测量中，已经测量了人们的职业阶层地位。另外，受教育水平和收入水平也被认为是人们健康水平的重要测量指标。在本研究中，受教育水平根据被访者最高学历程度划分为4个类别，即大专及以上（编码为4），高中（含同等学历，如职高、中专、技校等，编码为3），初中（编码为2），小学及以下（编码为1）。收入水平根据调查时点前一年被访者的年总收入（包括工资、各种奖金、补贴、分红、股息、保险、退休金、经营性纯收入、银行利息、馈赠等所有收入在内）来测量，在实际分析模型中取自然对数。

3. 控制变量

在以往的国外研究中，性别和年龄是常见的控制变量。本研究中，男女性别分别被编码为1和0；被访者年龄范围在18～70岁。另外，由于中国特殊的城乡差异，一般分析中，需要将城乡状况也作为控制变量。劳瑞和谢宇（Lowry & Xie，2009）在研究中，通过人们的户口状况来测量城乡状况，而不是根据人们的居住地点来测量，因为对那些拥有农村户口的人来说，即使在城市工作，也很难享有同城市居民一样的福利待遇和社会医疗保险。本研究也根据人们的户籍状况来划分城乡差异。城镇户口和农村户口分别编码为1和0。

（三）数量来源

本研究所采用的主要数据来自2005年中国综合社会调查（CGSS），该调查由中国人民大学社会学系与香港科技大学社会学部执行，采用分层设计、多阶段PPS方法，对全国28个省份的城乡人口（18～70岁，不含港澳台及西藏）进行了抽样调查①，调查共获得样本10372个，其中城市样本6098个，农村样本4274个；本研究根据被访者的当前工作状态进行筛选，剔除了“从未工作过”的样本，共获得有效分析样本9185个，有关样本的基本情况见表2。在实际分析中，对数据进行了加权处理。

① 具体抽样方案可参考：http://www.cssod.org/index.php。

表 2　中国综合社会调查（CGSS）2005 样本数据描述（加权变量：weight 0.5）

变量	编码	取值	加权之前 N = 9185	比例 （%）	加权之后 N = 9052	比例 （%）
性别	0	女	4736	51.6	4681	51.7
	1	男	4449	48.4	4371	48.3
年龄		[18，70]	均值：43.4 岁 标准差：12.8 岁	100.0	均值：43.2 岁 标准差：12.6 岁	100.0
户口	0	农业户口	4267	46.6	4809	53.2
	1	城镇户口	4895	53.4	4228	46.8
受教育程度	1	小学及以下	3236	35.2	3548	39.2
	2	初中	2868	31.2	2875	31.8
	3	高中	2134	23.2	1869	20.6
	4	大专及以上	946	10.3	760	8.4
年收入		[0，400000]	均值：9216 元 标准差：13391 元	100.0	均值：8145 元 标准差：13091 元	100.0
被访者当前职业阶层地位	1	非体力工人阶层	2822	30.7	2518	27.8
	2	体力工人阶层	2795	30.4	2471	27.3
	3	农业劳动者阶层	3564	38.8	4060	44.9
被访者父亲职业阶层地位	1	非体力工人阶层	1444	15.7	1262	13.9
	2	体力工人阶层	1617	17.6	1293	14.3
	3	农业劳动者阶层	5707	62.1	6127	67.7
健康水平	0	健康状况不好	4056	44.2	4097	45.3
	1	健康状况良好	5129	55.8	4955	54.7

注：部分变量样本总和与总样本量相差较大是因为存在缺失值。

（四）分析模型

以往社会流动后果的研究中，很难控制社会流动起点和终点位置对人们社会态度或行为方式的影响，往往很难区分阶层效应和流动效应。迈克尔·索贝尔（Michael Sobel）1981 年提出了对角线模型，用于区分流动效应和阶层效应（Sobel，1981）。对角线模型（简称 DMM）的基准模型（baseline model）为：

$$Y_{ijk} = p\mu_{ii} + r\mu_{jj} + \varepsilon_{ijk} \ (i=1,\ \cdots,\ t;\ j=1,\ \cdots,\ t;\ k=1,\ \cdots,\ n_{ij};\ p+r=1,\ p\in[0,\ 1])$$

式中，Y_{ijk} 表示观测因变量，一般是符合正态分布的变量。μ_{ii} 和 μ_{jj} 分别表示流动表中第 ii 单元格和第 jj 单元格的总体均值。ε_{ijk} 表示随机误差项

(数学期望为0)。DMM模型有两个参照取值，第一个是社会流动起点分类中对角线位置的均值，即 μ_{ii} ；第二个是社会流动终点分类中对角线位置的均值，即 μ_{jj} 。因此，p 和 r 分别表示起点和终点效应的相对权重，当 p 大于0.5时，表示社会流动的起点效应大于流动终点的效应，反之，r 大于0.5时，表示社会流动终点的效应大于流动起点的效应。DMM模型既考虑了起点效应和终点效应的区分，也不预设流动效应的存在。基准模型是完全不含流动效应的模型，因而可以通过添加流动变量来检验是否存在流动效应，同时，也可以在基准模型的基础上添加控制变量，形成全模型。如下所示：

$$Y_{ijk} = p\mu_{ii} + r\mu_{jj} + \sum_{w=1}^{w} \beta_w M_{ijw} + \sum_{z=1}^{z} \beta_z C_{ijz} + \varepsilon_{ijk}$$

在全模型中，β_w 和 β_z 分别表示流动变量和控制变量的协变量参数；M_{ijw} 表示流动变量（包括是否发生流动、流动的方向和流动距离三个变量，$w=3$）；C_{ijz} 表示控制变量（包括性别、年龄、户口、受教育程度、收入水平，$z=5$）。因为在本研究中，人们的健康水平是二分类变量，所以采用逻辑斯蒂对角线模型。

四　数据分析

首先，我们建立3×3的代际职业流动表，计算每个单元格内（代表不同的社会流动类型）人口的健康水平（主观报告健康的比例），结果见表3。从表3中，我们可以看出，不同单元格内人口的健康水平存在明显差异。

从人们当前职业地位与健康不平等的关系来看，存在明显的健康梯度，非体力工人阶层主观上认为自己健康状况良好的比例达到62.0%，体力工人阶层为60.3%，而农业劳动者阶层只有46.9%，不同阶层地位人口之间最大的健康梯度为15.1%（62.0%－46.9%）。从人们的出身地位（父辈阶层地位）与健康不平等之间的关系来看，存在明显差异，但梯度不明显，因为父辈为体力工人阶层的被访者比父辈是非体力工人阶层的被访者表现出较高的健康水平（62.9%＞61.7%），各阶层之间的健康梯度为10.9%（62.9%－52.0%）。只考虑起点或终点位置对人们健康水平的影响时，是混合了流动效应的。从对角线单元格位置（阴影部分）可以看出排除社会流动效应之后（只关注不同社会阶层未流动人口的健康梯度），非体力工人阶层、体力工人阶层和农业劳动者阶层人口报告健康良好的比例分别是 62.9%、63.8% 和 46.8%，各阶层之间的健康差距达到了 17.0%（63.8% -46.8%）。也就是说，如果不发生社会流动，不同社会阶层之间的健康梯度最大为 17.0%。根据这些数据，我们可以初步判断社会流动对人们的健康状况有一定的“混合效应”（Bartley & Plewis，1997）。但是，从另一方面来看，父辈为体力工人阶层的人，以及从非体力工人阶层流动到体力工人阶层的人的健康状况在整个流动表人口中具有较高的健康水平，这在一定程度上也说明，健康选择效应（Bartley & Owen，1996）的存在，因为没有较好的身体条件，很难胜任体力工作。

表 3　社会流动类型与人口健康状况描述分析

父辈地位＼当前地位	非体力工人阶层	体力工人阶层	农业劳动者阶层	小计
非体力工人阶层	62.9% (676)	67.5% (406)	44.4% (180)	61.7% (1262)
体力工人阶层	62.6% (495)	63.8% (710)	57.3% (89)	62.9% (1294)
农业劳动者阶层	61.3% (1188)	55.9% (1203)	46.8% (3737)	52.0% (6128)
小计	62.0% (2359)	60.3% (2319)	46.9% (4006)	54.6% (8684)

注：各单元格比例是“健康良好”的比例；（　）中数字是样本数。

为了消除其他协变量对于社会流动与健康不平等之间关系的影响，本研究通过 logistic 对角线模型对社会流动与健康不平等之间的关系进行了多变量统计分析。模型 1 是基本模型，由基准模型 + 控制变量构成，没有加入流动变量；模型 2 是完整模型，同时包含了本研究关注的所有变量；模型 3 是筛选模型，剔除了模型 2 中不显著的效应参数。统计分析结果见表 4。

从表 4 的统计结果来看，首先，3 个模型的起点效应 p 都小于 0.5（sig<0.05），说明父辈阶层地位对人们健康水平有显著影响但不及人们当前职业地位的影响。若不考虑社会流动效应（模型 1），则不同阶层人口之间具有明显的梯度关系。其中，未发生社会流动的非体力工人阶层健康状况良好的优势为 2.46（$e^{0.902}$），未发生社会流动的体力工人阶层健康状况良好的优势为 2.41（$e^{0.881}$），而未发生社会流动的农业劳动者阶层健康状况良

好的优势只有 1.71（$e^{0.538}$）。在模型 1 中，我们还发现受教育程度、收入水平、性别、年龄和户口等因素对人们的健康水平也有显著的影响。其中，拥有中等学历人口比高学历者和低学历者拥有更高的健康水平，表现出受教育程度的双面性。一方面，文化水平越高的人，能够获得更多的生活机会、更多的健康专业知识和其他社会资源；但另一方面，他们主要从事行政管理工作和专业技术工作，工作压力相较其他文化水平者明显增加。这两方面综合导致了大学文化水平者并没有表现出非常明显的健康优势。相对于文化水平较低者（小学及以下文化程度者），初中文化程度者健康状况良好的优势比为 1.22，高中文化程度者健康状况良好的优势比为 1.20。总体来说，受教育程度与人们健康水平之间的关系与以往的研究发现不能完全吻合（Winkleby et al.，1992）。收入水平是人们健康状况最稳定的支持因素，随着收入水平的提高，人们健康状况良好的优势更加明显。

在其他控制变量中，与国外研究的结果比较一致。男性与女性相比，具有更明显的健康优势（Cardano，Costa & Demaria，2004），而随着年龄的增长，人们的健康水平开始下降（Grundy & Sloggett，2003）。城镇人口享有更多的社会保障资源，城镇的医疗服务水平也比农村高，因而，城镇人口的健康水平明显高于农村人口的健康水平，这与劳瑞和谢宇（Lowry & Xie，2009）的研究结论一致。

表 4　社会经济地位与健康不平等

常数项/变量	模型 1：基本模型		模型 2：完整模型		模型 3：筛选模型	
	β	SE	β	SE	β	SE
起点效应	0.334*	0.144	0.406*	0.180	0.432*	0.172
职业地位						
非体力工人	0.902***	0.289	0.866**	0.295	0.843**	0.290
体力工人	0.881***	0.281	1.021***	0.287	1.001***	0.284
农业劳动者	0.538*	0.249	0.546*	0.250	0.543*	0.249
受教育程度(小学及以下为参照)						
大专及以上	0.187	0.118	0.190	0.119	0.193	0.119
高中及同等学历	0.175*	0.077	0.166*	0.077	0.167*	0.077
初中	0.198***	0.060	0.192**	0.060	0.192**	0.060
年收入的自然对数	0.155***	0.030	0.156***	0.030	0.156***	0.030
是否发生社会流动（是=1）			-0.032	0.068		

续表

常数项/变量	模型 1：基本模型		模型 2：完整模型		模型 3：筛选模型	
	β	SE	β	SE	β	SE
社会流动方向			-0.483***	0.124	-0.490***	0.123
流动距离			0.342***	0.090	0.342***	0.089
性别（男=1）	0.301***	0.049	0.302***	0.050	0.301***	0.050
年龄	-.046***	0.002	-0.046***	0.002	-0.046***	0.002
户口（城镇=1）	-.149†	0.078	-0.166*	0.078	-0.163*	0.078
R^2	0.112		0.114		0.114	
观察值	8153		8153		8153	

注：†$p<0.10$；* $p<0.05$；** $p<0.01$；*** $p<0.001$。

模型 2 和模型 3 中加入了社会流动效应。除了是否发生社会流动之外，社会流动的方向和距离对人们的健康水平影响显著，但是从模型的统计结果来看，本研究的基本假设 1 并未得到完全支持。从模型中，我们可以看到，短距离的上向流动对人们的健康水平不但没有提高作用，相反，人们的健康水平还会有所下降；同样，短距离的下向流动也不会降低人们的健康水平，反而会在一定程度上提高人们的健康水平，如从非体力工人阶层流动到体力工人阶层的人，健康水平有明显的提高。但是，当人们发生长距离流动时（从非体力工人阶层下向流动到农业劳动者阶层，或从农业劳动者阶层上向流动到非体力工人阶层），上向流动对人们的健康水平有明显的提高作用，下向流动则降低了人们的健康水平。因此，当我们讨论社会流动对人们健康水平的影响时，不能仅仅关注是否发生社会流动及流动方向，还应将流动的距离考虑进来（Sobel，1981）。本研究的基本假设在长距离流动的情况下成立，而在短距离流动时不能成立。

在确定社会流动对人们的健康水平有显著影响之后，我们继续分析社会流动对不同阶层人口之间健康梯度的影响。本研究通过 binary logistic 回归模型计算了从不同阶层地位流动到当前阶层地位之后的健康状况良好的预测概率。模型中包含的变量包括基本控制变量（性别、年龄、户口）、社会经济地位变量（受教育程度、年收入和父辈职业阶层地位）、社会流动变量①（社会流动的方向、距离）以及父辈职业阶层地位与社会流动距离的交

① 是否发生社会流动在 DMM 中显示为不显著，故在计算概率的过程中被剔除。

互效应。模型达到了较好的拟合效果。为了简要表述模型的分析结果，本研究采用图示的方法来表示不同阶层在经历社会流动之后的健康状况良好的概率分布，见图2。

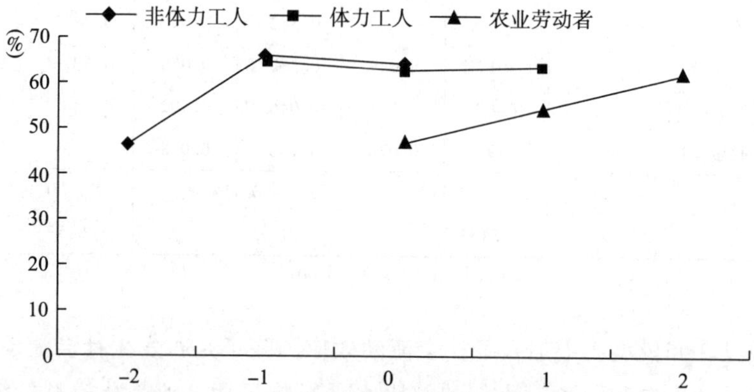

图2　社会流动前后健康不平等变化趋势

从非体力工人与农业劳动者之间的健康梯度来看，在流动之前（即未流动或水平流动，距离为0时），两者的梯度达到了17.2%，当父辈职业阶层地位是农业劳动者的人发生上向社会流动时，其健康水平随着流动距离的增加而逐渐提高；同时，非体力工人发生下向流动时，其健康水平随着流动距离的增加逐渐下降；从图2所示的趋势可以明显看出，社会流动减小了非体力工人阶层和农业劳动者阶层之间的健康梯度（流动之后非体力工人与农业劳动者之间的健康梯度为15.6%，减小了1.6%）。同理，我们也可以发现，社会流动也减小了体力工人阶层与农业劳动者阶层之间的健康梯度（流动前体力工人阶层与农业劳动者阶层之间的健康梯度为15.9%，流动之后为11.7%，减小了4.2%）。但是，从非体力工人阶层和体力工人阶层之间的健康梯度来看，变化趋势恰恰相反。在流动之前非体力工人和体力工人阶层之间的平均健康梯度只有1.2%，而流动之后健康梯度达到了3.9%，增加了2.7%。

综合来看，社会流动减小了非体力工人和农业劳动者，以及体力工人和农业劳动者之间的健康梯度，对于这两组社会阶层之间的健康不平等问题，社会因果论的解释力要超过健康选择论。但社会流动增加了非体力工人和体力工人阶层之间的健康梯度，因而对于非体力工人阶层和体力工人阶层之间的健康不平等问题，健康选择论的解释力较强。因此，从总体上来看，本研究的基本假设2也只得到了部分支持。当我们考虑社会流动对健康不平等的影响趋势时，需要考虑不同社会阶层之间的差异。综合对角线模型和概率估计的结果，关于健康不平等的两种理论观点都在一定程度上解释了当前中国民众的健康不平等状况，相对而言，社会因果论表现出较强的解释力，健康选择论对体力工人阶层的健康水平具有更强的解释力。

五　研究结论与讨论

布莱克健康报告促使更多的学者将不平等研究从社会经济地位不平等研究转向健康不平等研究。各国研究发现，社会经济地位和人们的健康水平之间存在持续且稳定的联系（Lowry & Xie，2009），社会经济地位（一般通过职业、收入和受教育程度测量）具有优势的人也表现出较高的健康水平。职业地位越高的人，拥有越多的工作自主权，从事越少的体力活动，以及越少地暴露在健康风险中，这些工作环境因素对人们的健康水平具有明显的提高作用；收入水平越高的人，其消费水平越高，住房条件、营养状况、获取医疗保健资源的能力越强，因而能够保证良好的健康水平不受损害；受教育程度越高的人，获取社会、心理和经济资源的能力越强，具有较强的健康意识，并有能力处理自己所面临的健康风险。即使如此，人们对于社会经济地位与健康水平之间是否具有明确的因果关系仍然存在广泛的争论（Dahl，1996）。

社会因果论的支持者强调社会结构因素，即人们在社会结构中的位置等对人们健康水平的决定性作用；反对者——健康选择论者——认为健康水平影响人们的社会经济地位获得，健康不平等现象是健康水平筛选的结果。虽然学者们都在一定程度上承认健康在个人社会流动过程中的重要作用，但是这种作用在人们的职业生涯中，其影响究竟有多大，是否能够超越社会结构因素对人们的健康水平起限制作用，各国学者都进行了大量的实证研究（Vagero，1991；Warren，2009），指出健康不平等是社会经济地位不平等的再生产（Elstad & Krokstad，2003）。但是，这些研究主要建立在欧美国家经验数据基础上，对于中国民众的健康不平等研究还没有引起广泛的关注，因而不能确定哪种理论更适于解释中国民众的健康不平等现象。

本研究通过CCSS2005综合分析了中国民众的健康状况及解释机制，由于截面数据的限制，本研究仅通过社会流动的角度来研究健康不平等现象，并比较社会因果论和健康选择论这两种理论观点的解释力。研究发现，不同职业阶层地位人口之间存在明显的健康梯度，这与欧美的研究结论类似①；同样，收入水平越高的人，越能够降低患病风险，从而表现出越高的健康水平。但是，在受教育程度方面呈现出两面性，这一点与温珂拜等（1992）的研究结论不同，他们的研究发现受教育程度越高的人，各项临床指标都越为正常，但在本研究中，受教育程度高的人群却表现出双重性，一方面他们能够获得更多的社会、经济、心理资源，生活方式也更为健康（Ross & Wu，1995）；但另一方面，他们也承担了更多的工作压力，形成社会紧张，部分地削弱了第一方面所取得的健康优势。

当考虑人们的社会流动状况时，我们发现，是否发生社会流动本身与提高人们的健康水平并没有直接的因果关系，社会流动影响人们健康水平的关键机制在于社会流动的方向和距离；而且流动方向和距离的不同对人们健康水平的影响也不一致，长距离的上向流动对人们的健康水平有明显的促进作用，长距离的下向流动对人们的健康水平有明显的抑制作用。在这里，社会流动影响人们健康水平，主要是因为人们地位改变之后，生活机会也会发生较大的变化。

从社会流动与健康不平等之间的关系来看，社会流动从总体上能够减小社会上层和社会下层之间的健康梯度，虽然在局部层面发生了健康不平等程度的扩大趋势。从流动后不同社会阶层健康梯度的改变量来看，社会因果论的解释力要明显强于健康选择论（Warren，2009），社会流动从某种程度上“混合”了社会上层和社会下层之间的健康梯度。但是，我们也注意到，体力型职业具有明显的健康选择性（Bartley & Owen，1996），社会流动明显地增加了非体力工人阶层和体力工人阶层之间的健康梯度。

虽然本研究通过社会流动的角度间接比较分析社会因果论和健康选择论对于中国民众健康不平等现象的解释力，但是，这种分析在理论上和研究设计上还存在一定缺陷。首先，在理论方面，虽然健康梯度的变化趋势能够间接反映社会因果论和健康选择论这两种理论解释力的强弱，但并没有明确的证据表明它们是中国民众健康不平等产生的最主要机制。另外，在社会流动分析过程中，由于单元格值的影响，笔者只能将社会阶层合并为三类（尽管将社会结构划分为非体力工人、体力工人和农业劳动者三个

① 更多关于社会经济地位与健康不平等之间关系研究，请参考威廉・科克汉姆（2000）。

阶层在社会分层和流动研究中比较常用），最终形成 3×3 流动表，忽视了每个阶层内部存在的许多差异，而这些差异也可能是导致人们健康不平等的重要原因。

参考文献

威廉·科克汉姆：《医学社会学》（第 7 版），杨辉、张拓红译，华夏出版社，2000。

Bartley, Mel & Charlie Owen , "Relation Between Socioeconomic Status, Employment, and Health During Economic Change, 1973 - 1993," *British Medical Journal*, 1996 (313).

Bartley, Mel & Ian Plewis, " Increasing Social Mobility: An Effective Policy to Reduce Health Inequalities," *Journal of the Royal Statistical Society*, Series A (Statistics in Society), 2007 (170).

Black, Douglas, Jerry Morris, & Cyril Smith, et al. , *Inequalities in Health: Report of a Research Working Group* (London: Department of Health and Social Security, 1980).

Blane, David, George Davey Smith & Mel Bartley, "Social Selection: What does it Contribute to Social Class Differences in Health?" *Sociology of Health & Illness*, 1993 (15).

Boyle, Paul J. , Paul Norman & Frank Popham, "Social Mobility: Evidence that it can Widen Health Inequalities," *Social Science & Medicine*, 2009 (68).

Braveman, Paula, "Health Disparities and Health Equity: Concepts and Measurement," *Annual Review of Public Health*, 2006 (27).

Cardano, Mario, Giuseppe Costa & Moreno Demaria, "Social Mobility and Health in the Turin Longitudinal Study," *Social Science &Medicine* , 2004 (58).

Claussen, Bjorgulf, Jeroen Smits, & Oyvind Naess, et al. , "Intragenerational Mobility and Mortality in Oslo: Social Selection versus Social Causation," *Social Science & Medicine*, 2006 (61).

Dahl, Espen, "Social Mobility and Health: Cause or Effect?" *British Medical Journal*, 1996 (313).

Elstad, Jon Ivar, "Health - related Mobility, Health Inequalities and Gradient Constraint Discussion and Results from a Norwegian Study," *The European Journal of Public Health*, 2001 (11).

Elstad, Jon Ivar & Steinar Krokstad, "Social Causation, Health-selective Mobility, and the Reproduction of Socioeconomic Health Inequalities Over Time: Panel Study of Adult Men," *Social Science &Medicine*, 2003 (57).

Erikson, Robert, John H. Goldthorpe & Lucienne Portocarero, "Intergenerational Class Mobility and the Convergence Thesis: England, France and Sweden," *The British Journal of Sociology*, 1978 (30).

Ganzeboom, Harry B. G. , Donald J. Treiman & Wout C. Ultee, "Comparative Intergenerational Stratification Research: Three Generations and Beyond," *Annual Review of Sociology*, 2003 (17).

Goldman, Noreen, Social Inequalities in Health: Disentangling the Underlying Mechanisms, *in Demography and Epidemiology: Frontiers in Population Health and Aging* (Georgetown University, Washington D. C., 2001).

Grundy, Emily & Andy Sloggett, "Health Inequalities in the Older Population: the Role of Personal Capital, Social Resources and Socio - economic Circumstances," *Social Science & Medicine*, 2003 (56).

Haas, Steven A., "Health Selection and the Process of Social Stratification: The Effect of Childhood Health on Socioeconomic Attainment, " *Journal of Health and Social Behavior*, 2007 (47).

Holstein, Bjørn, Candace Currie, & Will Boyce et al., "Socio-economic Inequality in Multiple Health Complaints among Adolescents: International Comparative Study in 37 Countries," *International Journal of Public Health*, 2009 (54).

Lipset, S. M. & R. Bendix, *Social Mobility in Industrial Society* (Berkeley: California University Press, 1959).

Lowry, Deborah & Yu, Xie, *Socioeconomic Status and Health Differentials in China: Convergence or Divergence at Old Ages*? (Population Studies Center, University of Michigan, 2009).

Power, Chris, Sharon Matthews & Orly Manor, "Inequalities in Self Rated Health in the 1958 Birth Cohort: Lifetime Social Circumstances or Social Mobility?" *British Medical Journal*, 1996 (313).

Ross, Catherine E. & Chia - ling, Wu, "The Links Between Education and Health," *American Sociological Review*, 1995 (60).

Sobel, Michael E., "Diagonal Mobility Models: A Substantively Motivated Class of Designs for the Analysis of Mobility Effects," *American Sociological Review*, 1981 (46).

Vagero, Denny, "Inequality in Health: Some Theoretical and Empirical Problems," *Social Science & Medicine*, 1991 (32).

Warren, John Robert, "Socioeconomic Status and Health across the Life Course: A Test of the Social Causation and Health Selection Hypotheses," *Social Forces*, 2009 (87).

West, Patrick, "Rethinking the Health Selection Explanation for Health Inequalities," *Social Science & Medicine*, 1991 (32).

Winkleby, M. A., D. E. Jatulis, & E. Frank et al., "Socioeconomic Status and Health: How Education, Income, and Occupation Contribute to Risk Factors for Cardiovascular Disease," *American Journal of Public Health*, 1992 (82).

社会经济地位、生活方式与健康不平等*

王甫勤

20 世纪 60 年代到 70 年代中期，学术界普遍认为，随着医疗技术以及经济水平的发展，健康不平等（health inequality，health disparities）状况将有所改善，至少在发达国家是这样的（Robert & House，2000）。然而，在 20 世纪 70 年代后期及 80 年代早期，布莱克等人发现①，英国社会的健康不平等状况不但没有减少，反而有所扩大；美国及其他欧洲国家的研究也支持这种观点，社会经济地位较高群体的健康状况明显优于社会经济地位较低的群体，这一趋势并未随时间和空间的变化而改变（Mackenbach et al.，2008）。虽然，不同国家的人口预期寿命随着社会经济和医疗技术的发展都有所延长，死亡率有所降低，但更多的是社会上层人口从中获益，这加剧了健康不平等。这种不平等程度的扩大，使得曾经被社会流行病学关注的公共健康问题，逐渐演变为社会学研究的重点领域②，尤其受到社会分层学者的重视。社会学家重点探讨的是社会分层所产生的社会经济地位的不平

---

* 本研究得到了中国博士后科学基金项目“中国城市中产阶层与社会建设研究”（20110490074）、教育部重大攻关项目“我国目前社会阶层状况研究”（08JZD0024）及同济大学国家 985 项目“全球变化与中国国家利益研究”的资助。本论文使用数据全部来自中国国家社会科学基金资助之中国综合社会调查（CGSS）项目。该调查由中国人民大学社会学系与香港科技大学社会学部执行，项目主持人为李路路教授、边燕杰教授。本文初稿曾在 2011 年中国社会学年会上宣读过，本刊匿审专家、主编仇立平教授及其他编委老师为本文的修改提供了重要的帮助和建议。笔者一并感谢上述机构及人员提供的数据协助和研究指导。本文内容及观点由笔者自行负责。

① 这一发现发表在布莱克健康报告（*Black Report*，1980）中。

② 从笔者检索到的相关文献来看，绝大部分作者是社会学领域的研究人员（美国社会学会 1994 年成立医学社会学分会），这一点在后文的健康测量方面也会有所涉及。

等是如何导致健康不平等的。当然，相对于社会流行病学和生物医学研究，社会学研究还提供了一种综合性的社会理论框架和方法（Robert & House，2000）。

对于社会经济地位同健康水平之间的因果关系应当如何确定存在争议（Warren，2009）。这些争议基本形成两种观点，即社会因果论和健康选择论（Elstad & Krokstad，2003）。社会因果论认为，人们的健康水平受社会结构因素限制，即个人在社会结构中的位置决定了他们的健康水平，社会经济地位越低的人，其健康状况越差（Dahl，1996）。健康选择论则认为，健康状况是个人社会流动的筛选机制之一，只有健康状况较好的人才能获得较高的社会经济地位，从而产生了健康不平等（West，2009）。笔者也曾试图用2005年中国综合社会调查（CGSS）的数据检验这两种主要观点对于中国民众健康不平等状况的解释力。研究发现社会因果论和健康选择论对中国民众的健康不平等状况都有一定的解释力，但相对而言，社会因果论的解释力比健康选择论强（王甫勤，2011）。因而，同其他很多研究一样，本研究以社会因果论为基础，试图探讨社会经济地位影响健康不平等的因果机制。虽然大多数研究支持这一观点，但是重在阐明社会经济地位影响人们健康状况的理论机制的研究却很少（Mirowsky，Ross & Reynolds，2000）。

社会流行病学致力于寻找影响人们健康水平的风险因素，包括社会、心理和行为等层面的社会关系、生活或工作压力、悲观情绪、健康生活方式等（House，2002），根据社会流行病学的观点，对于离个人最近的（proximal）、行为的和生物医学因素的直接干预将会从总体上提高人口的健康水平（Link & Phelan，2010）。但在社会学研究中，生活方式并不只是个人行动选择的结果，更受到社会结构（structure）的型塑，即生活方式在不同社会群体中的分布是不同的（Cockerham，2010a）。那么，健康生活方式能否成为社会经济地位影响健康不平等的解释机制？这是本研究关注的核心问题。

本研究试图通过2005年中国综合社会调查（CGSS）的数据，分析与健康相关的生活方式对于人们健康水平的影响和社会结构如何型塑人们的生活方式，进而为社会经济地位决定人们的健康水平提供因果解释逻辑，并将社会流行病学和社会学中关于健康不平等的研究结合起来。

一 社会经济地位与健康不平等

布莱克健康报告发表后，欧美主要发达国家学者开始探索本国的健康不平等问题，并产生了大量的研究成果（Bartley，2004；Cockerham，2010b；Pickett & Wilkinson，2009；Smith，Bartley et al.，1990）。在布莱克提出的四种观点[①]中，健康选择论和社会因果论虽然都解释了社会经济地位同人们健康水平之间的关系，但是其因果方向却恰恰相反。因而，关于这两种观点的争论最多。在争论中，社会因果论一直处于优势。许多研究者认为：社会经济地位是影响一个人健康状况和期望寿命的最具有决定性的因素（Link & Phelan，1995；Williams，1990；Winkleby et al.，1992）。另外，人们的社会经济地位同他们的健康状况之间存在稳定且持续的关系（Mackenbach et al.，2008），即社会经济地位同人们健康状况之间的相关关系很少受到其他因素的影响。王甫勤（2011）运用2005年中国综合社会调查的数据检验了这两种理论对中国民众的健康不平等现象的解释力，结果显示，社会因果论的解释力（相对而言）要比健康选择论强。本研究也正是在这一基础上讨论社会经济地位同健康不平等之间的关系的。

温珂拜（Winkleby）和他的同事（1992）在研究中发现，社会经济地位的决定性作用几乎出现在所有的疾病中和生命的各个阶段。社会经济地位各指标[②]间有一定的相关性，但每个指标都可以从不同角度反映一个人在社会阶级/阶层结构中的地位。在疾病和健康研究中，受教育程度反映一个人积极获取社会、心理和经济资源的能力。职业地位反映一个人的社会地位、权利责任感、体力活动状况和健康风险。收入水平反映一个人的消费能力、住房条件、营养状况及医疗保健资源的获取能力。当然，这三个指标并不是同等重要。温珂拜等（1992）认为，虽然收入水平和职业地位也很重要，但良好的健康状况的最重要决定性因素应该是受教育程度。教育通过多种机制来影响健康不平等，如改变人们的生活方式和解决问题的能力，改变人们的价值观，并且教育还能够促进人们心智成熟和培

① 这四种观点即虚假相关论、自然或社会选择论、唯物主义或结构主义解释、文化主义或行为主义解释，具体内容详见王甫勤（2011）。

② 社会经济地位包括三个方面：受教育程度、职业地位和收入水平（Blau & Duncan，1967）。

养人们赚钱的能力等（Winkleby et al.，1992）。也有研究发现，受教育程度高的人与受教育程度低的人相比，前者在工作过程中感觉更为充实和有价值，他们对于生活和健康状况的调控能力明显比后者强，这些都解释了教育是影响人们的健康状况的最重要因素（Ross & Mirowsky，2010）。社会经济地位不但对人们健康状况产生影响，还具有累积效应（accumulation effect），即长期处于优势地位（或劣势地位）的人拥有更高（或更低）的健康水平（Heraclides & Brunner，2009）。这种累积趋势在年龄方面体现得比较明显，即青年人的社会经济地位差异反映的健康状况差异不是非常明显，但是随着年龄的增长，社会经济地位对健康状况的累积效应逐渐显现出来（Lowry & Xie，2009）。

从多重病原论的角度来看，健康问题或疾病的产生除了基因和体质因素之外，还包括多重社会因素。在医学社会学当中，根据与健康的因果距离，社会因素被划分为三个层次：最近端的因素（proximal factors），包括与健康相关的生活方式及行为，如吸烟、饮酒、饮食和运动等；中等距离的因素（mid-range factors），包括人们的社会和家庭关系以及社会支持网络；最远端的因素（distal factors），包括人们的生活和工作条件，如社会结构与社会分层因素（Lahelma，2010）。虽然大多数学者支持社会因果论的基本观点，并就社会经济地位是如何影响人们健康水平的因果机制做出解释，但并未得到数据的检验（Mirowsky et al.，2000）。这种因果机制的研究和解释主要是基于最远端的因素是如何产生健康或疾病的，并没有得到直接的数据支持。因此，我们需要建立从最远端的因素到最近端的因素的因果链接机制。

另外，改革开放以来，中国社会人口的健康状况（预期寿命和死亡率）有明显的改善。关于中国人口健康状况的研究成果也非常多，但绝大部分研究成果是以医学、公共卫生和社会政策领域的研究为主，对公共健康的社会学研究相当缺乏。美国北卡罗来纳大学人口研究中心和中国卫生部从1989年开始的对中国大陆9个省份约4400户家庭进行的追踪调查数据——中国健康与营养调查（CHNS）——是目前中国健康研究中最为权威的调查，以该调查为基础的研究成果[①]数以百计，即便如此，这些成果中对于中国人口社会经济地位与健康状况之间关系的研究仍然较少。王甫勤（2011）

① 成果名称可参考：http://www.cpc.unc.edu/projects/china/publications。

虽然发现了中国人口社会经济地位与健康状况之间的相关关系，但只是检验了社会因果论和健康选择论的解释力强弱，并未分析社会经济地位是如何影响人们健康水平的。正因为如此，本研究试图寻找社会经济地位影响人口健康水平的中间机制。

二 生活方式与健康

生活方式是社会学研究中的一个重要概念，早期社会学家如韦伯、凡勃伦等均对生活方式有相关论述（高丙中，1998），当代社会学家布迪厄的讨论也非常深入（Cockerham，2010a）。其中韦伯对生活方式的界定和发展做出了巨大的贡献。他根据社会声望[①]和生活方式来区分不同类型的地位群体，并认为特定地位群体之所以能够发展起来，最重要的就是因为其发展出一套特定的生活方式来［马克斯·韦伯，2005（1946）］，因而，不同地位群体在生活方式方面必然是可辨别的。在韦伯看来，生活方式受到行动和结构两重因素的影响，每个人的生活方式都是个人的一种生活选择，但是这些生活选择却又（且主要是）受到他们自己的阶级处境或生活机会的制约（Cockerham，2010a）。当然，本研究重点并不在于探讨如何根据韦伯界定的生活方式来划分不同的地位群体，而是要探讨在不同生活方式下行动的个体是如何获得他们的健康地位的。笔者把与健康相关的生活方式称为健康生活方式，健康生活方式是指个人基于一定的动机和能力所发生的一系列维护和促进良好健康状况的行为模式[②]（Cockerham et al.，1993）。科克汉姆（Cockerham，2010a）认为，人们维护或促进健康状况的主要动机包括维持工作、延长寿命以及享受身体健康带来的愉悦等。布迪厄（1984）从饮食习惯和运动偏好两个方面研究了专业技术阶级（中上层阶级）和工人阶级之间的区隔，他发现工人阶级更加注重维持体能，而专业技术阶级则更加注重保持身型。①在饮食方面，工人阶级喜欢便宜且富有营养的食品，而专业技术阶级注重口味、健康、清淡和低能量。②在休闲运动方面，专业技术阶级经常从事帆船、滑雪、高尔夫、网球和骑马等运动，这些运

---

① 社会声望建立在下列一个或更多的基础之上：①生活方式；②一个正式的受教育过程（包括经验方面的、理性方面的训练），以及相应生活方式的获得；③与生俱来的声望，或职业的声望［韦伯，2005（1946）］

② 有些生活方式可以提高健康水平，有些则可能导致疾病的发生。

动对于工人阶级而言，不但存在经济障碍，还存在社会障碍[①]，因而工人阶级喜欢参加一些比较流行的且对公众开放的运动，如足球、摔跤和拳击等一些锻炼肌肉力量、提高耐力并伴有暴力的运动（Bourdieu，1984，转引自Cockerham，2010a）。

社会流行病学一直致力于研究健康生活方式（如吸烟、饮酒、体育锻炼、安全驾驶和常规体检等）对人们健康状况和疾病的影响，并提出了风险因素模型（House，2002）。但是，早期关于健康生活方式对健康影响的研究往往在理论和方法方面存在一些问题。亚伯（Abel）和科克汉姆等（2000）将这些问题归纳为五个方面：①某一种健康行为并不能反映行为对于健康的复杂效应；②很多研究只重视健康损害行为，忽视了健康促进行为对健康的影响；③将生活方式当成一种个体行为来研究，忽视了社会结构和群体效应对生活方式的影响；④需要将生活方式嵌入综合了社会、文化和心理效应的综合模型；⑤对健康风险因素之间的相互关联和递归关系缺乏详细描述，往往仅以双变量分析为主。科克汉姆（2010a）在此基础上结合韦伯和布迪厄关于生活方式的论述提出了“健康”生活方式产生和再生产的综合模型，认为在社会结构（主要是阶级结构、年龄、性别、种族、集体行为和生活条件等）和社会化以及经历的影响下，个体形成了对健康生活方式的生活选择，进而形成了健康生活方式的行动倾向（惯习），并发生生活方式行为（如吸烟、饮酒、安全行驶、运动、常规体检等），这些行为模式形成了健康生活方式，这些方式又会影响他们的行动倾向（惯习）。

根据科克汉姆模型的基本观点，生活方式不管是个人行动选择的结果，还是受到生活机会约束的结果，其最基础的原因都是个体所处的社会结构位置差异和生活条件等方面的差异。[②]社会流行病学的研究发现，（健康）生活方式对人们的健康水平具有显著的影响。因此，生活方式就成为连接社会经济地位（作为远端的社会结构因素）与健康水平之间的中间机制之一，即处于不同社会经济地位的个体产生了不同类型的健康生活方式（作为近端的行为因素），健康生活方式进而影响他们的健康水平，也即社会经

① 这种社会障碍体现为（布迪厄意义上）文化资本的缺失，即使工人阶级能够支付得起各项活动的经济费用，也难以与专业技术群体融合，难以适应。

② 在科克汉姆模型中，个人行动选择受到社会化和经历的影响，而这两点也受到社会阶级结构、年龄、性别、种族、集体行为和生活条件等因素的影响。

济地位的差异通过健康生活方式导致健康不平等。可以用图 1① 来概括社会经济地位、（健康）生活方式与健康水平之间的关系。这也是本研究的逻辑框架。

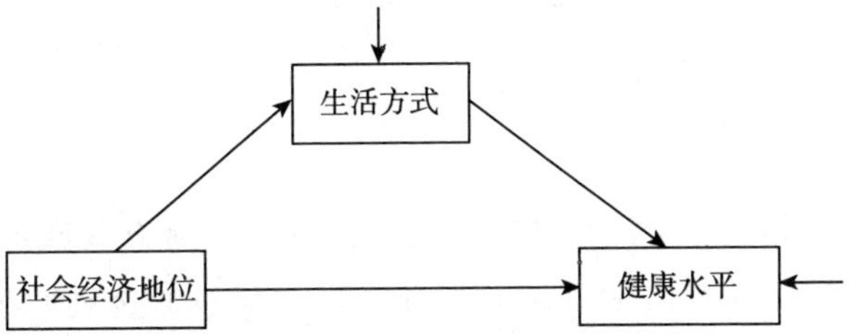

图 1　社会经济地位、生活方式与健康水平之间的因果路径

根据图 1 三因素间的因果关系，本研究提出如下三个基本假设。

假设 1：社会经济地位越高的人，其健康状况越好。

根据社会因果论的基本观点，社会经济地位是影响人们健康状况的最重要的决定因素之一，是健康社会不平等产生的重要原因。这一假设在欧美主要发达国家的健康不平等研究中都得到了数据支持。

假设 2：越是经常发生健康行为（即健康生活方式，这里指有助于产生或维持良好健康状况的行为，如运动、健身等）的人，其健康状况越好；相反，越是不经常发生健康行为或经常发生健康损害行为（如抽烟、饮酒等）的人，其健康状况相较于经常发生健康行为的人要差。

基于多重病原论及社会流行病学对于生活方式的研究，笔者认为，相关健康行为是人们维持健康或产生疾病的最近端的影响因素。

假设 3：社会经济地位通过健康生活方式影响人们的健康水平。具体来说，不同社会经济地位人口的生活方式有明显差异，就与健康相关的生活方式而言，社会经济地位越高的人越倾向于产生和维护有利于健康的生活方式。一方面，社会经济地位越高的人对健康的要求②也越高，产生健康生活方式的动机也越强；另一方面，社会经济地位越高的人越能够支付健康生活方式所需要的经济资本和文化资本。再结合假设 2 的观点，便可形成一

① 图中单向箭头表明一种潜在的因果假设；没有起点的箭头表示所指向的因素还受到其他因素的影响。如生活方式上方的↓表示“生活方式”除了受“社会经济地位”的影响之外，还受到其他因素的制约。

② 在西方生活方式研究中，往往是将其转化为消费方式来研究（高丙中，1998），与此类似，健康在很多学者那里也被作为一种消费品来看待（Cockerham，Abel and Lüschen，1993）。

条社会经济地位通过影响人们健康生活方式（中间机制）来影响人们的健康水平的因果路径。

三　研究设计

（一）分析策略

本研究重点分析社会经济地位如何通过健康生活方式产生健康不平等。本研究将采用逐步回归法来分别研究社会经济地位通过健康生活方式对人们健康水平的影响；再通过 logistic 回归分析方法确定社会经济地位对人们健康生活方式选择的影响。从不同层次检验本研究的三个基本假设。

（二）变量测量

（1）因变量。本研究的因变量是健康状况。在社会流行病学研究中，往往采用医学健康指标①来测量，如死亡率、发病率以及具体疾病（如心脏病、肥胖症、高血压、高胆固醇等）。在社会学研究中，一般采用主观健康评估法（Braveman，2006）。这主要是因为，社会学的研究不在于解决疾病康复问题；另外，尽管主观评估同人们的真实健康状况之间存在一定的偏差，但主观健康评估在很多发达国家和发展中国家仍然被认为是死亡率和其他功能性限制的有效预测指标（Lowry & Xie，2009）。因此，和国外很多研究一样（如 Elstad & Krokstad，2003），在本研究中，健康状况通过人们自己的主观评估来测量。在调查设计中，询问被访者“在上个月，是否因为健康状况而影响到您的日常工作（在家里或家外）”，将回答结果合并为二分类变量，回答“完全没有影响”的，重新编为“健康状况良好”（编码为1）；回答“有很少影响”“有一些影响”“有很大影响”和“不能进行日常工作”的合并为“健康状况较差”（编码为0），对“有很少影响”“有一些影响”没有单独分类，而是归为“健康状况较差”，这是因为这种测量方法属于回忆性测量，受访者对自己的健康状况有一定程度的偏高估计。

（2）自变量。本研究的核心自变量是人们的社会经济地位和健康生活

① 这种测量方法往往在临床测量中采用，在一般性社会调查中难以实现。

方式。[①] 布劳和邓肯根据每一种职业的平均受教育水平和平均收入水平计算出职业的社会经济地位指数（Index of Socio-economic Status，SEI），后来特里曼（Treiman）、甘泽布姆（Ganzeboom）和格拉夫（Graaf）等根据不同国家数据将社会经济地位指数转换成国际标准职业社会经济地位指数（ISEI）。本研究根据他们提供的标准化的职业转换程式[②]，将人们的社会经济地位转换成国际标准职业社会经济地位指数。从测量的结果来看，ISEI 属于连续型变量，取值越大，表明个人的社会经济地位越高。

健康生活方式用人们在业余时间里参加的健身/体育活动来测量，在调查设计中，询问被访者“在业余时间里，您有没有在以下方面参加由您工作单位以外的社团组织（如俱乐部、沙龙、培训班、志愿团体和教会等）安排/进行的（健身/体育）活动”，被访者的参与程度分为 5 个等级，分别是“一周一次”“一周几次”“一月一次”“一年几次”和“从不参加”，在实际分析中，将“一周一次”和“一周几次”合并为“经常参加”健身/体育活动（编码为 1），将“一月一次”“一年几次”和“从不参加”合并为“很少参加”健身/体育活动（编码为 0）。

（3）控制变量。在以往的国外研究中，性别和年龄是常见的控制变量。本研究中，男、女性别分别被编码为 1 和 0；被访者年龄在 18 ~ 70 岁，同时根据年龄和人们健康水平之间的倒 U 形曲线关系，将年龄的平方也作为控制变量。另外，由于中国特殊的城乡差异，城镇劳动力和农村劳动力在社会福利和保障方面存在明显的差异，而这种差异主要由劳动力所在单位的性质决定，体制内和体制外单位在工资水平和社会福利保障等各方面都有明显的差异，而这些差异是影响劳动力健康水平的重要因素，所以本研究将劳动力的单位性质也作为控制变量使用。根据单位性质，将劳动力所在单位划分为三种类型[③]：国有单位（包括党政机关和国有企事业单位）、非国有单位（集体企业、个体经营、外资企业或其他企业）、无单位（主要是指农业劳动者没有挂靠单位）。此外，除了城乡差异之外，中国东部地区、中部地区和西部地区之间的经济发展水平也有较大差距，这导致不同地区的医疗资源配置有明显的差异，因而，本研究根据调查地点将被访者

---

① 在研究社会经济地位对健康生活方式的影响时，健康生活方式将作为因变量。

② 这些程式可以在http://home.fsw.vu.nl/hbg.ganzeboom/isco08/index.htm 下载。

③ 这种划分同时也区分了城乡劳动力的作用。

划分为三个区域①并将调查地点作为控制变量。

（三）数据来源

本研究所采用的数据主要来自2005年中国综合社会调查（CGSS）②，调查采用分层设计、多阶段PPS方法，对全国28个省市自治区的城乡人口总体（18～70岁，不含港澳台及西藏）进行了抽样调查③，调查共获得样本10372个，其中城市样本6098个，农村样本4274个；本研究根据被访者的当前工作状态进行筛选，剔除了“从未工作过”的样本，共获得有效分析样本9185个，有关样本的基本情况见表1。在实际分析中，对数据进行加权处理。

表1　中国综合社会调查（2005）样本数据描述

变量	编码	取值	加权之前 N＝9185	比例（%）	加权之后 N＝9052	比例（%）
性别	0	女	4736	51.6	4681	51.7
	1	男	4449	48.4	4371	48.3
年龄		[18，70]	均值：43.4岁 标准差：12.8岁		均值：43.2岁 标准差：12.6岁	
单位性质	1	国有部门	2847	31.3	2367	26.3
	2	非国有部门	2844	31.2	2707	30.1
	3	无部门	3412	37.5	3917	43.6
区域	1	东部地区	4108	44.7	3574	39.5
	2	中部地区	2682	29.2	2868	31.7
	3	西部地区	2395	26.1	2610	28.8

① 根据1986年六届全国人大四次会议通过的“七五”计划报告、1997年《八届全国人大五次会议关于批准设立重庆直辖市的决定》及国发〔2000〕33号文件等规定，中国东部地区包括北京、天津、河北、辽宁、上海、江苏、浙江、福建、山东、广东、海南11个省（直辖市），中部地区包括山西、吉林、黑龙江、安徽、江西、河南、湖北、湖南8个省，西部地区包括重庆、四川、广西、云南、贵州、西藏、陕西、甘肃、青海、宁夏、内蒙古、新疆12个省（自治区、直辖市）。

② 前文提到中国国家卫生部和美国北卡罗来纳大学人口研究中心联合实施的“中国健康与营养状况调查”专门收集中国居民健康及营养状况的数据，但本研究并未使用该数据，主要原因是在2006年的调查数据中，用于测量人口社会经济地位的职业地位和收入水平的缺失值累加超过样本总量的50%。

③ 具体抽样方案可参考：http://www.cssod.org/index.php。

续表

变量	编码	取值	加权之前 N = 9185	比例（%）	加权之后 N = 9052	比例（%）
社会经济地位指数	ISEI	[16, 90]	均值：33.0 标准差：17.9		均值：31.4 标准差：17.8	
是否经常参加健身/体育活动	1	一周一次	432	4.7	373	4.1
	2	一周几次	800	8.7	684	7.6
	3	一月一次	318	3.5	277	3.1
	4	一年几次	592	6.4	565	6.2
	5	从不参加	7043	76.7	7154	79.0
健康水平	0	健康较差	4056	44.2	4097	45.3
	1	健康良好	5129	55.8	4955	54.7

注：部分变量样本总和与总样本量相差较大是因为存在缺失值。

（四）分析模型

因为本研究的因变量健康水平为二分变量，所以采用二分类变量的logistic回归模型来分析影响因素。估计模型为：

$$\hat{p} = \frac{\exp(b_0 + b_1X_1 + b_2X_2 + \cdots + b_cX_c)}{1 + \exp(b_0 + b_1X_1 + b_2X_2 + \cdots + b_cX_c)}$$

其中，$\hat{p}$ 表示接受健康状况良好的概率，X_1、X_2 分别表示本研究的核心自变量社会经济地位指数和健康生活方式；X_c 表示控制变量（包括性别、年龄、年龄平方、单位性质、地区等）。回归系数表示 $b_i(i = 1,2,\cdots,c)$ 在控制其他变量的情况下，X_i 每改变一个单位，健康状况良好与健康状况较差的优势比将会平均改变 exp（b_i）个单位。在分析生活方式的影响因素时，也采取二分类变量的 logistic 回归模型。

四　数据分析

（一）中国民众健康水平影响因素分析

健康不平等问题研究一直以欧美发达国家为主，对中国的健康不平等问题研究较少，也缺少明确的认识和解释。本研究试图以 2005 年中国综合社会调查（CGSS）数据为基础，根据上述统计模型来描述和解释中国民众的健康不平等问题。本研究建立了三个基本模型，即社会经济地位模型，在基本控制变量的基础上加入社会经济地位变量；生活方式模型，在基本控制变量的基础上加入了健康生活方式变量；联合模型，在基本控制量的基础上，加入了社会经济地位变量和生活方式变量（见表2）。

表2　中国民众健康水平影响因素的逻辑斯蒂回归分析

常数项/变量	社会经济地位模型			生活方式模型			联合模型		
	b	s. e	exp（b）	b	s. e	exp（b）	b	s. e	exp（b）
常数项	1.270***	0.276	3.560	1.313***	0.273	3.718	1.213***	0.277	3.364
性别（女性=0）	0.369***	0.045	1.446	0.371***	0.045	1.449	0.372***	0.046	1.451
年龄	-0.022	0.012	0.978	-0.021	0.012	0.979	-0.019	0.012	0.981
年龄的平方	0.000*	0.000	1.000	0.000*	0.000	1.000	0.000*	0.000	1.000
单位性质（无单位=0）									
国有单位	0.366***	0.078	1.442	0.415***	0.058	1.515	0.315***	0.079	1.371
非国有单位	0.293***	0.076	1.341	0.378***	0.056	1.460	0.277***	0.076	1.319
地区（西部地区=0）									
东部地区	0.003	0.056	1.003	0.014	0.056	1.014	0.004	0.056	1.004
中部地区	0.040	0.058	1.041	0.057	0.058	1.058	0.049	0.058	1.051
社会经济地位（ISEI）	0.004*	0.002	1.004				0.004	0.002	1.004
经常参加健身/体育活动（否=0）				0.261***	0.076	1.298	0.250***	0.076	1.283
-2LL	11391.512			11411.048			11380.678		
Pseudo R^2 (cox and snell)	0.102			0.102			0.103		
Prob > Chi^2	0.000			0.000			0.000		
观察值	9076			9103			9076		

注：†$p<0.10$；* $p<0.05$；** $p<0.01$；*** $p<0.001$，下同。

在三个模型中，各控制变量的显著性差别不大，只是不同模型中变量设置的差异使其参数估计的大小不同。本研究根据社会经济地位模型简要说明不同控制变量对中国人口健康水平的影响作用。从性别方面来看，男性的健康水平明显高于女性，男性健康状况良好的优势是女性的1.446倍

（$=e^{0.369}$），这与国外以往研究的结论（Timms，1998；Cardano et al.，2004）基本相同。年龄方面，没有发现与国外研究相类似的结论，倒U形线性关系没有得到支持，虽然年龄平方具有显著性，但是估计参数非常小，接近0。单位性质对人们健康水平有非常显著的影响。在国有单位和非国有单位工作的劳动力健康状况良好的优势是没有挂靠单位的农业劳动力的1.442倍（$=e^{0.366}$）和1.341倍（$=e^{0.293}$），从各模型的单位性质的参数估计大小来看，国有单位劳动力比非国有单位劳动力的身体健康状况更好，这些都反映了与不同单位性质匹配的各项社会医疗和保障资源等对内部劳动力人口的健康状况的重要影响。东中西部地区人口之间健康水平的差异并不明显，虽然不同地区在经济发展程度和医疗资源配置等方面存在明显的差异，但这些差异主要影响的是该地区总体层次的人口健康水平（如预期寿命①），对个体层面的健康水平并无显著影响。

从社会经济地位对人们的健康水平的影响作用来看，在社会经济地位模型②当中，社会经济地位越高的人，个人健康状况良好的优势越大；具体来说，个人的社会经济地位指数，每增加1个单位，其健康状况良好的优势就增加0.4%。这一结论表明社会因果论对于中国人口健康水平也有较强的解释力。假设1得到支持。

生活方式模型的结果显示，经常参加健身/体育活动的人，相对于不经常参加（一月参加不超过一次）的人，其健康状况良好的优势明显增加，是不经常参加者的1.298倍（$e^{0.261}$）。因而，本研究的假设2得到了数据的支持。健身作为一种健康生活方式，对人们的健康水平有显著影响，而且是最近端的因素。

在联合模型中，由于同时放入了社会经济地位变量和生活方式变量，模型的参数估计、显著性和拟合优度都发生了一定变化。主要表现在社会经济地位变量的参数显著降低（$p>0.05$），生活方式变量的显著性没有变化（参数大小略有降低）。综合两个主要变量模型和联合模型，以及分析的

---

① 根据《中国统计年鉴2010》统计，1990年东中西部地区人口的平均预期寿命依次为71.4、68.0和64.8岁；2000年东中西部地区人口的平均预期寿命依次为74.2、71.4和68.4岁。

② 本模型和王甫勤（2011）的模型核心变量基本一致（职业地位编码有差异），模型的拟合情况也非常接近，但是参数估计的大小及显著性有一定差异。

基本原理，可以认为生活方式是社会经济地位与人们健康水平之间的阐明变量①，即社会经济地位通过生活方式来影响人们的健康水平。

（二）社会经济地位对生活方式的影响作用分析

笔者通过人们健康水平影响因素模型确认了社会经济地位→生活方式→健康水平的因果链条，但是社会经济地位影响人们的生活方式的模式并没有得到检验。为此，本研究继续构建了中国民众是否经常参加健身/体育活动的logistic回归模型（见表3），探讨社会经济地位是如何影响人们生活方式的。

表3 中国民众是否经常参加健身/体育活动的逻辑斯蒂回归分析（CGSS）

常数项/变量	模型		
	b	s. e	exp（b）
常数项	-1.681***	.392	.186
性别（女性=0）	-.076	.070	.927
年龄	-.119***	.017	.888
年龄的平方	.001***	.000	1.001
单位性质（无部门=0）			
国有单位	2.605***	.140	13.527
非国有单位	1.711***	.146	5.536
地区（西部地区=0）			
东部地区	.017	.084	1.017
中部地区	-.434***	.095	.648
社会经济地位指数（ISEI）	.009***	.002	1.009
-2LL	5428.483		
Pseudo R^2（cox and snell）	0.109		
Prob > Chi^2	0.000		
观察值	9076		

表3的统计结果显示，人们是否经常参加健身/体育活动受到多种因素

① 根据统计显著性来判断，我们从可以认为这种阐明是完全阐明，但由于其他控制变量的存在，我们只能认为生活方式变量是多个阐明变量当中的一个。

的影响。年龄同人们是否经常参加健身/体育活动之间呈 U 形曲线关系，呈现两头高、中间低的趋势。国有单位和非国有单位的劳动者相对无挂靠单位的农业劳动者来说，经常参加健身/体育活动的概率显著增加，其优势分别是无挂靠部门劳动者的 13.527 倍（ $=e^{2.605}$ ）和 5.536 倍（ $=e^{1.711}$ ）。不同地区人口在健康生活方式方面有明显差异，主要表现在中部地区人口经常参加健身/体育活动的概率较低，其优势只有西部地区人口的 0.648 倍（ $=e^{-0.434}$ ）。男性和女性的健康生活方式没有明显差异。

社会经济地位对人们是否参加健身/体育活动有显著影响，呈正向相关关系。社会经济地位指数每增加一个单位，人们经常参加各项健身/体育活动的优势相应地增加 0.9%，换句话说，社会经济地位越高的人，越倾向于参加健身/体育活动。一方面，人们经常参加健身/体育活动需要足够的经济支持；另一方面，社会经济地位越高的人，寻求健康生活方式的动机也越强（Cockerham，2010a）。健身/体育活动作为健康生活方式的一种，支持了假设 3 的基本观点，也明确了社会经济地位影响人们健康水平的具体模式。

五　研究结论

社会经济的发展无疑会改善总人口的健康状况（Preston，1975），但是自 20 世纪 80 年代以来，欧美主要发达国家居民的健康状况研究表明，经济发展并不能降低不同社会经济地位人口的健康不平等（Franzini et al.，2001；Wilkinson & Pickett，2008）。社会上层群体在整个社会经济发展过程中，将会获得更大的收益，从而增加不同阶层人口之间的健康梯度。研究者们也普遍同意社会经济地位是人们健康水平的重要影响因素，健康不平等主要由社会不平等型塑。但是，就社会经济地位是如何影响人们的健康水平这一问题，在以往研究中缺乏足够的关注。在社会流行病学中，社会经济地位被当作影响人们健康水平的最远端的因素，与人们健康相关的生活方式和行为因素是影响人们健康水平的最近端的因素。因而，早期社会流行病学研究，一直注重影响人们健康的行为因素，如吸烟、饮酒、安全驾驶、常规体检、锻炼等，忽略了社会结构因素对人们健康水平的影响作用，也没有认识到这些生活方式在不同社会经济地位人口之间的分布形态是不同的。科克汉姆（2010a）根据韦伯和布迪厄对于生活方式的论述，构建了健康生活方式的影响模型，即个人生活方式不仅是个人生活选择的结果，更受到社会结构因素（主要是社会阶层结构、性别/年龄/种族结构、集体行为与生活条件等）的影响，这些社会因素构成了人们的生活方式，在这两层因素的影响下，人们形成了不同的行动倾向——惯习，从而产生一系列健康的生活方式和行为，这些健康行为对人们的健康水平产生直接影响。本研究正是在这一模型的基础上，认为健康生活方式是社会经济地位决定人们健康水平的中间机制之一，即社会经济地位通过影响人们的生活方式来影响其健康水平。

本研究通过2005年中国综合社会调查（CGSS）的数据来分析社会经济地位（通过国际标准职业社会经济地位指数来测量）对人们健康水平（主观评估）的决定作用，探索健康不平等的产生过程。研究发现，欧美国家发现的健康不平等趋势在中国不同社会经济地位的人口中也存在，即社会经济地位较高的人健康状况良好的概率也较高；社会经济地位较低的人健康状况良好的概率也较低。同时，健康生活方式——是否经常参加健身/体育活动——对人们的健康水平也有直接影响，参与健身/体育活动越频繁，其健康状况越好。同时，生活方式在不同社会经济地位人口中的分布形态也有明显差异，社会经济地位越高的人寻求健康生活方式的动机越强，其维持健康生活方式的能力也越强（经济支持），这就为社会经济地位影响人口健康水平提供了解释（阐明）机制。综合来说，根据科克汉姆健康生活方式模型建立起来的社会经济地位改变人们生活方式，进而影响人们健康水平的因果路径能够得到中国经验数据的支持。

如同早期生活方式研究一样（Abel et al.，2000），本研究也只关注了某一种生活方式对人们健康水平的影响，仅以是否经常参加健身/体育活动为标准来衡量人们的健康生活方式明显还存在不足之处。从健康生活方式来看，应当包括一系列相关健康行为的集合——既包括健康促进行为，也包括健康损害行为，由于研究数据本身的限制（本数据没有提供其他健康行为的测量，而CHNS数据在社会经济地位测量方面存在较大比例的缺失值），没有能够检验其他生活方式对健康水平的影响以及其是否可以成为社会经济地位影响健康水平的中间机制，这些不足在未来研究中都需要继续改进。

参考文献

高丙中：《西方生活方式研究的理论发展叙略》，《社会学研究》1998 年第 3 期。

王甫勤：《社会流动有助于降低健康不平等吗?》，《社会学研究》2011 年第 2 期。

马克斯·韦伯：《阶级、地位和政党》，载戴维·格伦斯基《社会分层》（第二版），华夏出版社，2005。

Abel, Thomas, William C. Cockerham and Steffen Niemann, *A Critical Approach to Lifestyle and Health*, in *Researching Health Promotion*, edited by J. Watson and S. Platt (New York: Routledge, 2000), pp. 54 - 77.

Bartley, Mel, *Health Inequality : an Introduction to Theories, Concepts, and Methods* (Cambridge, U. K. : Polity Press in association with Blackwell Publishing Ltd. , 2004).

Black, Douglas, Jerry Morris, Cyril Smith and Peter Townsend, *Inequalities in Health: Report of a Research Working Group* (London: Department of Health and Social Security, 1980).

Blau, Peter M. and Otis Dudley Duncan, *The American Occupational Structure* (New York: the Free Press, 1967).

Bourdieu Pierre, *Distinction: A Social Critique of the Judgment of Taste* (Cambridge: Harvard University Press, 1984).

Braveman, Paula, "Health Disparities and Health Equity: Concepts and Measurement," *Annual Review of Public Health*, 2006, 27 (1): 167 - 194.

Cardano, Mario, Giuseppe Costa and Moreno Demaria, "Social Mobility and Health in the Turin Longitudinal Study," *Social Science and Medicine*, 2004, 58 (8): 1563 - 1574.

Cockerham, William C. , Health Lifestyles: Bringing Structure Back. in *The New Blackwell Companion to Medical Sociology*, edited by W. C. Cockerham (Willey: Blackwell, 2010a).

Cockerham, William C. , *The New Blackwell Companion to Medical Sociology* (Willey: Blackwell, 2010b).

Cockerham, William C. , Thomas Abel and Günther Lüschen, "Max Web, Formal Rationality and Health Lifestyles," *Sociological Quarterly*, 1993, 34 (3): 413 - 425.

Dahl, Espen, "Social Mobility and Health: Cause or Effect?" *British Medical Journal*, 1996, 313 (7055): 435 - 436.

Elstad, Jon Ivar and Steinar Krokstad, "Social Causation, Health-Selective Mobility, and the Reproduction of Socioeconomic Health Inequalities over time: Panel Study of Adult Men," *Social Science and Medicine*, 2003, 57 (8): 1475 - 1489.

Franzini, Luisa, John Ribble and William Spears, "The Effects of Income Inequality and Income Level on Mortality Vary by Population Size in Texas Counties," *Journal of Health and Social Behavior*, 2001, 42 (4): 373 - 387.

Heraclides, A. and E. Brunner, "Social Mobility and Social Accumulation across the Life Course in Relation to Adult Overweight and Obesity: the Whitehall II Study," *Journal of Epidemiology and Community Health*, 2009.

House, James S. , "Understanding Social Factors and Inequalities in Health: 20th Century Progress and 21st Century Prospects." *Journal of Health and Social Behavior*, 2002, 43 (2):

125 - 142.

Lahelma, Eero, "Health and Social Stratification," in *The New Blackwell Companion to Medical Sociology*, edited by W. C. Cockerham (Willey: Blackwell, 2010).

Link, Bruce G. and JoC. Phelan, "Social Conditions as Fundamental Causes of Disease," *Journal of Health and Social Behavior*, 1995, 35 (extra): 80 - 94.

Link, Bruce G. and JoC. Phelan, "Social Conditions as Fundamental Causes of Health Inequalities," in *Handbook of Medical Sociology* (6th edition), edited by C. E. Bird, P. Conrad, A. M. Fremont, and S. Timmermans (Nashville: Vanderbilt University Press, 2010).

Lowry, Deborah and Yu, Xie, *Socioeconomic Status and Health Differentials in China: Convergence or Divergence at Old Ages?* Population Studies Center, University of Michigan, 2009.

Mackenbach, Johan P., Irina Stirbu, Albert-Jan R. Roskam, Maartje M. Schaap, Gwenn Menvielle, Mall Leinsalu and Anton E. Kunst, "Socioeconomic Inequalities in Health in 22 European Countries." *New England Journal of Medicine*, 2008, 358 (23): 2468 - 2481.

Mirowsky, John, Catherine E. Ross and John Reynolds, "Links between Social Status and Health Status," in *Handbook of Medical Sociology* (5th edition), edited by C. Bird, P. Conrad and A. Fremont (Prentice Hall, 2000).

Pickett, Kate and Richard G. Wilkinson, *Health and Inequality* (Routledge, 2009).

Preston, S. H., "The Changing Relation between Mortality and Level of Economic Development," *Population Studies*, 1975, 29 (2): 231 - 248.

Robert, Stephanie A. and James S. House, "Socioeconomic Inequalities in Health: An Enduring Sociological Problem," in *Handbook of Medical Sociology* (5th edition), edited by C. Bird, P. Conrad, and A. Fremont (Prentice Hall, 2000).

Ross, Catherine E. and John Mirowsky, "Why Education is the Key to Socioeconomic Differentials in Health," in *Handbook of Medical Sociology* (5th edition), edited by C. Bird, P. Conrad, and A. Fremont (Prentice Hall, 2000).

Smith, George Davey, Mel Bartley and David Blane, "The Black Report on Socioeconomic Inequalities in Health 10 Years on," *British Medical Journal*, 1990, 301 (6748): 373 - 377.

Timms, Duncan, "Gender, Social Mobility and Psychiatric Diagnoses," *Social Science and Medicine*, 1998, 46 (9): 1235 - 1247.

Warren, John Robert, "Socioeconomic Status and Health across the Life Course: A Test of the Social Causation and Health Selection Hypotheses," *Social Forces*, 2009, 87 (4): 2125 - 2153.

West, Patrick, "Rethinking the Health Selection Explanation for Health Inequalities," *Social Science and Medicine*, 1991, 32 (4): 373 - 384.

Wilkinson, R. G. and K. E. Pickett, "Income Inequality and Socioeconomic Gradients in Mortality," *American Journal of Public Health*, 2008, 98 (4): 699 - 704.

Williams, David R., "Socioeconomic Differentials in Health: A Review and Redirection," *Social Psychology Quarterly*, 1990, 53 (2): 81 - 99.

Winkleby, M. A., D. E. Jatulis, E. Frank and S. P. Fortmann, "Socioeconomic Status and Health: How Education, Income, and Occupation Contribute to Risk Factors for Cardiovascular Disease," *American Journal of Public Health*, 1992, 82 (6): 816 - 820.

Winkleby, Marilyn A., "Stephen P. Fortmann and Donald C. Barrett, Social Class Disparities in Risk Factors for Disease: Eight-year Prevalence Patterns by Level of Education," *Preventive Medicine*, 1990, 19 (1): 1 - 12.

阶层分化、利益得失与民众的改革态度研究*

孙　明

一　问题的提出

中国的改革不仅是经济体制的变革，还是社会结构的深刻变革。30 多年来，中国实现了从传统农业大国到现代工业大国、从计划经济到市场经济、从封闭半封闭到全方位开放的历史性转变，创造了举世瞩目的“中国奇迹”。但是随着改革的深入，分配不公、腐败蔓延、社会矛盾激化等问题使得改革的阻力越来越大。可以说，当前中国的改革已经涉入深水区，面临新的关口。那么，如何顺利推进改革，最终取得全面的成功呢？除了政治体制中高层领导人的战略和执政能力外，改革的推进在很大程度上取决于其社会基础是否广泛和牢固，改革要获得合法性和持续性必须得到民众的支持。

从 20 世纪 90 年代开始，当东欧经历社会转型、拉美和南部非洲地区进行新自由主义市场化改革时，许多研究者和政策制定者对民众的改革态度、利益诉求以及政府支持率等进行了深入的调查，并形成了许多解释态度差异的理论模型（Duch，1993；Przeworski，1996；Stokes，1996；Rodrik，1996；Kaufman & Zuckermann，1998；Bratton & Mattes，2003）。遗憾的是，针对中国民众改革态度的研究非常少。Chhibber 和 Eldersveld 对中国和印度

* 本文原载于《人文杂志》2013 年第 8 期。本研究得到教育部重大攻关项目“我国目前社会阶层状况研究”（08JZD0024）的资助，笔者感谢上海社会科学院潘大渭研究员主持的上海哲社基金项目“中俄社会结构与社会认同比较研究”（2007BSH004）提供的数据。

的改革进行比较研究时发现，中国民众的改革态度取决于地方政治精英（干部）的态度（Chhibber & Eldersveld，2000）。对于其他影响因素，研究者们知之甚少。

在国内，对这一问题的研究寥寥无几。张郧研究了人们对政治体制改革的态度（张郧，1988），但主要是对调查数据的简单描述。其他一些研究者在反思改革时提出“改革停滞”的论点，认为既得利益集团保守不前，利益受损的底层民众对改革丧失了热情，中国改革的继续和深化缺乏社会动力（皖河，2000，2002；卢周来，2001；邓聿文，2002；何清涟，2002，2008）。类似中国改革已死或者改革被利益集团绑架的观点也屡见不鲜，其共性是从改革的利益分化推导出民众对改革的消极态度。这些论点既缺少调查数据的检验，也没有详细阐释内在的机制。

因此本文利用2008年“中俄社会结构与社会认同比较研究”的数据，对民众的改革态度进行描述，反驳改革停滞论的观点。并在已有研究的基础上，提出回顾模式、期望模式、分配模式，来解释民众对改革态度的差异。笔者期望回答以下研究问题：民众对待改革的态度是怎样的？继续深化改革是否有强劲的“社会动力”？不同社会阶层的民众对改革的态度是否有差异？利益的得失、未来的预期和分配的公平感是否对改革的态度有影响？

二　诺斯标准、利益分化与改革停滞论

改革停滞论的基本思路是将中国的改革看作不同社会阶层、社会集团利益分化的过程，每个阶段的体制改革都造就了获益者与受损者，通过对利益分配、冲突的分析，推导出民众对改革的态度。从理论渊源看，改革停滞论引申自基于理性人假定的“诺斯标准”。

新制度经济学家道格拉斯·诺斯认为，“如果预期的净收益超过预期成本，一项制度安排就会被创新”（诺斯，1994）。预期收益等于改革成功的概率与改革回报的乘积，但是不同社会阶层对“预期”的时间界限的理解并不相同。收入较低的社会阶层更看重改革过程中每项即时举措给他们带来的即时成本与即时收益，是否支持改革就取决于改革能否给他们带来即时的净收益（卢周来，2001；李朝晖，2003）。

从诺斯标准出发，研究者对不同阶段的改革特征和利益分化进行了分

析（卢周来，2001；皖河，2002；李朝晖，2003）。1978～1984年，这一阶段的改革是“存量不变”情况下的“增量改革”。在计划经济体制边缘的农村实行土地承包责任制，随后在城市处于边缘地位的人群开始了个体商业活动，中央政府通过农产品收购价的提高和部分放开市场促进“改革增量”的产生。这一阶段的改革基本上是一种帕累托改进，因此受到几乎所有社会成员的支持。1985～1992年，改革的弊端逐步显现。在政治改革停滞的情况下，“放权让利”不仅使行政部门对经济高度介入，干部的权力寻租也愈演愈烈。通过“调放结合”形成的“价格双轨制”，为国有部门的内部人与体制外投机者攫取暴利提供了机会；而农民和普通城市居民利益在通货膨胀中受到损害，人们痛恨腐败并由此形成“改革造成社会不公”的印象。1993年以后改革进入整体推进阶段。市场经济不断发展，土地和资产开始了资本化的浪潮。专业技术阶层和私营企业主阶层都成为市场经济发展的获益者，拥有公权力的行政人员也在市场化过程中获得了巨大的“权力租金”。在“资源资本化”的同时，国有企业的改革也是这一阶段的重要内容，结果曾经在单位制中享受全面福利的国企职工被迫大量下岗，成为收入微薄、缺少保障的利益受损者；而在“抓大放小”的方针下，资源却不断地向垄断性企业倾斜，这些企业的员工成为获益者。农民从80年代中期就逐渐退出了改革的绝对获利者行列，虽然进城务工的收入高于传统农业所得，收入和社会福利的城乡差异却在日趋拉大。

关于民众的改革态度，这些研究者认为，在改革进入攻坚阶段后，改革中的既得利益者（精英阶层），不愿意改变现有的利益分配格局，害怕继续改革会让他们承担改革的成本，触动其既得利益，因而不支持改革；而普通民众尤其是社会底层因为在改革中利益受损，对改革的希望破灭，也看不到继续改革能给自己带来什么好处，他们同样不支持改革。所以，中国的改革很容易陷入停滞的状态（皖河，2000；卢周来，2001；何清涟，2008）。

改革停滞论对不同阶段改革的特征和利益分化的分析是具有启发意义的，但是关于民众对改革态度的分析尤其是民众不支持改革的结论，笔者并不认同。改革停滞论的理论出发点是理性人假设，然而对利益得失与改革态度之间的关系并没有进行充分的论述。其实二者之间的关系非常复杂，既得利益者可能为了巩固和扩大自己的利益坚定地支持改革。利益受损者也有可能寄希望于未来的改善而忍受过去和当前的损失，认为这是改革必须付出的代价，或者将损失和问题归因于改革不彻底，支持继续改革来走出困境。因此，从个人利益出发并不能简单地得出民众反对改革的结论，需要对二者的关系进行更全面的探讨。而且，改革停滞论及其他关于民众对改革态度的观点都缺少数据的支持，中国民众对继续改革的态度是怎样的？不同社会阶层、群体的改革态度是否存在差异？对这些问题的回答既依赖新的理论工具，也需要新的社会调查数据。

三　利益权衡的三种模式及研究假设

（一）回顾模式（retrospective pattern）

回顾模式指的是，当人们考虑是否支持改革时，主要根据当前的处境以及在过去改革中的利益得失，而不关注未来的成本和收益。阶层地位、受教育程度及收入的高低都会深刻影响人们对改革的态度。对那些低收入、少教育、缺技术的人而言，改革引起的通货膨胀、失业、物价上涨等问题时常损害他们的生活福利并减少工作机会，他们倾向于反对改革。甚至在穷人的眼里，所谓的经济自由化改革不过是一个幌子，改革的实质是形成一个有利于富人的分配机制（Stokes，1996）。而中产阶层和富人则拥有更多的积蓄和其他资源，能够渡过改革的艰难时期。更为重要的是，富人、专业技术人员以及其他中产阶层会从改革中获益，所以他们支持经济改革（Stokes，1996；Przeworski，1996）。已有的研究发现，在东欧和南美，作为改革成本承担者的社会底层对经济改革的反应最消极（Buendia，1996；Przeworski，1996；Roberts & Arce，1998；Stokes，1996），在非洲南部国家，贫穷削弱了自由经济的价值观，限制了对改革政策的支持（Bratton & Mattes，2003）。可以说，人们是否支持改革，其背后有着深刻的阶级基础，不同社会经济地位的人对待改革的态度是不一样的。改革停滞论虽然从利益分化出发，却忽视了这一点。

中国的改革开启之后，在国家和市场的双重作用下社会阶层结构发生了较大的变化（陆学艺，2002；刘欣，2007）。笔者认为随着市场化改革的整体推进，占有经济资本的私营企业主阶层、握有权力资本的官员以及人力资本（文化资本）丰富的专业技术阶层和管理者阶层成为改革的获益者；而单纯依靠体力的工人和农民则更多地承担了改革的成本，利益受到损害。

依据回顾模式，利益获益者与受损者对改革的态度应该是不同的，笔者在此提出：

假设1a：社会阶层地位越高的人，越支持继续改革；

假设1b：认为自己在改革中获益的人，更加支持继续改革；

假设1c：收入越高的人，越支持继续改革；

假设1d：受教育程度越高的人，越支持继续改革。

（二）期望模式（prospective pattern）

期望模式指的是，人们对改革的态度取决于对未来的预期。对未来的经济形势和个人的收益越乐观，越可能支持继续改革（Stokes，1996）。一项对墨西哥的研究也表明，期望模式是改革获得支持的关键（Kaufman & Zuckermann，1998）。与回顾模式相比，期望模式关注的不仅仅是未来的利益得失，而且它能更好地解释为什么那些利益受损的人、对现实不满的人会支持继续改革。根据人们对利益受损或社会问题的归因不同，背后又有两种不同的社会心理机制起作用。

（1）人们忍受改革带来的经济恶化和利益损失，相信这是改革的必经阶段、必须付出的代价，而在未来一切将得到改善，甚至认为改革的代价越沉重，未来越繁荣（Stokes，1996）。

（2）人们认为改革是解决当前问题的良药。经济恶化和利益损失并不是改革的后果，罪魁祸首是顽固的传统因素，只有深化改革未来才有出路。在一些发展中国家和后共产主义国家（post-communist countries），人们相信当改革启动以后，固有的经济体制和旧制度的捍卫者会阻碍改革，这些是经济衰退、通货膨胀以及失业的原因，只有支持继续改革才能战胜旧势力（Stokes，1996；Przeworski，1996）。以苏联为例，当戈尔巴乔夫的经济改革收效甚微时，人们将宏观经济的问题都归因于计划经济体制，而支持自由市场经济体制（Duch，1993）。在我国，将改革看作解决当前问题的良药，也是支持改革的有力理由。正如吴敬琏所说："目前我国存在的种种社会弊病和偏差，从根本上说，是源于经济改革没有完全到位，政治改革严重滞后……扩大成就和克服缺陷的道路，在于推进改革和建设法治的市场经济。"（吴敬琏，2010）

综上所述，无论是将社会问题视作改革的成本，还是把改革看成解决问题的良药，人们在权衡利益时，不会仅仅依据过去的得失，还会将未来的预期收益纳入理性计算的范畴。我们有理由相信，对改革前景和个人发展越乐观的人越支持改革。笔者在此提出：

假设 2：预计未来生活越好的人，越支持继续改革。

（三）分配模式（distributive pattern）

分配模式指的是，改革态度受到分配公平感（distributive perception）的影响。分配公平感是指，人们依据某种正义原则，经过复杂的比较过程，在微观和宏观两个层次，对个人收入或社会分配的正当性做出判断（孙明，2009；李骏、吴晓刚，2012）。与回顾模式和期望模式相比，分配模式强调的是，人们对改革中利益得失的评估不完全是绝对的、客观的，而是充满了相对性和主观性。例如，某人在改革后收入提高并预期未来也会有所改善，但与其他人相比却产生了相对剥夺感（relative deprivation）。当他（她）认为自己没有得到公平合理的收入时，对待改革的态度可能很消极。在宏观层次，即使改革促进了社会经济的发展、整体福利的提高，但人们认为改革的收益和成本在不同群体、不同阶层间分布不合理，这种社会分配的不公平感也会降低人们对改革的支持力度。

我国的改革开启后，分配的原则是“效率优先、兼顾公平”。它打破了“不一样的人，一样的报酬”这一平均主义的分配方式，让收入差距反映贡献的差别，极大地激发了劳动者的工作积极性。但是，随着时间的推移，收入的差距渐渐超过了合理的范围，尤其是政府没有及时建立起完善的社会保障体系对社会底层进行补偿和托底，而不受约束的公权力却深度介入经济活动，掀起了寻租、设租的高潮。权钱交易导致的分配不平等，成为民众眼中分配不公平的主要来源，极大地损害了改革的声誉（姚洋，2004；张维迎，2008）。人们表达不满的同时，很容易将分配的不公平归咎于市场化的改革，进而影响他们对改革的态度。因此，笔者从分配公平的角度提出：

假设 3a：认为个人收入越公平的人，越支持继续改革；

假设 3b：认为社会整体分配越公平的人，越支持继续改革。

四　研究设计

（一）数据

本研究所用数据来自 2008 年“中俄社会结构与社会认同比较研究”，

采用分层的多阶段概率比例抽样，总计抽取上海11个中心城区中的74个居委会，在居委会内根据家庭住户名单等距抽取家户，入户后根据Kish表确定访问对象。最终完成有效问卷1604份，去掉存在缺失值和不合理答案的样本后，最终用于模型拟合的样本量是1435份。数据中没有分层、初级抽样单位（psu）和权重的信息，只有居委会的编码，因此笔者无法使用调查估计来避免标准误的低估，只能调整居委会层面的聚群效应，以得到稳健的标准误。此外，被访者被抽中的概率受到家庭户规模的影响①，需要通过加权来进行修正。但数据中只有家庭人口数量（含部分不符合访问条件的成员），笔者只能近似地对数据进行加权。

（二）变量

因变量是改革态度。问卷询问被访者："您对今后中国继续改革持什么态度?"笔者将支持继续改革编码为1，将"改革已到位，不必继续"、难以回答、无作答进行合并，编码为0。需要说明的是，Berinsky和Tucker曾详细分析了那些不作答的被访者，发现他们与作答的人相比更倾向于反对改革（Berinsky & Tucker，2006），因此笔者将无明确答案的人与反对改革的人合并。

自变量包括：（1）改革中的利益得失。问卷询问被访者："总体来讲，您觉得自己在这场改革中是获利还是利益受到损害?"①利益受损，笔者将"利益受到损害"和"利益受到一些损害"合并；②得失持平，包括"有得有失，总体持平"以及"难以回答"；③获益，包括"获得很大利益"和"获得一些利益"。

（2）阶层。问卷询问被访者当前和最近的职业，采用1988年国际标准职业分类（ISCO88）进行编码，笔者以此为依据生成Goldthorpe等人提出的十一分类职业阶层框架（EGP）②（Erikson et al.，1983），再合并为四个阶层：①上层阶级（I和II），包括官员、企业管理者、专家和高级技术人员；②职员阶层（IIIa和IIIb），包括行政和商业机构的非体力雇员等；③小资产者阶层（IVa和IVb），包括个体户和雇工的小业主；④工农阶层（V、VI、VIIa、VIIb），包括低级技工、体力工人的监工（manual supervi-

① 准确地说，是家庭中18～65岁的上海户籍人口或居住半年以上的外来人口的数量。

② 关于ISCO88转换EGP的职业阶层框架，笔者借鉴的是Ganzeboom的方法，这一工作得到了刘欣教授和马磊博士的帮助，特此感谢。详细内容参见：http://home.fsw.vu.nl/hbg.ganzeboom/pisa/index.htm。

sor)、不同熟练程度的体力工人以及农业劳动者。[①]

(3) 收入。采用的是 2007 年被访者全年的个人总收入，包括工资性、经营性、财产性、保障性和馈赠收入，并对其取自然对数。

(4) 受教育程度。①初中及以下；②高中，包括中专、职校、职业高中、普通高中；③大专；④大学本科及以上。

(5) 对未来的预期。笔者采用的问题是："五年后，如果您还在上海，您的经济状况会处在什么位置?" 答案是 1~10，从"最差"到"最好"。笔者将其再编码为一个定序变量：①下层，包含 1~3；②中层，包含 4~7；③上层，包括 8~10。

(6) 微观分配公平感。笔者使用的问题是"考虑到您的教育背景、工作能力、资历等各方面因素，您认为自己目前的收入是否合理?" 答案是 1~5，从"很不合理"到"很合理"。由于"很合理"这一选项的比例很低，笔者将其与 4 合并，再编码得到一个定序变量：①很不合理；②不合理；③一般；④合理及很合理。

(7) 宏观分配公平感。问卷询问被访者："总的来看，您认为目前我们这个社会的收入分配是否公平?" 该变量的操作化与微观分配公平感类似：①很不公平；②不公平；③一般；④公平及很公平。

控制变量包括：性别（男 =1）、年龄、政治面貌（党员 =1）和工作状态。其中工作状态的编码是：①退休和离休；②有工作；③没工作；④其他。

(三) 模型

笔者采用二分逻辑斯蒂（binary logistic）回归模型，方程如下：

$$\ln\left(\frac{p_i}{1-p_i}\right) = \alpha + \beta x + \gamma c + \varepsilon_i$$

其中，p_i为支持继续改革的概率；x 是自变量矩阵，包括阶层、阶层认知、对利益得失的评价、收入、受教育程度、对未来的预期、微观分配公平感和宏观分配公平感；c 是控制变量矩阵，包括性别、年龄、政治面貌和工作状态；α 是截距；β、γ 是回归系数向量，衡量了预测变量对因变量的效应；ε_i为残差项。

---

① 有效样本中农业劳动者非常少，只有 11 个（0.77%）。

五　统计结果及分析

（一）描述性分析

表 1　主要变量以及对改革态度的分组描述统计（N = 1435）

变　量	频次	百分比（%）	样本分组	支持继续改革的比例（%）
对改革的态度			阶层	
支持继续改革	1137	79.23	上层阶级	82.65
不支持	298	20.77	职员阶层	83.50
阶层			小资产者阶层	65.00
上层阶级	438	30.52	工农阶层	74.41
职员阶层	406	28.29	改革中的利益得失	
小资产者阶层	40	2.79	利益受损	75.31
工农阶层	551	38.40	得失持平	73.46
改革中的利益得失			获益	88.93
利益受损	320	22.30	受教育程度	
得失持平	618	43.07	初中及以下	71.21
获益	497	34.63	高中	79.41
受教育程度			大专	89.89
初中及以下	521	36.31	本科及以上	93.24
高中	578	40.28	性别	
大专	188	13.10	女	77.18
大学本科及以上	148	10.31	男	82.11
对未来的预期			工作状态	
下层	466	32.47	退休和离休	76.05
中层	863	60.14	有工作	83.38
上层	106	7.39	没工作	72.83
个人收入是否合理			其他	69.05
很不合理	324	22.58	政治面貌	
不合理	398	27.74	非党员	78.53
一般	483	33.66	党员	83.67

续表

变　量	频次	百分比（%）	样本分组	支持继续改革的比例（%）
合理及很合理	230	16.03	年龄段（岁）	
社会收入分配是否公平			18～30	84.88
很不公平	520	36.24	31～40	82.35
不公平	491	34.22	41～50	76.73
一般	331	23.07	51～60	75.89
公平及很公平	93	6.48	61～65	77.78
性别			年收入（元）	
女	837	58.33	5000元及以下	79.17
男	598	41.67	5001～10000元	73.53
工作状态			10001～20000元	73.10
退休和离休	597	41.60	20001～30000元	83.09
有工作	704	49.06	30001～40000元	84.38
没工作	92	6.41	40001～50000元	88.57
其他	42	2.93	50001～60000元	94.44
政治面貌			60000元及以上	97.65
非党员	1239	86.34	社会收入分配是否公平	
党员	196	13.66	很不公平	74.04
	均值	标准差	不公平	80.65
年龄	47.85	12.20	一般	83.08
年收入	30082.01元	56764.38	公平	87.10

注：年收入分段的分界点主要参考2008年上海市城镇居民最低生活标准400元/月、最低工资标准840元/月。

表1左栏展示了变量的描述性统计。我们可以看到有效样本中高达79.23%的被访者支持继续改革。这说明民众对是否继续改革这一问题基本存在共识，希望中国的改革能够不断地深入。在表1的右栏，笔者根据阶层、改革利益的得失、受教育程度、政治面貌、年龄段、年收入等变量对样本进行不同的分组，再细致地考察人们对改革的态度。结果，无论在哪一个社会群体中，支持继续改革的比例都超过了60%，大多在70%以上。认为自己在改革中获益的被访者有88.93%支持改革，即使认为自己的利益在改革中受损，也有75.31%的人支持改革；受教育程度最低的组中，有71.21%的被访者支

持继续改革，而拥有大学本科及以上学历的群体中，93.24%的人支持改革；在年收入5000元及以下的组中，支持改革的比例是79.17%，而在年收入最高的组中这一比例高达97.65%。表1的描述性统计结果反驳了改革停滞论的观点，说明民众对改革的支持度很高，而不是消极和反对。

除了对改革态度的描述性统计外，本文的重点是对民众改革态度的差异进行解释。通过对表1右栏不同组的比较，我们可以初步地观察到，阶层、年收入、受教育程度越高的被访者越支持改革，获益者比利益受损者更支持改革，年轻人对改革的态度比老年人更加积极。下文笔者将展示多元回归分析的统计结果，围绕回顾模式、期望模式和分配模式，检验一系列假设，尝试对民众改革态度的差异进行解释。

（二）多元回归分析

表2　回顾模式与期望模式的二分逻辑斯蒂回归模型

变量	模型1	模型2	模型3	模型4	模型5	模型6
性别（男=1）	0.25 (0.19)	0.33 (0.20)	0.39† (0.21)	0.34† (0.21)	0.29 (0.21)	0.37† (0.21)
年龄	−0.02** (0.01)	−0.02** (0.01)	−0.02** (0.01)	−0.02* (0.01)	−0.01 (0.01)	−0.00 (0.01)
工作状态（参照组：退休和离休）						
有工作	0.02 (0.22)	−0.03 (0.23)	−0.15 (0.23)	−0.19 (0.23)	−0.20 (0.23)	−0.24 (0.24)
没工作	−0.32 (0.31)	−0.27 (0.32)	−0.26 (0.34)	0.02 (0.35)	0.03 (0.36)	−0.16 (0.37)
其他	−0.88* (0.39)	−0.78† (0.41)	−0.81† (0.43)	−0.67 (0.46)	−0.66 (0.47)	−0.79† (0.47)
政治面貌（党员=1）	0.56* (0.25)	0.44† (0.25)	0.38 (0.24)	0.32 (0.23)	0.12 (0.23)	0.13 (0.23)
阶层（参照组：工农阶层）						
上层阶级		0.32† (0.17)	0.20 (0.18)	0.11 (0.18)	−0.18 (0.19)	−0.24 (0.19)
职员阶层		0.46* (0.20)	0.45* (0.20)	0.45* (0.20)	0.30 (0.20)	0.32 (0.20)
小资产者阶层		−0.75* (0.33)	−0.90** (0.34)	−0.94** (0.34)	−0.86** (0.33)	−0.79* (0.34)
改革中的利益得失（参照组：利益受损）						
得失持平			−0.25 (0.17)	−0.37* (0.17)	−0.39* (0.17)	−0.55** (0.19)

续表

变量	模型 1	模型 2	模型 3	模型 4	模型 5	模型 6
获益			0.75** (0.27)	0.55* (0.27)	0.51† (0.27)	0.23 (0.28)
年收入（自然对数）				0.47*** (0.13)	0.42** (0.13)	0.25† (0.14)
受教育程度（参照组：初中及以下）						
高中					0.32* (0.15)	0.21 (0.14)
大专					0.95** (0.30)	0.86** (0.30)
大学本科及以上					1.41*** (0.42)	1.31** (0.40)
对未来的预期（参照组：下层）						
中层						0.88*** (0.25)
上层						1.48** (0.49)
常数项	2.37*** (0.44)	2.15*** (0.44)	2.17*** (0.49)	-2.61† (1.44)	-2.72† (1.50)	-1.44 (1.52)
Wald 卡方值	26.23***	41.98***	60.93***	82.39***	112.69***	120.88***
N	1435	1435	1435	1435	1435	1435

注：括号中是调整了居委会层面聚群效应后的稳健标准误；数据经过加权处理；†$p<0.1$，$*p<0.05$，$**p<0.01$，$***p<0.001$（双尾检验）。

（1）回顾模式的假设检验。表 2 中的模型 1 是只有控制变量的基准模型。模型 2 中笔者加入了阶层变量，统计结果表明，上层阶级支持改革的优势比（odds ratio）是工农阶层的 1.38 倍（$e^{0.32}$），职员阶层支持改革的优势比则是工农阶层的 1.58 倍（$e^{0.46}$），小资产者阶层支持改革的优势比却只是工农阶层的 47%（$e^{-0.75}$），均具有统计显著性。假设 1a 部分得到了资料支持，地位最高的两个阶层都比工农阶层更加支持改革。

在模型 3 中，笔者加入了被访者对改革中利益得失的评价，结果在改革中获益的人支持改革的优势比是利益受损者的 2.12 倍，且具有较高的统计显著性（$p<0.01$），假设 1b 得到资料的支持。同时，我们发现加入这一变量之后，上层阶级与工农阶层之间对于改革态度的差异消失了（$p>0.1$）。笔者认为上层阶级更加支持改革，主要是因为他们在改革中获得了好处，这背后是经济理性的逻辑。在模型 4 中，笔者继续加入了年收入变量，年收入越高的人越支持改革。年收入每增加一个单位，支持改革的优势比提高

60%（$e^{0.47}-1$），假设1c得到资料的支持。

在模型5中，笔者加入受教育程度变量，结果清晰地显示受教育程度越高的人越支持继续改革。以“初中及以下”作为参照组，受教育程度是高中、大专、大学本科及以上的人支持改革的优势比分别是参照组的1.38倍（$e^{0.32}$）、2.59倍（$e^{0.95}$）和4.1倍（$e^{1.41}$），且都具有统计显著性，假设1d得到资料很好的支持。

模型1至模型5的统计结果基本支持了假设1，回顾模式能够解释人们对于改革态度的差异。具有经济理性的民众是否支持继续改革一定程度上取决于他们在改革中的利益得失。此外，笔者还发现了一些与理论预期不一致的统计结果，这值得进一步探讨。

首先，对改革最支持的并非获益最大的上层阶级，而是职员阶层（包括行政和商业机构的非体力雇员）。在模型4中控制了“改革获益”和收入变量，虽然解释了一部分差异，但职员阶层支持改革的优势比依然是工农阶层的1.57倍（$e^{0.45}$），这说明职员阶层对改革的热情并不完全来自利益，理性人的逻辑无法很好地进行解释。而当笔者在模型5中控制了受教育程度之后，职员阶层与工农阶层的差异不具有统计显著性了（$p>0.1$）。对此笔者大胆推测，受教育程度更高不仅意味着在改革中有更多的报酬和机会，而且受教育程度更高的人能够掌握更全面的信息，对改革的积极作用有更清晰的判断，从而超越了“利益的短视”，更加支持改革。

其次，对改革态度最消极的并不是工农阶层，而是小资产者阶层（主要由个体户和小业主构成）。从模型1到模型5，它的回归系数都是负的，且都具有统计显著性。笔者猜测，在改革初期，该阶层作为市场经济的先行者是最先获利的阶层之一，然而随着市场经济体制的全面推进，他们逐渐丧失了优势，生存环境也逐渐变得艰难，所以对改革有失望的情绪；同时，他们的处境比工农阶层稍好，不会像最底层那样把改善的希望完全寄托在改革上。因此，小资产者阶层在改革中成为态度最保守的一个阶层。

（2）期望模式的假设检验。因为对未来的预期受到当前社会经济地位的影响，表2的模型6中笔者控制了阶层、收入、利益得失等一系列变量，结果发现认为自己五年后处于社会中层和上层的人，支持改革的优势比分别是底层的2.41倍（$e^{0.88}$）和4.39倍（$e^{1.48}$），且都具有较高的统计显著性，假设2得到数据的支持。

（3）分配模式的假设检验。表3中的模型1表明，与那些认为社会收入分配很不公平的人相比，认为不公平、一般和公平的人对改革的态度并没有显著差异（$p>0.1$），假设3a并没有得到数据的支持。在模型2中，笔者加入了微观分配公平感变量，结果表明，认为自己收入合理的人支持改革的优势比是那些认为很不合理的人的1.95倍（$e^{0.67}$），且具有统计显著性，假设3b得到资料的支持。在模型3中，笔者控制了收入变量，结果发现微观分配公平感与改革态度的关系消失了（$p>0.1$）。笔者认为，虽然分配公平的判断依据一系列正义原则，但不可否认它与个人的实际分配结果有着强相关。正如分配公平研究中的自利理论认为，人们的公平判断充满利己动机，分配结果对自己越有利会被认为越公平（Greenberg，1990；Sears & Funk，1991）；而一个人越是穷困、基本需求越是得不到满足，与他人相比时产生的相对剥夺感就越强烈（Bratton & Mattes，2003）。因此，微观分配公平感对改革态度的效应被收入变量解释了。

表3　分配模式的二分逻辑斯蒂回归模型

变量	模型1	模型2	模型3
性别（男=1）	0.24（0.19）	0.24（0.19）	0.20（0.19）
年龄	-0.02**（0.01）	-0.02*（0.01）	-0.01（0.01）
工作状态（参照组：退休/离休）			
有工作	-0.01（0.22）	-0.02（0.22）	-0.06（0.22）
没工作	-0.28（0.31）	-0.25（0.31）	0.04（0.34）
其他	-0.92*（0.39）	-0.92*（0.40）	-0.74（0.42）
政治面貌（党员=1）	0.55*（0.25）	0.53*（0.25）	0.43（0.25）
社会收入分配是否公平(参照组：很不公平)			
不公平	0.30（0.22）	0.24（0.19）	0.26（0.19）
一般	0.36（0.26）	0.20（0.23）	0.17（0.23）
公平	0.57（0.59）	0.26（0.55）	0.18（0.55）
个人收入是否合理（参照组：很不合理）			
不合理		0.08（0.20）	-0.01（0.21）
一般		0.12（0.23）	-0.05（0.23）
合理		0.67*（0.32）	0.39（0.34）
年收入（自然对数）			0.46***（0.13）
常数项	2.07***（0.46）	1.94***（0.48）	-2.73（1.40）
Wald 卡方值	29.44***	36.59***	57.11***
N	1435	1435	1435

注：括号中为标准误；†$p<0.1$，* $p<0.05$，** $p<0.01$，*** $p<0.001$。

六 研究结论及不足之处

本文对不同阶层、社会群体的改革态度进行了描述性分析，反驳了改革停滞论的观点，并围绕民众的利益权衡，提出回顾模式、期望模式和分配模式，尝试对改革态度的差异进行解释。

本文研究发现，虽然不同阶层、不同的社会群体对继续改革的态度有些差异，但支持率普遍较高，并非改革停滞论所认为的：既得利益者保守不前、改革中利益受损者幻想破灭，他们都反对改革。本文的研究结果恰恰说明，坚定不移地推进改革具有广泛的社会共识，中国民众期望改革、支持改革，维持现状或走回头路的人只是少数。民众的普遍支持构成了改革深厚的社会基础，将是改革不断深化的社会动力。

本文另一个研究重点是对民众改革态度的差异进行解释。研究发现，过去或当前的利益得失确实影响着人们对改革的态度。那些认为自己在改革中获益的人比利益受损者更加支持改革；收入越高、受教育程度越高的人越支持改革。与工农阶层相比，上层阶级和职员阶层都更加支持改革。上层阶级支持主要因为他们是获利者，而职员阶层除了利益因素，还因为教育的效应。改革态度最保守的是个体户和小业主组成的小资产者阶层，笔者猜测，对改革的失望以及前景的不确定，使他们倾向于维持现状。虽然社会阶层与改革态度之间的关系比较复杂，存在与理论假设并不完全一致的发现，但回顾模式的解释力基本得到统计结果的支持。

此外，研究还发现对未来越乐观的人越支持改革，期望模式也具有较好的解释力。这启示我们，唤起民众对改革未来的希望和信心，是赢得支持、克服阻力的关键。分配模式的研究假设没有得到资料的支持，尤其是宏观分配公平感的假设。但笔者认为这并不意味着宏观分配公平感与改革态度没有关系，也许认为公平的人希望通过改革的深入来巩固分配制度中合理的部分，而认为不公平的人则将改革视作解决分配问题的良药，也支持继续改革。虽然存在两种不同的心理机制，但结果殊途同归。

最后，作为一种尝试和探索，本文依然存在许多不足之处。中国的改革涉及多个领域，意涵非常丰富，但是由于资料的限制，笔者无法对经济、政治、社会保障等不同领域的改革进行区分，进而考察民众对改革的态度；也无法对阶层框架做更细致的划分，关于私营企业主等具体阶层对改革的态度和利益诉求，笔者难以进行深入的分析。此外，由于缺少中介变量，笔者不能完全解释社会阶层与改革态度之间的复杂关系，只能对中间机制进行大胆的猜想。希望将来有更好的资料，能够对民众改革态度进行更细致的分析，并从政治、文化观念、媒介接触等多个维度来对改革态度的差异做更加全面的解释。

参考文献

邓聿文:《当前改革的危险是什么?》,《商务周刊》2002 年第 20 期。

何清涟:《中国改革的得与失》,《当代中国研究》2002 年第 1 期。

——:《改革 30 年: 国家能力的畸形发展及其后果》,《当代中国研究》2008 年第 4 期。

李朝晖:《中国改革 25 年: 谁分享其利?》,《当代中国研究》2003 年第 4 期。

李骏、吴晓刚:《收入不平等与公平分配: 对转型时期中国城镇居民公平观的一项实证分析》,《中国社会科学》2012 年第 3 期。

刘欣:《中国城市的阶层结构与中产阶层的定位》,《社会学研究》2007 年第 6 期。

卢周来:《改革进程中的利益分配》,《战略与管理》2001 年第 2 期。

陆学艺:《当代中国社会阶层研究报告》, 社会科学文献出版社, 2002。

诺斯:《历时经济绩效》, 胡家勇译,《经济译文》1994 年第 6 期。

孙明:《市场转型与民众的分配公平观》,《社会学研究》2009 年第 3 期。

皖河:《腐败中的转型将产生什么样的制度? 兼评腐败有理论和腐败有利论》,《当代中国研究》2000 年第 3 期。

——:《利益集团、改革路径与合法性问题》,《战略与管理》2002 年第 2 期。

吴敬琏:《论中国改革的市场经济方向》,《中国市场》2010 年第 11 期。

姚洋主编《转轨中国——审视社会公正和平等》, 中国人民大学出版社, 2004。

张维迎主编《中国改革 30 年——10 位经济学家的思考》, 上海人民出版社, 2008。

张郧:《政治体制改革与人们的社会态度倾向》,《社会学研究》1988 年第 1 期。

Berinsky, Adam J. & Joshua A. Tucker, "'Don't Knows and Public Opinion towards Economic Reform: Evidence from Russia," *Communist and Post-communist Studies*, 2006, 39 (1): 73 - 99.

Bratton, Michael & Robert Mattes, "Support for Economic Reform? Popular Attitudes in Southern Africa," *World Development*, 2003, 31 (2): 303 - 323.

Buendia, Jorge, "Economic Reform, Public Opinion and Presidential Approval in Mexico, 1988 - 1993," *Comparative Political Studies*, 1996, 29 (5): 566 - 591.

Chhibber, Pradeep & Samuel Eldersveld, "Local Elites and Popular Support for Economic Reform in China and India," *Comparative Political Studies*, 2000, 33 (3): 350 - 373.

Duch, Raymond M., "Tolerating Economic Reform: Popular Support for Transition to a

Free Market in the Former Soviet Union," *The American Political Science Review* , 1993, 87 (3): 590 - 608.

Erikson, Robert, John H. Goldthorpe & Lucienne Portocarero, "Intergenerational Class Mobility and the Convergence Thesis: England, France and Sweden," *The British Journal of Sociology*, 1983, 34.

Greenberg, J., "Employee Theft as a Reaction to Underpayment Inequity: The Hidden Cost of Pay Cuts," *Journal of Applied Psychology* , 1990, 75 (5): 561 - 568.

Kaufman, Robert R. & Leo Zuckermann, "Attitudes toward Economic Reform in Mexico: The Role of Political Orientations," *American Political Science Review*, 1998, 92 (2): 359 - 375.

Przeworski, Adam, "Public Support for Economic Reforms in Poland," *Comparative Political Studies*, 1996, 29 (5): 520 - 543.

Roberts, Kenneth M. & Moisés Arce, "Neoliberalism and Lower-Class Voting Behavior in Peru," *Comparative Political Studies*, 1998, 31 (2): 217 - 246.

Rodrik, Dani, "Understanding Economic Policy Reform," *Journal of Economic Literature*, 1996, 34 (1): 9 - 41.

Sears, David O. & Carolyn L. Funk, "The Role of Self-interest in Social and Political Attitudes," *Advances in Experimental Social Psychology* , 1991, 24: 1 - 91.

Stokes, Susan C., "Public Opinion and Market Reforms: The Limits of Economic Voting," *Comparative Political Studies*, 1996, 29 (5): 499 - 519.

市场转型与民众的分配公平观*

孙　明

中国的经济变革摒弃了计划经济体制下的“低水平、平均化”的工资制度。市场制度的完善，使收入分配方式和分配结果都发生了显著的变化。不断扩大的收入差距引起了社会的普遍关注，收入公平成了热门话题。但已有的研究对民众的分配公平观如何，人们分配公平观产生差异的原因是什么，并未予以足够的重视。对分配公平观的研究，有规范性研究和经验性研究两种基本取向。规范性研究强调从终极的伦理准则出发对“公平”的本质进行探讨，提出一些对社会公平进行分类和判断的抽象原则。有关研究成果体现在政治哲学的诸多著述中，其历史可以追溯到柏拉图和亚里士多德的有关论述，近几十年较具影响力的是罗尔斯（John Rawls）的分配公平论、诺兹克（Robert Nozick）与德沃金（Ronald Dworkin）的权利正义论、森（Amartya Sen）的能力平等论等。分配公平观的经验性研究则关注民众的分配公平观，即人们认为何种分配是公平或者不公平的，以及人们判断分配是否公平所依据的原则是什么。本文沿着社会公平观的经验性研究路径，将当前中国民众的分配公平观置于市场转型的背景中进行考察，以2005年中国综合社会调查资料（CGSS）① 的数据为依据，探讨宏观分配制度和个人理性因素对民众分配公平观的影响，揭示民众分配公平观产生

* 本文原载于《社会学研究》2009年第3期。本研究得到了国家社科基金项目（06BSH049）及“上海市浦江人才支持计划”的资助。笔者感谢复旦大学社会学系刘欣教授在本文写作中给予的指导和帮助。本文初稿曾在“巨变30年：中国改革开放的社会影响”学术研讨会上宣读，笔者感谢丘海雄、张宛丽、李煜、陆康强等学者的评论和提问。文责自负。

① 2005年中国综合社会调查（CGSS）是由中国人民大学社会学系和香港科技大学社会学部合作主持的全国城乡范围内的随机抽样问卷调查。有关信息可查看网站：http://www.Chinagss.org。

差异的原因。

一 平等与公平

“平等”与“公平”是两个不同的概念。前者与不平等相对，所描述的是社会资源分配的客观状况；而公平则是依据作为某一社会共识的正义原则，对社会不平等的正当性所做的判断，强调的是社会成员对社会有价资源的分配方式或分配结果，在道德上所能接受的程度（Soltan，1982）。如果说有关分配平等的研究是探讨“谁获得了什么、为什么获得”的话，那么，分配公平观所研究的则是谁应该获得什么（Alves & Rossi，1978）。一些社会有价资源的分配虽然是显著不平等的，但因其分配方式和分配结果都与社会正义原则相一致，这样的不平等就能够被人们接受并认为是公平的；而一些有价社会资源的分配结果虽然相对平等，但其分配方式和分配结果的正当性不被社会认可，那么它的分配就是不公平的。因此，客观的分配过程与分配结果与人们的公平感之间并不存在简单的对应关系，在二者之间有一个主观判断的过程。其判断原则作为社会共识存在于社会成员的观念之中（Della Fave，1980，1986a，1986b）。人们依据这些原则对分配做出是否具有正当性的判断。这些原则在一个社会中具有相对稳定性（Alves & Rossi，1978），具有迪尔凯姆所说的作为集体良知的社会事实的性质。

二 应得原则与平均原则

已有的经验研究表明，在人们的观念中，主要有三种判断是否公平的原则，即应得（desert）原则、平均（equality）原则和需求（need）原则（Deutsch，1975）。其中，应得与平均这两种原则在人们的观念中最为普遍，二者的存在具有竞争性（Hegtvedt，1988，转引自 Ritzman & Tomaskovic-Devey，1992）。应得原则指的是一个人的公平所得应该与他的贡献、投入、成本等相一致（Homans，1961；Adams，1965），贡献越大报酬应该越多。这是一种典型的非平均主义原则。在市场经济下，应得原则被普遍接受（Lane，1986；Ritzman & Tomaskovic-Devey，1992），是分配不平等得以延续和再生产的合法性基础（Della Fave，1980，1986a）。作为与应得原则相对的平均原则，所强调的是资源应该均等或依需分配给社会成员（Deutsch，

1975；Hochschild，1981）。平均原则与计划经济的分配制度相联系（Roller，1994），是再分配制度得以维持的合法性依据。在不同的社会背景中，平均原则与应得原则在人们观念中的权重也不相同；它们的存在状况，与分配制度的“合法性”与“去合法性”（delegitimation）相联系（Della Fave，1980，1986b）。在中国的市场经济转型中，再分配制度的作用被削弱，市场制度的作用得到了加强。与再分配制度相联系的平均原则是否依然存在？与市场制度相联系的应得原则是否应运而生？不同社会经济地位的人们在分配公平观上有无差异？什么人更倾向于平均原则？什么人更倾向于应得原则？本文试图以中国的资料为依据，为这些问题寻求答案。

三　中国的市场转型与分配公平观

（一）市场制度的建立与应得原则公平观的形成

1956年开始进行的全国工资改革，在党政机关和国有事业单位建立起统一的工资制度，确立了以公有制为基础的社会主义按劳分配制度（董辅礽，1999；武力、温锐，2006）。20世纪50年代后期人民公社运动开始，按劳分配被当作“资产阶级法权”和产生资本主义的经济基础遭到否定，在城市和农村逐渐实行“吃大锅饭”的平均主义分配制度。到“文化大革命”时期，极“左”思潮更助长了它的泛滥（董辅礽，1999；李萍等，2006；武力、温锐，2006）。从70年代末开始，全国逐渐通过市场机制实现了按劳分配与按生产要素分配相结合的分配方式（李萍等，2006）。平均主义的大锅饭被打破，市场分配制度逐渐替代了计划经济体制下的平均主义分配方式（宋晓梧等，2005）。

与市场分配制度相适应的是应得原则的公平观。这是因为人们的分配公平观作为一种社会认知，是由其所处的制度环境塑造的（Homans，1974）。人们面对不平等分配的现实，在社会互动中通过自我评价、类化他人（generalized other）以及比较的过程，形成了区分高低尊卑的社会感知，并将收入分配与这样的感知联系起来，从而做出现实的不平等的分配是否合理的判断（Della Fave，1980，1986a）。应得原则随之转变成市场分配制度下被公众普遍接受的原则（Lane ，1986；Ritzman & Tomaskovic - Devey，1992）。自70年代末以来，我国收入分配制度经历了由计划分配向市场分配的转型，应得原则逐渐为人所接受。由此我们提出：

假设1：人们所在单位的收入分配市场化程度越高，人们就越倾向于应得原则。

（二）利益重组与平均原则

源自新古典主义经济学（Smith，1776/1937）和社会交换理论（Homans，1961）的分配公平观的“自利理论”认为，人是唯利是图的，追求利益最大化目标。这种自利倾向在人们的公平观中表现为，人们以自我利益为参照来判断分配是否公平（Greenberg，1990；Sears & Funk，1991）。地位较高的人倾向于能给他们带来好处的分配原则，地位较低的人则支持平均原则，并支持财富从上层阶级向下层阶级转移（Alves & Rossi，1978；Shepelak & Alwin，1986）。

因此，社会经济地位的差异导致了分配公平观的分裂。正如社会公平观的“意识分裂理论”所断言的那样，对立的观念或原则大部分来自争取有限资源的斗争，来自机会被剥夺的感受，或者经济上的自我利益（Kluegel & Mateju，1995）。已有的研究表明社会底层的不平等感虽然未必直接挑战应得原则，但却在一定程度上导致平均原则的产生，从而威胁应得原则的合法性（Berger et al.，1972；Walster&Walster，1975）。因此我们提出：

假设2：人们的社会经济地位越高，越倾向于应得原则；反之，越倾向于平均原则。

四 研究设计

（一）因变量及其测量

平均原则表现为人们对缩小收入差距的期望（Brickman et al.，1981；Tyler，Boeckmann et al.，1997）。因此，可以使用人们对不同职业所期望的应得收入的差距，来衡量人们对收入分配公平原则的期望倾向。一个人对地位高低悬殊的职业间的收入差距的期望越大，表明其越倾向于应得原则，反之越倾向于平均原则。2005年CGSS中有一道题目：“您认为下列职业的月收入应该是多少元才算公平呢？”所列的职业包括农民、农民工、工厂一般工人、大学教授、政府省部级以上官员以及大型企业董事长、总经理。

笔者认为，如果被访者所填答的 6 种职业的公平月收入差异越小，则他（她）越倾向于平均原则，反之则越倾向于应得原则。笔者计算出每个被访者所填答的6种职业公平月收入的标准差和均值，将前者除以后者所得到的变异系数（变异系数 = 标准差/均值）作为因变量。变异系数以相对数的形式来表示，这样就消除了不同收入数列水平高低的影响。

（二）自变量及其测量

在市场经济转型过程中，分配的市场化程度因单位性质的差异而有所不同，因此，可以用单位性质来衡量分配制度市场化程度的高低。党政机关、国有事业单位的分配制度的市场化程度是最低的。1993 年以后，党政机关实行职级工资制，国有事业单位实行专业技术职务等级工资制度。党政机关和事业单位除执行不同的工资标准外，在其他的制度方面二者几乎无差别。虽经过三次工资制度改革，在党政机关和国有事业单位内部工资档次分布依然过于集中，各类人员收入差距过小，形成了分配上的平均主义（左春文，2005）。与党政机关和国有事业单位相比，国有企业已经初步确立了以市场为导向的企业工资决定机制，工资收入逐步同劳动力市场价位相一致（高书生、宋军花，2005），分配制度的市场化程度比较高。与民营、个体、“三资”企事业以及个体农户相比，国有企业存在所有权与经营权“两权分离”的状况，没有在企业内部形成产权约束，企业追求职工收入最大化，且常按人头分配，分配上的平均主义依然存在，而垄断行业的国有企业与劳动力市场脱节的现象更为严重（宋晓梧、高书生，2005），因此，民营、个体、“三资”企事业以及个体农户①所面临的分配制度是市场化程度最高的。

我们根据 CGSS 中的有关信息，把工作单位的性质分为三类：①党政机关和国有事业单位；②公有制企业，包括国有企业和集体企业；③私有部门和农户，包括民营、个体、“三资”企事业以及个体农户。

从三个方面测量社会经济地位：①阶层地位：在刘欣（2007）对城市阶层六分类的基础上，增加了农业劳动者阶层。所形成的 7 个阶层分别是社

① 中国农村很早就经历了再分配集体经济向类市场经济的快速转型（Nee，1989）。土地的家庭承包经营制度使农民获得了前所未有的收益，而购销体制的市场化改革也逐步使农民按市场价格随行就市（吴敬链，2003）。

会上层、中产上层、中产下层、自雇者、技术工人及小职员、非技术工人、农业劳动者；②收入：包括工资、各种奖金、补贴、分红、股息、保险、退休金、经营性收入、银行利息在内的被访者的月平均总收入（自然对数）。③受教育程度：被访者所受正式教育的最高学历，编码为小学及以下、初中、高中（职高、技校、中专）、大专及以上。

（三）控制变量

①性别；②年龄（自然对数）；③居住地：城市或乡村；④党员身份：是否中共党员。

（四）统计模型

我们使用了多元线性回归来检验研究假设，回归系数以普通最小二乘法估计（OLS）。方程如下：

$$\ln(\hat{Y}) = \alpha + \beta X + \gamma C$$

其中，$\hat{Y}$是被访者所填答的6种职业月收入的标准差；X是自变量矩阵，包括4个单位的虚拟变量、7个阶层的虚拟变量、个人月总收入（自然对数）、4种受教育程度的虚拟变量、一个党员身份虚拟变量；C是控制变量矩阵，包括1个性别虚拟变量、年龄（自然对数）、1个居住地的虚拟变量、1个党员身份的虚拟变量；α、β、γ是回归参数向量，衡量了独立变量的效应。

（五）资料来源

资料来自2005年中国综合社会调查（CGSS）的数据，我们去除了近3个月就业状况为离退休（不在职）、无业（失业/下岗）、从未工作过/在学且没有工作的样本，剩余样本量为7465。

五　统计分析结果

（一）所在单位分配制度的市场化程度与分配公平观的假设检验结果

模型1显示（见表1），在控制了性别、年龄、居住地和党员身份的情形下，党政机关和国有事业单位的人与私有部门的人和农户相比，前者填答的6种职业月收入的变异系数比后者高5.7%①，即党政机关和国有事业单位的人倾向于应得原则。公有制企业的人与私有部门的人和农户相比，“变异系数”没有显著差异。但是模型3显示，在控制了社会经济地位（阶层地位、收入、受教育程度）之后，党政机关和国有事业单位人的“变异系数”比私有部门的人和农户低8.7%，倾向于平均原则，具有较高的统计显著性；公有制企业的人的“变异系数”比私有部门的人和农户低5.5%，也倾向于平均原则，具有统计显著性；党政机关和国有事业单位的人比公有制企业的人更加倾向于平均原则，假设1得到了支持。对比模型1和模型3，我们认为，本文去除了近3个月就业状况为离退休（不在职）、无业（失业/下岗）、从未工作过/在学且没有工作的样本，在剩余样本中党政机关和国有事业单位、公有制企业的人的社会经济地位要高于私有部门的人，尤其高于农户，其分配公平观应倾向于应得原则，从而抑制了所在单位分配制度对分配公平观的效应，模型1显示在收入分配制度市场化程度最低的党政机关和国有事业单位的人倾向于应得原则，而控制了测量社会经济地位的3个变量（阶层地位、收入、受教育程度）之后，所在单位的分配制度对分配公平观的效应就显现出来了。

表1　6种职业月收入变异系数的多元线性回归分析

自变量	回归系数B，B的标准误差及显著性水平		
	模型1	模型2	模型3
部门性质			
党政机关和国有事业单位	0.055* (0.027)		-0.091** (0.031)
公有制企业	0.014 (0.021)		-0.057* (0.023)
私有部门和农户（参照）			
阶层			
社会上层		0.259** (0.084)	0.265** (0.084)
中产上层		0.136*** (0.037)	0.163*** (0.038)
中产下层		0.151*** (0.035)	0.184*** (0.036)
自雇者		-0.004 (0.033)	-0.011 (0.033)
技术工人及小职员		0.058* (0.026)	0.082** (0.026)

① 回归系数还原为真数的算法是：$(e^{0.055-1})\times 100$。以下计算依此类推。

续表

自变量	回归系数 B，B 的标准误差及显著性水平		
	模型 1	模型 2	模型 3
非技术工人		0.084** (0.027)	0.095*** (0.027)
农业劳动者（参照）			
个人月总收入的自然对数		0.025** (0.009)	0.024*** (0.009)
受教育程度			
小学及以下		-0.131*** (0.032)	-0.154*** (0.033)
初中		-0.118*** (0.029)	-0.139*** (0.030)
高中（职高、技校、中专）		-0.090*** (0.028)	-0.104*** (0.028)
大专及以上（参照）			
控制变量			
性别（男性）	0.044*** (0.013)	0.020 (0.014)	0.018 (0.014)
年龄	-0.083*** (0.021)	0.005 (0.025)	0.016 (0.025)
居住地（城市）	0.105*** (0.015)	-0.007 (0.021)	0.005 (0.021)
党员（是=1）	0.008 (0.023)	-0.053* (0.024)	-0.041 (0.025)
N	7465	7465	7465
Adjusted R - square	0.021	0.035	0.037
F	23.776	15.739	14.475
P	0.000	0.000	0.000

注：1. 本文所有统计结果均为加权结果。权重采用的是资料发布者提供的“全国：人权重（2005 结构调整）”。

2. $*p<0.05$，$**p<0.01$，$***p<0.001$。

（二）自利因素与分配公平观的假设检验结果

模型 2 显示（见表 1），除了自雇者阶层以外，社会上层、中产上层、中产下层填答的 6 种职业月收入的变异系数比农业劳动者阶层分别高出 29.6%、14.6%、16.3%；技术工人及小职员阶层、非技术工人阶层与农业劳动者阶层相比，前两者的“变异系数”比后者分别高出 6% 和 8.8%，且具有统计显著性，基本可以证明阶层地位越高越倾向于应得原则。个人月收入的自然对数每变化一个单位，“变异系数”将提高 2.5%，这说明收入越高越倾向于应得原则。受教育程度为小学及以下、初中、高中（职高、技校、中专）的人，其“变异系数”比拥有大专及以上学历的人分别低 12.3%、11.1% 和 9%，这说明受教育程度越高越倾向于应得原则。以上结果支持了假设 2。值得说明的是自雇者阶层和农业劳动者阶层的分配公平观没有差异，我们认为原因是这两个阶层社会经济地位相似，自雇者阶层指不雇用或雇用1人的雇主（刘欣，2007），俗称个体户，改革初期主要是闲散人员和无业人员等边缘群体，后来大量企业下岗人员和来到城市的农村流动人口成为个体户，社会经济地位并不是很高。自雇者阶层和农业劳动者阶层在分配公平观上无差异，这证明了我们关于社会经济地位与分配公平观的假设。

六　总结与讨论

本文关于制度和自利因素影响人们分配公平观的假设得到了经验资料的支持。市场分配制度的建立，使人们树立了应得原则的分配公平观；而平均原则却是社会底层所持有的分配公平观，这样的分配公平观作为一种“分裂意识”（Kluegel & Mateju ，1995）反对与市场分配制度相适应的应得原则，并对应得原则的公平观以及市场分配制度的合法性构成了挑战。

民众的分配公平观涉及分配制度的合法性，关系到市场经济能否得到维持和进一步推进。我们的研究表明，应得原则随着市场分配制度的建立而为人们所接受，即收入分配可以存在差异，市场化分配制度获得了合法性的社会基础。但平均原则的分配公平观在社会底层中的存在，却提醒我们要意识到社会分化、收入差距扩大所导致的中国现实社会中社会公平观的异质性以及潜在的社会紧张。社会心理学等诸多研究已经表明在社会互动中公平观与人们的感受、态度以及行为密切相连，并影响着人们的社会认知（Tyler et al. ，1997）。倾向于平均原则的社会底层或在改革中利益受损的阶层，面对不断扩大的分配差距，会产生强烈的不公平感，与之伴随的是愤怒、嫉妒的情绪，相对剥夺的感受以及对优势阶层的仇视。这种分配不公平感会消减民众对改革的热情，将现实的种种问题归咎于改革，形成反对的立场和社会态度，并对当前的政治和经济制度表示怀疑甚至否定（Kluegel et al. ，1999）。可以说，民众的分配公平观与分配制度、市场改革乃至基本政治经济制度的合法性都有着密切的联系。

本文对分配制度的市场化和个人理性因素对分配公平观的影响所进行的探讨，只是一个初步的尝试，仍留下了许多要探讨的问题，研究设计有待改进。比如，分配制度如何影响分配公平观，对于其机制还需要在理论上进行更加清晰、严密的论证。关于应得原则与平均原则的操作测量，本文所使用的指标较已有研究有所改进，但如何设计出更有效的指标，仍然需要进一步探索。再比如，以“不患寡而患不均”为代表的传统观念以及社会主义意识形态等因素对分配公平观也有影响，由于资料的限制笔者没有进行深入的考察，而对此还有大量的工作要做。

参考文献

董辅礽主编《中华人民共和国经济史》，经济科学出版社，1999。

高书生、宋军花：《我国收入分配体制改革的现状、趋势与政策建议》，载宋晓梧等编《我国收入分配体制研究》，中国劳动社会保障出版社，2005。

李萍、陈志舟、吴开超、张树民：《转型期分配制度的变迁：基于中国经验的理论阐释》，经济科学出版社，2006。

刘欣：《中国城市的阶层结构与中产阶层的定位》，《社会学研究》2007 年第 6 期。

宋晓梧等编《我国收入分配体制研究》，中国劳动社会保障出版社，2005。

宋晓梧、高书生：《我国国有企业分配制度改革研究》，载宋晓梧等编《我国收入分配体制研究》，中国劳动社会保障出版社，2005。

吴敬琏：《当代中国经济改革》，上海远东出版社，2003。

武力、温锐：《新中国收入分配制度的演变及绩效分析》，《当代中国史研究》2006 年第 4 期。

左春文：《我国公务员工资制度研究》，载宋晓梧等编《我国收入分配体制研究》，中国劳动社会保障出版社，2005。

Adams, J. S., "Inequality in Social Exchange," in L. Berkowitz, *Advances in Experimental Social Psychology*, 1965, (2).

Alves, Wayne M. and Peter H. Rossi, "Who Should Get What? Fairness Judgments of the Distribution of Earnings," *American Journal of Sociology* , 1978, (84).

Berger, J., B. P. Cohen and M. Zelditch, Jr. "Status , Characteristics and Social Interaction," *American Sociological Review*, 1972, (37).

Brickman, P., Folger, R., Goode, E. and Schul, Y., "Microjustice and Macrojustice," in M. J. Lerner and S. C. Lerner (eds), *The Justice Motive in Social Behavior* (New York: Plenum, 1981).

Della Fave, L. Richard, "The Meek Shall not Inherit the Earth: Self-evaluation and the Legitimacy of Stratification," *American Sociological Review*, 1980, (45).

Della Fave, "Toward an Explication of the Legitimation Process," *Social Forces*, 1986a, (65).

Della Fave, "The Dialectics of Legitimation and Counternorms," *Sociological Perspectives*, 1986b, (29).

Nee, Victor "A Theory of Market Transition: From Redistribution to Markets in State Socialism," *American Sociological Review*, 1989, (54).

Deutsch, Morton, "Equity, Equality and Need: What Determines Which Value will be Used as the Basis of Distributive Justice?", *Journal of Social Issues* , 1975, (31).

Greenberg, J. , "Employee Theft as A Reaction to Underpayment Inequity: The Hidden Cost of Pay Cuts," *Journal of Applied Psychology*, 1990, (75).

Homans, George C. , *Social Behavior : Its Elementary Forms* (New York: Harcourt Brace Jovanovich, 1961).

—, *Social Behavior: Its Elementary Forms*, 2nd edition (New York: Harcourt Brace Jovanovich, 1974).

Hochschild, Jennifer L. , *What's Fair? American Beliefs about Distributive Justice* (Cambridge, M. A. : Harvard University Press, 1981).

Kluegel, James R. and Petr Mateju, "*Egalitarian vs. Inegalitarian Principles of Distributive Justice*," in James R. Kluegel, David S. Mason and Bernd Wegener (Ed), *Social Justice and Political Change* (New York: Walter de Gruyter, Inc. , 1995).

Kluegel, James R. , David S. Mason and Bernd Wgener, "The Legitimation of Capitalism in the Postcommunist Transition: Public Opinion about Market Justice, 1991 - 1996," *European Sociological Review*, 1999, (15).

Lane, Robert E. , "Market Justice, Political Justice," *The American Political Science Review*, 1986, (80).

Roller, Edeltraud, "Ideological Basis of the Market Economy: Attitudes toward Distribution Principles and the Role of Government in Western and Eastern Germany," *European Sociological Review*, 1994, (10).

Ritzman , Rosemary L. and Donald Tomaskovic-Devey, "Life Chances and Support for Equality and Equity as Normative and Counternormative Distribution Rules," *Social Forces*, 1992, (70).

Sears, David O. and Carolyn L. Funk, "The Role of Self-interest in Social and Political Attitudes," *Advances in Experimental Social Psychology*, 1991, (24).

Shepelak, Norma J. and Duane F. Alwin, "Beliefs about Inequality and Perceptions of Distributive Justice," *American Sociological Review*, 1986, (51).

Smith, Adam, *An Inquiry into the Nature and Causes of the Wealth of Nations* (New York: The Modern Library, 1937).

Soltan, Karol Edward, "Empirical Studies of Distributive Justice," *Ethics*, 1982, (92).

Tyler, Tom R. , Robert J. Boeckmann, Heather J. Smith and Yuen J. Huo, *Social Justice in A Diverse Society* (Boulder: Westview Press, 1997).

Walster, E. and Walster, G. W. , "Equity and Social Justice," *Journal of Social Issues*, 1975, (313).

大城市居民的分配公平感研究*

王甫勤

引　言

随着20世纪70年代以来世界各国的收入不平等的情况逐渐增加（Morris and Western，1999），分配公平问题逐渐引起各国学者的关注，国际社会学界成立了专门的国际社会公正调查项目（International Social Justice Project，ISJP），国际社会调查项目（International Social Survey Program，ISSP）中也设置了关于社会公正的问题模块，借以研究和比较不同社会或国家的社会公平状况。在这些调查研究中，很重要的一个方面就是分析人们在多大程度上认为自己的所得是公平的（just）或是不公平的（unjust），以及人们在判断分配公平时是否有统一的标准（Alves and Rossi，1978；Jasso and Rossi，1977）。从20世纪60年代中后期开始，关于分配公平研究已经积累了大量的成果，并逐渐形成一套完整的范式，从调查数据库（ISSP和ISJP）的使用，到分配公平感的测量（Jasso，1978，1979，1980）都得到研究者的认可。但即使如此，学者们在解释人们的分配公平感时仍然有不同的理论观点（Kelley and Evans，1993），如自利理论、社会比较理论、相对剥夺理论、归因理论、公平世界的信仰理论和意识形态理论等。这些理论解释都在一定程度上显示出了各自的理论依据或解释力（Sik Hung and Allen，

* 本研究得到了教育部重大课题攻关项目“我国目前社会阶层状况研究”（08JZD0024）及国家社会科学基金项目“收入分配与社会公平研究”（06BSH049）的资助。感谢上海大学社会学系翁定军副教授为本研究提供了分析所使用的数据库，该数据库来自翁定军副教授的国家社会科学基金项目“构建和谐社会的社会心理研究”（06BSH040），也感谢为该数据库做出贡献的其他项目组成员。本文的主要内容及观点由笔者自行负责。

2005)，它们主要从两个方面来解释人们是如何判断分配公平的。其一，从分配的结果来判断，即人们根据自己或他人所得的多少（绝对量或相对量）判断分配是否公平，关注的焦点是人们在分配过程中“得到了什么”；其二，从分配的过程来判断，即人们根据自己或他人是如何获得这些有价值的资源来判断是否公平，关注的焦点是人们在分配过程中“为什么得到”这些资源。本研究分别从这两个角度分析在当前中国社会背景下，大城市居民的分配公平感状况如何以及他们是根据什么标准来判断分配是否公平，哪种理论更能够解释人们分配公平感的形成机制。

中国经济在取得高速增长的同时，社会公平问题也越来越突出。在1978年之前，中国是一个收入分配非常公平的社会，而1978年之后，中国社会的收入差距开始逐渐扩大。从近几次大规模的社会调查来看，人们已经明显意识到了贫富差距及不公平因素的存在。如中国社会科学院社会学所于2006年上半年进行的“社会和谐稳定问题”全国抽样调查显示，城乡居民将“看病难、看病贵”“就业失业问题”和“收入差距过大、贫富分化问题”视为最突出的三个社会问题，在这三个方面，居民的社会公平感也较弱，分别是“公共医疗（49.8%）”“工作与就业机会（44.4%）”“财富和收入分配（40.2%）”（汝信、陆学艺、李培林，2007)。同时期，上海社会科学院社会学所进行的“上海居民社会意愿研究”中，“就业问题”和“收入分配不公”被认为是对社会稳定最有影响的首要问题（卢汉龙，2007)。

但是，在最新的两项有关中国居民如何看待分配公平的研究中，发现了新的情况。其中一项研究是，哈佛大学社会学系怀默霆（Martin K. Whyte）教授运用2004年在中国范围内进行的国际社会公正调查项目，通过分析后发现，虽然大部分民众认为当前中国的不平等程度过高，但这并不能反映出他们认为当前的不平等是不公平的。相反，人们普遍同意，至少就自己周围而言，市场改革所产生的不平等是可以接受的，而且不平等主要是基于个人绩效的，而没有反映出一个不公平的社会秩序；并且中国居民对社会不平等的接受程度，甚至超过了发达资本主义社会居民对不平等的接受程度（怀默霆，2009)。另外一项研究是吴晓刚教授运用香港的调查数据和2005年中国综合社会调查的数据比较了香港居民和内地居民的分配公平感，研究发现与怀默霆教授的结论非常类似，即中国居民并不崇尚绝对平均主义的理念，相反，中国居民对收入不平等的容忍程度非常高，即使他们意识到中国当前存在着高度不平等。吴晓刚教授认为居民对于社会流动机会的乐观认知是影响他们判断分配公平的重要因素（Wu，2009）。这两项研究的发现与前述几项调查及人们的经验之间出现了一些不一致，那么为什么会出现这种差异，笔者分析了两个方面的原因。

一方面，怀默霆教授认为人们主要将社会不平等归因于个人绩效因素（包括个人天赋、才干、受教育程度、勤奋与否），而不是归因于社会体制因素（包括机会不平等与歧视）。在操作测量方面，存在一个问题，即机会不平等和歧视等因素并不能完全涵盖导致社会不平等的所有体制因素。国内大量的研究表明，导致当前中国阶层分化、贫富差距的最重要体制因素是公共权力的差异（Bian and Logan，1996；李春玲，2006；刘欣，2005a，2005b，2007）。而吴晓刚教授认为改革开放以后中国居民对流动机会的认知弱化了他们的不公平感，但是关于中国社会流动的研究表明，当前中国社会流动机会的分布也是显著不公平的，代际继承效应非常明显（Cheng and Dai，1995；吴晓刚，2007；张翼，2004）。另一方面，运用全国综合社会调查数据来分析人们的分配公平感，会高估人们的公平感程度，而低估人们的不公平感程度，从客观的收入不平等程度来看，城乡之间、不同地区之间都存在明显差异，而这些差异既包括经济发展程度的差异（不平等程度的差异），也包括城乡文化背景的差异，这两方面必然会占用很多的解释方差，从而导致总体的分配不公平感程度被城乡效应或地区效应掩盖。例如，农村民众的分配公平感程度要明显强于城市居民，因此总体居民的公平感实际上是被高估的。我们不能因为总体上人们体现了较强的分配公平感（即使不考虑由于测量问题所导致的偏差），就忽略了在局部地区所表现出的强烈的不公平感。

正是基于此，本研究采用上海大学社会学系于2006年8月至2007年1月在上海市区实施的“上海市居民的阶层地位与社会意识调查”的数据来测量并解释大城市居民分配公平感的状况，排除由城乡差异和地区差异所导致的公平感差异，这样能够更清楚地研究影响人们分配公平感的重要因素。上海作为中国经济最发达、市场化程度最高、人口最多的沿海城市，自改革开放以来，经济发展速度一直居全国前几位。据统计，上海在1990年，城镇居民人均可支配收入为2182元（上海市统计局，1991），基尼系数只有0.150（上海市统计科学应用研究所课题组，2003）；2000年，上海城镇居民人均可支配收入增加到11718元（上海市统计局，2001），基尼系数也增加到0.221（上海市统计科学应用研究所课题组，2003）；在本研究所使用的调查数据中，上海城镇居民的人均年收入为21780元左右（根据平均月收入×12计算），基尼系数达到0.376。近20年来，上海的贫富差距在不断扩大。这种客观的不平等状况如何影响到人们的主观感受，上海居民是否认为这种社会不平等状况是公平的，影响他们判断分配公平的主要因素是什么，他们是根据自己的所得来判断分配公平还是根据为什么得到来判断分配公平，这些是本研究关注的核心问题。

一　得到了什么与为什么得到——解释分配公平感形成机制的理论观点

分配公平感是人们对所处社会有价值资源（主要包括收入、财富、教育、医疗、社会保障、劳动力等）的分配过程和结果的态度与认知，本研究主要分析人们对收入分配的态度与认知（主要包括人们是否认为当前的社会不平等是公平的以及不同群体根据哪些因素来判断收入分配是否公平）。人们判断社会有价值资源（本研究着重强调收入）的分配是否公平取决于三个因素：其一是人们在整个不平等结构中所处的位置，当人们在有价值资源分配结构中占据优势的时候更能够维护现有的不平等结构（Sears and Funk，2001）；其二是人们对分配不平等的认知，即人们对导致分配不平等的原因是否做出合理的判断；其三是人们对于分配规则是否符合公平原则的判断，如果个体认为一种收入分配符合他们所坚持的公平（一系列）原则，那么他们就会认为这种收入分配是公平的（Alves and Rossi，1978；Ryan，2001）。第一因素强调人们在分配过程中以获得多少有价值资源来判断这种分配结果是否公平；第二因素和第三因素则关注人们是如何获得这些有价值资源的。由于不同学者对各因素的侧重点不同，分别形成了不同的理论观点。本研究将这些理论观点归结为两大理论取向：其一，以人们在社会不平等结构所处的位置为基础，关注人们“得到了什么（有价值资源）”的理论取向，这种理论取向主要包括自利理论、社会比较理论和相对剥夺理论等；其二，以不平等的形成过程为基础，关注人们“为什么得到（相应有价值资源）”的理论取向，这种理论取向主要包括归因理论、公平世界的信仰理论和意识形态理论等。

自利理论从“理性人”假设出发，认为人们对待分配是否公平的态度取决于他们在整个分配过程中获得了多少利益（Sears and Funk，1991）。在收入分配中处于优势地位的人，倾向于认为当前的收入分配是公平的，其公平感强。相反，在收入分配中处于劣势地位的人，则会产生不公平感。在经验研究中，自利理论的相关命题得到支持。如 Overlaet 和 Lagrou 发现，人们（被访者）总是希望能够增加自己的工资，而不增加别人的工资，认为自己增加工资是公平的（Overlaet and Lagrou，1981）；Greenberg 发现，职员对于临时歇业计划和工资变化的公平感取决于这些计划是否影响他们，如果对他们的个人或所属集体不产生负面影响，他们则不会产生不公平感，并且当确定的行动计划能够使他们个人或集体共同获益，他们通常感知到更强的公平感（Greenberg，1990）。美国社会学家斯托弗等（Stouffer et al.，1949）和行为科学家亚当斯（Adams，1965）分别提出了“相对剥夺理论①”（relative deprivation）和“社会比较理论②”来解释组织内部成员的社会公平感，两种理论都认为人们对于当前境遇的公平感不仅建立在自己当前所获得的资源（绝对量）的多少上或地位的高低上，还会将自己获得的资源或地位与参照群体（除了组织内部成员外，还包括家庭成员、同辈群体和自己过去的状态等）进行对比。如果他们在资源或地位对比中处于劣

---

① 斯托弗等在第二次世界大战期间研究士兵的士气和晋升的关系时发现，士兵不是依据绝对的、客观的标准来评价他们在生活中所处的位置，而是根据他们相对于周围的人所处的位置来评价军队中晋升机制是否公平。他们用于与自己比较的那些人便是他们的参照群体（reference group），如果比较的结果是自己处于较低地位，他们就会产生相对剥夺感，并产生不公平感。

② 基本观点是：当一个人做出了成绩并获得了报酬以后，他不仅关心自己所得报酬的绝对量，而且关心自己所得报酬的相对量。因此，他要进行种种比较来确定自己所得报酬是否合理，比较的结果将直接影响今后工作的积极性。他所选择的比较对象是同组织内部的其他人员（称之为横向比较）或自己过去的某种状态（称之为纵向比较）。亚当斯分别用一个方程来表示这两种比较，即用 $Op/Ip = Oc/Ic$（方程 1）来表示自己与他人的比较，用 $Op/Ip = Oh/Ih$（方程 2）来表示与过去某个状态的比较。当方程 1、方程 2 中等式成立时，那么个人感觉受到了公正的待遇，产生公平感，心情舒畅，工作效率提高。反之，当 $Op/Ip < Oc/Ic$ 或 $Op/Ip < Oh/Ih$ 时，个人感觉受到了不公正的待遇，产生不公平感，心情郁闷，工作效率下降。当 $Op/Ip > Oc/Ic$ 或 $Op/Ip > Oh/Ih$ 时，个人的心理比较复杂，需要对个人在组织中的平等状态进行重新认知，否则也会产生不公平感。在方程 1 中，O 是英文 outcome 的缩写，表示一个人所获得的回报，I 是英文 input 的缩写，表示一个人的付出。Op 表示自己对所获报酬的感觉，Oc 表示自己对他人所获报酬的感觉，Ip 表示自己对个人所做投入的感觉，Ic 表示自己对他人所做投入的感觉；方程 2 中，Op 表示自己对现在所获报酬的感觉，Oh 表示自己对过去所获报酬的感觉，Ip 表示自己对个人现在所做投入的感觉，Ih 表示自己对个人过去所做投入的感觉。

势，将会产生相对剥夺感①，进而出现地位紧张，从而产生消极的社会公平感和社会态度；相反，如果他们的比较结果对自己有利，那么他们就会产生积极的社会公平感和社会态度。

上述三种理论关注的重点是人们在整个有价值资源的分配过程中，自己或他人获得了多少利益（或相对利益），即他们在分配过程中“得到了什么”。人们据此来衡量分配结果是否公平，如果自己能够从中获得更多的利益（或相对利益），则更倾向于认为这种分配是合理的。但是，另一些研究表明，仅仅根据分配结果是否对自己有利来判断分配是否公平，并不能获得绝大多数人的认可，因为人们不但关心自己或他人得到了什么，还关注自己或他人为什么得到相应的有价值资源（Wegener，1991），程序公平也是人们正义判断中的一个重要组成部分（Tyler et al.，1997）。相对而言，归因理论、公平世界的信仰理论和意识形态理论更加关注分配过程公平（程序公平）对人们分配公平感的影响。

归因理论认为，导致人们收入不平等的原因有两种，即内因（是个人绩效方面的原因，individual）和外因（是先赋的原因，如性别，或结构方面的原因，如社会制度）。当人们将收入不平等归因于内因时，他们对这种分配结果的判断是公平的；反之，当人们将不平等归因于外因时，他们将会做出分配不公平的判断（Cohen，1982；Skitka and Tetlock，1992）。怀默霆教授对当前中国民众的分配公平感采用了归因理论进行解释，但是他关于外因的测量并没有完全涵盖导致收入不平等的权力和体制因素，也没有对人们的归因偏好和分配公平感之间的关系做统计检验。公平世界的信仰理论主张，有些人相信世界是稳定、有序和公正的，这就要求他们对分配结果的判断是公平的（Lerner and Miller，1978）。这完全是人们在主观上的一种信仰，而模糊了现实和预期之间的分野。研究发现，如果用现实状况和预期状况的差异来测量人们的分配公平感的话，那么对公平世界的信仰越强的人，对这种差异的感知越小，越是认为经济资源的分配是公平（即公平感越强）的人，越对弱势群体抱以消极的态度（Rubin and Peplau，1975）。意识形态理论认为，人们通常被社会化到各种主导的意识形态中，其中包括主流价值观、态度和行

① 相对剥夺感是个人或群体一种很矛盾的心理状态，这种心态产生于以下几种情况：当某个人/群体①意识到自己不具有某种资源X，②意识到他人/群体具有X，③期望拥有X，④同时这种期望是合理的，在这种状况下，个人/群体就会有“相对剥夺感”。

为等，也包括公平判断，这些都是预先安排好的，因而社会主义国家的人们比资本主义国家的人们具有更强的社会公平感（Kelley and Evans，1993），政治保守主义者比自由主义者具有更强的公平感（Skitka and Tetlock，1992）。这种理论通常被用来比较不同国家和社会中民众公平感的差异，在同一文化背景下，这种理论的解释力比较有限。

总体上说，这三种理论解释都从不同方面来关注人们获得资源的过程。另外，从公平判断的角度来说，这三者又存在一定的因果关系。公平世界的信仰理论和意识形态理论是分析人们对社会不平等归因时的重要方面，如Zinni发现，在意识形态上认同保守主义的，通常将贫穷或失业归因于内因，因而做出公平的判断，而进步论者则更多地归因于外因，因而做出不公平的判断（Zinni，1995）；Feather 和 O'Driscoll 也发现，崇尚智慧和新教工作伦理的人更倾向于公平的分配规则，而不崇尚智慧和新教工作伦理的人更偏好平均的规则（Feather and O'Driscoll，1980）。

自中国改革开放以来，总体上人们的收入水平在不断提高，与此同时不同群体的收入差距也在不断扩大。人们是根据自己在分配过程中“得到了什么”还是根据“为什么得到”这些资源来判断分配是否公平？上述哪种理论在当前中国背景下更有解释力？本研究认为这两种理论对当前中国现实都具有一定的解释力，一方面，获益群体的优势地位越来越明显，另一方面，以人力资本为代表的个人绩效因素在人们的地位获得过程中越来越重要，干部权力（Nee，1989）及其他体制因素（如户籍制度的限制）的影响正在降低，这将使得人们对不平等的归因更加倾向于内因。但是，本研究认为人们对分配过程的关注度要高于对分配结果的关注度，所以只关注“得到了什么”的理论的解释力将会不及关注“为什么得到”的理论的解释力。本研究分别根据自利理论和归因理论来检验两种理论取向的解释力。

二　社会经济地位与贫富差距归因对分配公平的影响

在社会分层研究中，研究者们非常关注社会经济地位（阶层地位和经济地位）对人们行为和态度的影响。研究者们发现人们的社会经济地位不但决定着他们的生活方式、行为方式，还制约着他们的政治态度和社会态度（DiMaggio，2001）。这种观点在阶级心理学被表述为，跟社会经济过程有关的个人阶级地位和角色强加给个人一定的社会态度、价值观和利益，换句话说，和生产资料、产品交换及服务有关的个人阶级地位和角色会促使个人产生一定的阶级归属意识，这些阶级共享了一定的态度、价值观和利益（Eysenck，1950）。在阶层分化过程中，每个位置上都配置了对应的资源，社会上层位置配置的资源要多于社会下层（Grusky，2001）。因此，处于社会上层地位的人在收入分配过程中，处于优势地位，比处于社会下层的人能够获得更多的有价值资源。根据自利理论的观点，本研究提出影响人们分配公平感的社会经济地位假设，即占据社会经济地位优势的人具有更强的分配公平感，他们更加维护当前的社会不平等秩序。具体包括两个方面。

研究假设 1.1：在阶层地位方面，处于社会上层的群体由于在资源分配过程中获得更多的利益，因而他们会维护当前的分配结果，从而产生分配公平感；相反，处于社会下层的人由于在资源分配过程中利益受到损害，从而产生社会不公平感。

研究假设 1.2：在经济地位方面，收入水平越高的群体其分配公平感也越强。

阶层分化的另一个过程是个人如何在不平等结构中获得地位的过程（即个人如何获得资源的过程，或贫富差距的形成过程）。在这个过程中，起作用的因素有很多。在经典的布劳-邓肯模型中，这些因素被归结为先赋因素（包括父辈的受教育程度和职业地位）和自致因素（包括个人的受教育程度和初始职业地位）（Blau and Duncan，1978），他们只注意到个人层面的因素对个体获得社会经济地位的影响，没有关注到社会结构层面因素（如劳动力市场分割、城乡差异等）的影响，而这些因素在不同社会都实际存在着（Wright and Perrone，1977；Xie and Hannum，1996；王甫勤，2010）。从归因的角度来看，自致因素可以被称为内因，除此之外都被称为外因。人们会根据自己或他人的地位获得过程来对社会不平等的形成过程进行归因，从而判断这种分配结果是否公平。根据归因理论的观点，本研究提出影响人们分配公平感的归因偏好假设：

研究假设 2：越是将社会不平等归因于内因的人，其分配公平感越强；而越是将社会不平等归因于外因的人，其分配不公平感越强。

另外，人们的社会经济地位和归因偏好之间是否具有因果关系，也是本研究关注的核心问题。如果人们的社会经济地位对他们的归因偏好产生影响，则表明社会经济地位对于分配公平感的影响路径不是唯一的。处于优势地位的人不但由于自己在分配过程中所处的优势地位而更加认同当前的不平等秩序，还因为位置的不同而导致他们对不平等的归因偏好发生变化，从而影响他们的分配公平感。认知心理学研究表明，人们倾向于将成功行为归结为自己的能力和努力等个人因素，将失败行为归结为任务的难度、运气、身心状态等外界因素（Weiner，1974）。据此，本研究提出社会经济地位影响人们归因偏好的研究假设，认为越是社会经济地位高的人，越是倾向于将社会不平等归因于内因；反之，相反。具体包括两个方面。

研究假设3.1：在阶层地位方面，处于社会上层地位的人倾向于将社会不平等归因于内因，而处于社会下层地位的人则倾向于将社会不平等归因于外因。

研究假设3.2：在经济地位方面，收入水平高的人倾向于将社会不平等归因于内因，而收入水平低的人则倾向于将社会不平等归因于外因。

三　研究设计

1. 分析策略

人们在判断分配是否公平时，不但考虑自己或他人获得了多少资源，还注重自己或他人是如何获得这些资源的。本研究的重点在于分析人们的社会经济地位和对不平等的归因偏好对中国大城市居民分配公平感的解释效力及二者之间的相互关系。根据以往研究的经验（Sik Hung and Allen，2005），本研究采用逐步回归的方法，分别建立社会经济地位模型、归因偏好模型以及联合模型来检验自利理论和归因理论的有效性和解释力强弱，从而判断大城市居民分配公平感的形成机制。

2. 变量测量

（1）因变量。

分配公平感。在国际社会公正调查项目中（ISJP），让被访者对自己和社会上一些典型职业①的应得收入和实际收入进行主观估计，然后根据这些估计结果来分别计算个人层次的分配公平感②（Jasso，1978）和社会层次的

① 这些职业涵盖了不同社会阶层，因而可以代表整个社会不平等的程度。

② 对个人实际收入和应得收入的比值取对数，当实际收入与公平收入相等时，公平感为0，表示完全公平；当实际收入大于公平收入时，公平感为正值，表示“多得不公平”；当公平收入小于公平收入时，公平感为负值，表示“少得不公平”。这种测量方式的好处在于将人们的分配公平感量化，不足之处在于系数比较敏感，对问卷回答的质量要求极高。

分配公平感[①]（Osberg and Smeeding，2006；Wu，2009），其基本的思路是通过比较应得收入与实际收入的相对大小（不管是采用对数比还是基尼系数比）来衡量人们的分配公平感，本研究对分配公平感的测量更为直接，分别选取六类群体[②]（包括政府官员、投资企业或实业的人、有技术专长的人、有文化学历的人、有家庭背景的人、吃苦耐劳的人），让被访者选择这些人是否应该获得高收入和实际上是否最容易获得高收入，然后我们根据被访者对二者的综合回答来判断被访者是否认为这一类群体获得高收入或者未获得高收入是否公平，然后进行重新编码。[③] 将判断该群体收入分配不公平的计为1，公平的计为0，因而，每个被访者都会有6项得分，我们将这6项得分加总，并以此作为反映被访者分配公平感的系数，得分在0~6分，得分越高，表明被访者的不公平感越强。直接测量人们对特定群体的收入分配是否公平的判断，优点在于对被访者的要求较低，因而问卷的回答质量较高，缺失值较少，数据也更为可信；缺点是量化程度不够。

（2）自变量。

阶层地位。根据人们当前的就业状况和职业地位来测量，将人们当前的就业状况分为无业（含退休人员，但这部分样本在分析中被剔除）、临时就业人员和全职从业人员，将全职从业人员划分为体力劳动工人、一般技术工人、办公室一般工作人员、一般管理/专业技术人员、中高层管理/专

---

① 根据人们对不同职业的实际收入和应得收入估计，分别计算实际收入的基尼系数（GiniA）和应得收入的基尼系数（GiniE），然后根据 GiniE 与 GiniA 的比值来衡量人们的分配公平感。当基尼系数比偏向于0时，表示人们希望平等地分配各种职业收入，对当前的收入不平等结构表示不满，分配公平感低，不公平感强；当基尼系数比偏向于1时，表示人们主观上对应得收入和实际收入的分配估计比较接近，因而人们对当前的分配不平等结构容忍度较高，分配公平感强。

② 在实际调查中还包含另外两个群体：头脑聪明的人和胆大敢干的人，但在实际调查结果中，人们对这两类群体是否应该获得高收入或是否最容易获得高收入的判断并没有显著差异，因而本研究并不将这两类群体考虑在内。

③ 编码方法如下（以对政府官员的收入判断为例）：如果被访者认为政府官员应该获得高收入，而且实际上也获得了高收入，那么我们判断被访者认为政府官员的收入分配是公平的（编码为0）；如果被访者认为政府官员不应该获得高收入，而且实际上也不认为政府官员获得了高收入，那么我们判断被访者对政府官员的收入分配持中立意见（编码为0）；如果被访者认为政府官员应该获得高收入，而实际上没有获得高收入，那么我们判断被访者认为政府官员的收入分配是不公平的（是实际收入低于应得收入的不公平，编码为1）；如果被访者认为政府官员不应该获得高收入，而实际上获得了高收入，那么我们判断被访者认为政府官员的收入是不公平的（是实际收入高于应得收入的不公平，编码为1）。这里没有考虑多得不公和少得不公的差异而都将其计为“分配不公”。

业技术人员5种职业地位。根据人们的就业状况和职业地位在当前社会经济中的市场境遇，初步将人们划分为社会上层（主要指中高层管理/专业技术人员）、社会中上层（主要指一般管理/专业技术人员和办公室一般工作人员）、社会中下层（主要指技术工人和体力劳动工人）和社会下层（主要指无业人员和临时就业人员）四个社会阶层。

经济地位。根据人们的平均月收入来测量。以调查时上海市居民最低工资标准（750元/月）为组距，将人们的平均月收入划分为5个等级，分别是750元及以下、751~1500元、1501~2250元、2251~3000元、3001元及以上。

对社会不平等的归因。根据人们对贫富差距的归因来测量，这些原因包括文化程度、对社会的贡献、市场竞争、权力和不公正的分配政策5个指标，采用5分量表（1为非常反对，5为非常赞同）对每一指标进行测量。为简化量表变量，在纳入分析模型之前，对这5个变量进行信度分析和KMO and Bartlett球形检验，发现5个指标的Cronbach's Alpha系数为0.629，KMO值为0.753（Sig=0.000），这说明指标的总体信度适中，并允许我们对5个维度进行因子分析。采用方差极大旋转法对5个维度进行因子分析后，获得两个因子（因子特征值分别为2.063和1.569，累积解释方差达到72.6%），第一个因子包括文化程度、对社会的贡献和市场竞争三个维度，称之为个人绩效因子，以此作为内因的测量指标；第二个因子包括权力和不公正的分配政策两个维度，称之为权力政策因子，以此作为外因的测量指标。关于具体因子分析过程，此处从略。与以往的研究不同，本研究将权力作为重要的指标来分析人们对社会不平等的归因。

（3）控制变量。

性别。年龄及年龄平方。文化程度根据被访者的受教育程度来测量，分为大学及以上、大学专科、高中、初中及以下四个等级。

3. 数据来源

本研究的分析数据来自上海大学社会学系在2006年8月至2007年1月在上海市区实施的“上海市居民的阶层地位与社会意识调查”数据库。该调查首先选取静安区、浦东新区和闵行区[①]作为集中调查地点。然后按照

① 选取这三个区的原因是，静安区是上海老市区的典型，浦东新区是上海近20年来发展最迅速的地区，而闵行区是比较典型的市区人口导入区，这一抽样安排是相对合理的；在大规模样本容量的基础上，我们可以根据样本情况对上海市居民和大城市居民做适当的推论。

“街道—居委会—居住小区—家庭”次序进行随机抽样，入户以后，根据性别和年龄来筛选调查对象，要求男女各占一半，以保证性别比例的平衡，61岁以上的人不超过10%，以提高拥有“职业”的人数比例。调查总共抽取1504人作为被访对象（对拒访对象采用替代样本补充），实际回收有效问卷1495份（翁定军、何丽，2007）。另外，根据本研究分析的需要，对原始数据进行了筛选，主要剔除了退休人员和少量农民以及变量缺失值较多的样本。最终获得样本952个，样本的基本情况见表1。

表1　样本基本情况描述（N = 952）

变量	取值	样本个数	比例（%）
性别	女	414	43.5
	男	538	56.5
年龄	[18，70]	平均值为40.4岁，标准差10.7岁	
职业地位	中高层管理人员和专业技术人员	149	15.6
	一般管理人员和专业技术人员	122	12.8
	办公室一般工作人员	309	32.5
	技术工人	102	10.7
	体力劳动工人	73	7.7
	无业人员和临时就业人员	197	20.7
受教育程度（7个缺失值）	大学及以上	151	16.0
	大学专科	213	22.5
	高中	392	41.5
	初中及以下	189	20.0
月平均收入（39个缺失值）	750元及以下	82	9.0
	751～1500元	381	41.7
	1501～2250元	225	24.6
	2251～3000元	112	12.3
	3001元及以上	113	12.4

4. 分析模型

逐步回归模型。将人们的分配公平感系数作为定距指标，分别纳入社会经济地位变量和归因偏好变量。具体模型如下：

$$Y = b_0 + b_c X_c + b_{e1} X_{e1} + b_{e2} X_{e2}$$

其中，Y表示分配公平感系数，b_0为截距，表示当所有解释变量为0时，分配公平感系数的平均值；X_c表示控制变量（包括性别、年龄及年龄平方、受教育程度等）；X_{e1}表示社会经济地位变量（包括阶层地位和经济地位）；X_{e2}表示归因偏好变量（包括个人绩效因子和权力政策因子）；b_c、b_{e1}和b_{e2}分别表示各相应变量的非标准回归系数，表示各变量增加一个单位时，分配公平感系数增加的平均值；模型中的分类变量均被转换为虚拟变量，回归系数采用最小二乘法（OLS）估计。

四 分析结果

1. 大城市居民对当前主要群体收入分配是否公平的基本判断

首先，我们根据被访者对六类群体是否应该获得高收入和实际上是否最容易获得高收入的回答，分析上海市居民对当前主要社会群体收入分配的基本判断。调查发现，被访者对哪些人应该获得高收入和哪些人实际上最容易获得高收入的判断存在非常大的差异。基本判断结果见表2。

表2 上海市居民对主要社会群体是否应该获得高收入和实际上是否最容易获得高收入的基本判断

哪些人应该获得高收入	被选次数	比例（%）	哪些人实际上最容易获得高收入	被选次数	比例（%）
1. 有技术专长的人	798	84.4	1. 政府官员	752	79.9
2. 吃苦耐劳的人	424	44.9	2. 投资企业或实业的人	551	58.6
3. 投资企业或实业的人	388	41.1	3. 有家庭背景的人	418	44.4
4. 有文化学历的人	286	30.3	4. 有技术专长的人	299	31.8
5. 政府官员	138	14.6	5. 有文化学历的人	129	13.7
6. 有家庭背景的人	52	5.5	6. 吃苦耐劳的人	83	8.8
总计	2086	220.8		2232	237.2

从表2可以看出，被访者认为最应该获得高收入的群体（前3位）分别是：有技术专长的人、吃苦耐劳的人和投资企业或实业的人，其在样本所占的比例分别是84.4%、44.9%和41.1%；被访者认为实际上最容易获得高收入的群体（前3位）分别是：政府官员、投资企业或实业的人和有家庭背景的人，其在样本中所占的比例分别是79.9%、58.6%和44.4%，除了对投资企业或实业的人的收入判断比较接近以外，居民对其他两类群体的收入判断表现出明显的不公平感（具体而言，是对政府官员和有家庭背景的人获得高收入表示不公平感以及对有技术专长的人和吃苦

耐劳的人没有获得高收入表示不公平感)。如果采用优势比的方法来表达人们对各社会群体的收入分配的公平判断的话，认为当前最容易获得高收入群体的不公平感优势比分别是：政府官员 5.47（79.9/14.6）、投资企业或实业的人 1.43（58.6/41.1）和有家庭背景的人 8.07（44.4/5.5）；认为当前应该获得高收入而实际上没有获得高收入群体的不公平感优势比分别是：有技术专长的人 2.65（84.4/31.8）、吃苦耐劳的人 5.10（44.9/8.8）和有文化学历的人 2.21（30.3/13.7）。比值越大，表示被访者对该群体收入分配的不公平感越强。根据本研究对分配公平感的测量方法，计算得到上海市居民分配公平感系数均值为 2.77，标准差为 1.71，这说明居民对当前社会主要群体的收入分配感到不公平，总体间差异较大。

2. 影响大城市居民分配公平感的主要因素

为研究大城市居民分配公平感的影响因素及社会经济地位和归因偏好分别对人们的分配公平感产生怎样的影响，研究分别建立了社会经济地位模型、归因偏好模型以及二者的联合模型，逐步回归模型的分析结果见表 3。

表 3 居民分配公平感影响因素的逐步回归模型（OLS）

常数项/变量	社会经济地位模型		归因模型		联合模型	
	b	beta	b	beta	b	beta
常数项	4.312***			4.745***		4.448***
性别（以女性为参照）	-.286*	-.083	-.350***	-.102	-.310**	-.090
年龄	-.088*	-.545	-.095*	-.595	-.093*	-.575
年龄的平方	.001	.516	.001*	.564	.001*	.542
受教育程度（以初中及以下为参照）						
大学及以上	-.397	-.086	-.124	-.027	-.236	-.051
大学专科	.046	.011	.129	.032	-.005	-.001
高中	.133	.039	.174	.050	.102	.030
阶层地位（以社会下层为参照）						
社会上层	.317	.069			.249	.054
社会中上层	-.069	-.020			-.074	-.022

续表

常数项/变量	社会经济地位模型		归因模型		联合模型	
	b	beta	b	beta	b	beta
体力中下层	-.115	-.027			-.248	-.058
月平均收入（以750元及以下为参照）						
3001元及以上	.018	004			.013	.003
2251~3000元	.103	.020			.279	.054
1501~2250元	.628*	.160			.629**	.160
751~1500元	.530*	.154			.547**	.159
归因偏好						
个人绩效因子		-.269***	-.158	-.272***	-.162	
权力政策因子		.471***	.277	.467***	.274	
R^2	0.043		0.120		0.142	
Adjusted R^2	0.030		0.112		0.127	
Prob > F	0.000		0.000		0.000	
观察值 N	906		944		906	

注：* $p<0.05$；** $p<0.01$；*** $p<0.001$。

在表3的三个模型中，性别与年龄（及年龄平方）等控制变量与大城市居民的分配公平感之间存在显著的相关关系。具体而言，男性比女性的分配公平感更强，其标准回归系数在-0.083到-0.102之间，表示男性比女性的公平感系数平均低0.090分左右；年龄与分配公平感系数呈U形曲线关系，中年人的分配公平感相对较强，青年人和老年人的分配不公平感相对较强，这一点与怀默霆教授发现的倒U形关系并不一致①（怀默霆，2009），但考虑到年轻人刚就业时的择业困难和老年人的社会保障方面的不足，这与当前中国社会形势并不矛盾。本研究没有发现文化程度与人们的分配公平感之间有显著的相关关系。

在社会经济地位模型中，处于不同社会阶层地位的人的分配公平感并没有显著的差异。研究假设1.1没有得到支持。从经济地位方面来看，收入

① 怀默霆认为中年人是在“文化大革命”中失落的一代，在国企改革过程中很多人又下了岗，所以他们当中的大多数人会对当前的不平等持批判态度。

水平越低的人，其分配不公平感越强（相对而言，收入水平高的人，其公平感较强），因而研究假设1.2得到了支持。从模型拟合度来看，效果也不是十分理想，修正R^2只有0.030。这说明运用自利理论来解释大城市居民的分配公平感时，其解释力较弱。甚至在有的研究中发现相反的情况，如怀默霆教授的研究发现农村居民虽然社会经济地位较低，但其对社会不平等的态度比城市居民更加宽容（怀默霆，2009）；李培林等对农民工的社会地位和社会态度的研究发现，虽然农民工的社会经济地位较低，但却对政府的满意度和社会公平感都比较强（李培林、李炜，2007）。

在归因偏好模型中，大城市居民对贫富差距的归因与分配公平感之间具有高度的显著性相关。越是将贫富差距归因于个人绩效因素（即内因，包括文化程度、市场竞争和对社会的贡献）的人，其分配公平感越强；相反，越是将贫富差距归因于权力政策因素（即外因，包括权力和不公正的分配政策）的人，其分配不公平感越强。研究假设2得到支持。从模型的拟合效果来看，修正R^2达到0.112，远远优于社会经济地位模型，这说明归因偏好模型的解释力较强。在联合模型中，各变量的回归系数方向和显著性没有发生明显变化，只是系数的大小发生一定变化。模型中归因偏好的标准回归系数明显高于经济地位的标准回归系数，这从侧面说明了自利理论的解释力没有归因理论强。

根据模型的分析结果，我们可以认为大城市居民在判断整个社会的收入分配是否公平时，并没有完全根据自己在分配过程中获得了多少有价值资源来进行判断，自己及他人是如何获得这些资源的对他们判断分配是否公平起到非常重要的作用。

3. 社会经济地位对归因偏好的影响

虽然社会经济地位对人们分配公平感的直接影响相对较弱，但这并不能完全否定社会经济地位对分配公平感的影响作用。根据本研究的基本假设3，如果社会经济地位对人们的归因偏好产生影响，那么社会经济地位将通过归因偏好（中间机制）对人们的分配公平感产生间接影响。本研究分析了社会经济地位对人们归因偏好的影响，分析结果见表4。

表 4 社会经济地位对归因偏好的影响模型（OLS，N = 906）

常数项/变量	个人绩效模型		权力政策模型	
	b	beta	b	beta
常数项	1.377**		.511	
性别（以女性为参照）	-.117	-.057	-.017	-.008
年龄	-.056*	-.578	-.022	-.229
年龄的平方	.001	.450	.000	.172
受教育程度（以初中及以下为参照）				
大学及以上	.274	.100	-.185	-.069
大学专科	-.025	-.010	.094	.039
高中	-.326***	-.160	-.122	-.061
阶层地位（以社会下层为参照）				
社会上层	-.215	-.079	.021	.008
社会中上层	-.158	-.078	-.081	-.041
体力中下层	-.260*	-.102	.135	.053
月平均收入（以 750 元及以下为参照）				
3001 元及以上	.363*	.119	.223	.074
2251 ~ 3000 元	.512**	.168	-.078	-.026
1501 ~ 2250 元	.171	.074	.098	.043
751 ~ 1500 元	.231	.113	.099	.049
R^2	0.117		0.023	
Adjusted R^2	0.104		0.008	
Prob > F	0.000		0.082	

注：* $p < 0.05$；** $p < 0.01$；*** $p < 0.001$。

在个人绩效模型中，我们发现，阶层地位对人们将社会不平等归因于内因的偏好有显著的影响（相对于社会下层而言，处于社会中下层地位的人明显反对将社会不平等归因于个人绩效因素），但是其影响模式并不符合研究假设 3.1 的预期，阶层地位高的人没有显著的优势将社会不平等归因于个人绩效因素。因而，阶层地位通过归因偏好来影响人们分配公平感的假设并不能成立。经济地位越高的人越是倾向于将社会不平等归因于个人绩效因素，研究假设 3.2 得到支持。因而，经济地位对人们分配公平感不但存在直接影响，还通过个人绩效因素的归因偏好对人们的分配公平感产生间接影响。在权力政策模型中，各变量均不具有显著效应，模型也不具有显著性（Prob > F 的概率为 0.082），因而，社会经济地位不能通过权力政策因素的归因偏好影响人们的分配公平感。

五　主要结论

人们如何判断分配公平问题，长期以来，一直是社会不平等研究的重要议题。学者们通过不同的理论来解释人们的分配公平感。本研究将各种理论概括为两种理论取向，其一，关注人们“得到了什么”的理论取向，即认为人们根据在整个分配过程中获得了多少利益（或相对利益），如自利理论、社会比较理论、相对剥夺理论，这三种理论解释认为，人们在分配过程中获得的利益（或相对利益）越多，那么他们越容易做出公正的判断；另一种理论取向强调人们“为什么得到”相应的资源，其基本观点是人们不但关注自己或他人获得了多少利益，还关注自己或他人为什么获得了利益，这种理论解释包括归因理论、公平世界的信仰理论和意识形态理论等。本研究分别根据自利理论和归因理论的基本观点提出了解释当前中国大城市居民分配公平感的三种机制（三个研究假设）。

在对“上海市居民的阶层地位与社会意识调查”的数据进行分析后发现，大城市居民中，大多数人认为当前中国的收入分配差距是不合理的（这有效避免了采用全国数据分析居民分配公平感时所产生的估计偏差问题）。居民对应该获得高收入的群体（如有技术专长的人和吃苦耐劳的人）而在实际分配过程中并未获得相应的收入以及不应该获得高收入的群体（如政府官员、有家庭背景的人）却最容易获得高收入感到不公平。在人们分配公平感的解释方面，根据自利理论的假设，一般认为处于优势地位的人，更倾向于认为现实社会是较为公平或合理的，而处于劣势地位的人，更倾向于认为现实社会是不公平的或不合理的（李春玲，2006；怀默霆，2009）。因为在马克思主义者及新马克思主义者看来，各阶层之间的关系是一种零和博弈，社会上层的人在收入分配中处于剥夺地位，而社会下层的人则在收入分配中处于被剥夺地位（Wright，1985），社会上层希望维护当前的分配结果，而社会下层则希望从社会上层那里分得更多的财富（Alves and Rossi，1978）。但在分析中，研究假设 1.1 并没有得到数据支持，不同社会阶层地位的人在分配公平感方面并没有显著的差异。研究假设 1.2 得到了支持，经济地位低的人，分配不公平感较强，经济地位高的人，分配不公平感相对较弱。因此，我们并不能完全依赖自利理论来解释大城市居民的分配公平感状况。相反，当运用居民对导致当前中国社会不平等的归因来解释他们的分配公平感时，研究假设 2 得到了很好的支持。将社会不平等归因于个人绩效因素（内因）时，他们的分配公平感程度明显增强；相反，将社会不平等归因于权力政策因素（外因）时，他们的分配不公平感程度明显增强。这说明，只有建立在个人绩效因素基础上的社会不平等才能得到民众的合法性支持，而建立在权力政策因素基础上的社会不平等将有可能威胁到社会的稳定与发展。从社会经济地位对归因偏好的影响来看，社会经济地位对大城市居民分配公平感的影响比较复杂。一方面，研究假设 3.1 没有得到数据支持，阶层地位对分配公平感的影响（直接或间接）不显著；另一方面，研究假设 3.2 得到部分支持。经济地位越高的人，越倾向于将社会不平等归因于个人绩效因素。因而，经济地位对分配公平感既有直接影响，同时还通过将社会不平等归因于个人绩效因素来对分配公平感产生间接影响，但对权力政策因素的归因却不起作用。

本研究对于当前中国社会分配政策的制定具有非常积极的意义。一方面，我们必须认识到在资源分配规则不变的情况下，单纯的社会经济发展并不能完全减弱人们的分配不公平感（即使所有社会群体都从社会经济发展中获益）。另一方面，要减弱人们的分配不公平感必须从资源分配规则入手，强调个人绩效因素在资源分配过程中的作用，逐渐削弱权力政策因素的作用，从而改变人们对于社会不平等的归因偏好。

同时，对于本研究的基本结论有几个方面需要慎重对待。一方面，在样本代表性方面，本研究使用上海市调查数据，虽然样本容量较大，但是没有完全按照随机抽样的方法进行抽样，因而样本的代表性存在一定的不足；在变量测量方面，在很多大型的调查中（如 ISSP、ISJP、CGSS 等）都通过对不同职业的应得收入和实得收入的估计来测量居民的分配公平感，本研究通过居民对不同群体是否应该获得高收入和事实上是否最容易获得高收入的直接判断来测量居民的分配公平感，因而，本研究的结论与其他研究结果相比，并不具有完全的可比性。由于强调测量的可信性，有可能对测量的有效性造成一定的损失。另一方面，本研究并没有将解释分配公平感的所有理论都引入分析模型中，而是将其归纳为“得到了什么”和“为什么得到”两种理论取向，并分别选取自利理论和归因理论来解释大城市居民的分配公平感，从分析的结果来看，联合模型的修正 R^2 系数只有

0.127，这说明在分配公平感的影响因素中，还存在重要的解释变量没有被纳入进来，这些变量需要在未来研究中继续挖掘。

参考文献

怀默霆：《中国民众如何看待当前的社会不平等》，《社会学研究》2009 年第 1 期。

李春玲：《各阶层的社会不公平感比较分析》，《湖南社会科学》2006 年第 1 期。

李培林、李炜：《农民工在中国转型中的经济地位和社会态度》，《社会学研究》2007 年第 3 期。

刘欣：《当前中国社会阶层分化的多元动力基础—— 一种权力衍生论的解释》，《中国社会科学》2005 年第 4 期。

刘欣：《当前中国社会阶层分化的制度基础》，《社会学研究》2005 年第 5 期。

刘欣：《中国城市的阶层结构与中产阶层的定位》，《社会学研究》2007 年第 6 期。

卢汉龙：《2006 ~ 2007 年：上海社会发展报告——关注社会政策》，社会科学文献出版社，2007。

汝信、陆学艺、李培林：《2007 年：中国社会形势分析与预测》，社会科学文献出版社，2007。

上海市统计局：《上海统计年鉴：1990》，中国统计出版社，1991。

上海市统计局：《上海统计年鉴：2000》，中国统计出版社，2001。

上海市统计科学应用研究所课题组：《上海城市居民收入分配格局研究》，《“三个代表”重要思想与上海现代化理论研讨会》，2003。

王甫勤：《人力资本、劳动力市场分割与收入分配》，《社会》2010 年第 1 期。

翁定军、何丽：《社会地位与阶级意识的定量研究：以上海地区的所层分化为例》，上海人民出版社，2007。

吴晓刚：《中国的户籍制度与代际职业流动》，《社会学研究》2007 年第 6 期。

张翼：《中国人社会地位的获得——阶级继承和代内流动》，《社会学研究》2004 年第 4 期。

Adams, J. S., "Inequity in Social Exchange," *Advances in Experimental Social Psychology*, 1965.

Alves, Wayne M. and Peter H. Rossi, "Who Should Get What? Fairness Judgments of the Distribution of Earnings," *American Journal of Sociology*, 1978, (84).

Bian, Yanjie and John R. Logan, "Market Transition and the Persistence of Power: The Changing Stratification System in Urban China," *American Sociological Review*, 1996, (61).

Blau, Peter M. and Otis Dudley Duncan, *The American Occupational Structure* (New York: The Free Press, 1978).

Cheng, Yuan and Jianzhong Dai, "Intergenerational Mobility in Modern China," *European Sociological Review*, 1995, (11).

Cohen, R. L., "Perceiving Justice: An Attributional Perspective," in *Equity and Justice in Social Behavior*, edited by R. Cohen and J. Greenberg (New York: Academic Press, 1982).

DiMaggio, Paul, "Social Stratification, Life Style, and Social Cognition," in *Social Stratification: Class, Race, and Gender in Sociological Perspective*, edited by D. B. Grusky (Boulder: Westview Press, 2001).

Eysenck, H. J., "Social Attitude and Social Class," *The British Journal of Sociology*, 1950, (1).

Feather, N. T. and M. P. O'Driscoll, "Observers' Reactions to an Equal or Equitable Allocator in Relation to Allocator Input, Causal Attributions, and Value Importance," *European Journal of Social Psychology*, 1980, (10).

Greenberg, Jerold, "Employee Theft as a Reaction to under Payment Inequity: The Hidden Cost of Pay Cuts," *Journal of Applied Psychology*, 1990, (75).

Grusky, David B., *Social Stratification: Class, Race, and Gender in Sociological Perspective* (Boulder: Westview Press, 2001).

Jasso, Guillermina, "On the Justice of Earnings: A New Specification of the Justice Evaluation Function," *American Journal of Sociology*, 1978, (83).

Jasso, Guillermina, "On Gini's Mean Difference and Gini's Index of Concentration," *American Sociological Review*, 1979, (44).

Jasso, Guillermina, "A New Theory of Distributive Justice," *American Sociological Review*, 1980, (45).

Jasso, Guillermina and Peter H. Rossi, "Distributive Justice and Earned Income," *American Sociological Review*, 1977, (42).

Kelley, Jonathan and M. D. R. Evans, "The Legitimation of Inequality: Occupational Earnings in Nine Nations," *American Journal of Sociology*, 1993, (99).

Lemer, M. J. and D. T. Miller, "Just World Research and the Attribution Process: Looking Back and Looking Ahead," *Psychological Bulletin*, 1978, (85).

Morris, Martina and Bruce Western, "Inequality in Earnings at the close of the Twentieth Century," *Annual Review of Sociology*, 1999, (25).

Nee, Victor, "A Theory of Market Transition: From Redistribution to Markets in State Socialism," *American Sociological Review*, 1989, (54).

Osberg, Lars and Timothy Smeeding, "'Fair' Inequality? Attitudes toward Pay Differentials: The United States in Comparative Perspective," *American Sociological Review*, 2006, (71).

Overlaet, B. and L. Lagrou, "Attitudes toward a Redistribution of Income," *Journal of Economic Psychology*, 1981, (1).

Rubin, Z. and L. Peplau, "Who Believes in a just World?" *Journal of Social Issues*, 1975, (31).

Ryan, William, "The Equality Dilemma: Fair Play or Fair Share?" in Great Divides: *Readings in Social Inequality in the United States*, edited by T. M. Shapiro. Mountain View

(C. A. : McGraw-Hill, 2001).

Sears, D. O. and C. L. Funk, "The Role of Self-interest in Social and Political Attitudes," *Advances in Experimental Social Psychology*, 1991, (24).

Sik Hung, Ng and Michael W. Allen, "Perception of Economic Distributive Justice: Exploring Leading Theories," *Social Behavior & Personality: An International Journal*, 2005, (33).

Skitka, L. J. and P. E. Tetlock, "Allocating Scarce Resources: A Contingency Model of Distributive Justice," *Journal of Experimental Social Psychology*, 1992, (28).

Stouffer, Samuel A. , Edward A. Suchman. , Leland C. Devinney. , Shieley A. Star. , and RobinM. William, *The American Soldier: Adjustment during Army Life*. Vol. I (Princeton: Princeton University Press, 1949).

Tyler, Tom R. , Robert J. Boeckmann, Heather J. Smith, and Yuen J. Huo, *Social Justice in a Diverse Society* (Boulder, C. O. : Westview Press, 1997).

Wegener, Bernd, "Relative Deprivation and Social Mobility: Structural Constraints on Distributive Justice Judgments," *European Sociological Review*, 1991, (7).

Weiner, Bernard, *Achievement Motivation and Attribution Theory* (N. J. : General Learning Press, 1974).

Wright, Erik Olin, *Classes* (London: Verso, 1985).

Wright, Erik Olin and Luca Perrone, "Marxist Class Categories and Income Inequality," *American Sociological Review*, 1977, (42).

Wu, Xiaogang, "Income Inequality and Distributive Justice: A Comparative Analysis of Mainland China and Hong Kong," *The China Quarterly*, 2009, (200).

Xie, Yu and Emily Hannum, "Regional Variation in Earnings Inequality in Reform-Era Urban China," *American Journal of Sociology*, 1996, (101).

Zinni, F. P. , "The Sense of Injustice: The Effects of Situation, Beliefs, and Identity," *Social Science Quarterly*, 1995, (76).

风险社会与当前中国民众的风险认知研究*

王甫勤

20世纪末以来爆发的灾难性事件，在空间、时间和社会层面上所带来的安全丧失感和危机感是长远的、根深蒂固的。一切边界及内与外的区分，在全球迅速扩展和相互影响的危险面前，都土崩瓦解了。原来建筑在民族观念上的安全与自信，已经让位于对灾难的无所不在性和不可控制性的恐惧。

——乌尔里希·贝克

导言

随着后工业社会的发展所带来的人为灾难的不断发生，人们在生活的各个领域都能感受到潜在风险：核泄漏、疯牛病、非典、禽流感、战争和恐怖事件等。公众也变得越来越敏感和脆弱，人们的恐惧感与日俱增，风险问题由此成为当今社会争论的主题（薛晓源、周战超，2005）。德国社会学家贝克称由于科学技术的高速发展和全球化的扩展，人类社会已经开始进入一个“风险社会”时代（贝克，2004）。英国社会学家吉登斯将人类社会发展面临的风险都归因于“人为风险”的扩大。这些人为风险包括环境

* 本论文使用数据全部来自中国国家社会科学基金资助之中国综合社会调查（CGSS）。该调查由中国人民大学社会学系与香港科技大学社会学部执行，项目主持人为李路路教授、边燕杰教授。笔者感谢上述机构及其人员提供的数据协助，本论文内容由笔者自行负责。基金项目：教育部重大课题攻关项目“我国目前阶层状况研究”（编号08JZD0024）。

风险（或生态风险）、健康风险等，它们不同于传统工业社会的“人为风险”（吉登斯，2003）。

人们对于风险事件产生了两种风险认知，第一种是人们对于风险事件的态度和认知，第二种是人们对于风险事件的理论把握。本研究所关注的是普通民众对于一般风险事件的判断，属于狭义层次的风险认知。同样，中国的社会发展是嵌入全球化过程的，是全球风险社会的一部分。这一点从中国近几年所发生的风险事件（除了发生在全球范围内的非典、禽流感、甲型 H1N1 流感、金融危机之外，中国还发生了相当多的食品安全危机和自然灾害事件）来看，是毫无疑问的。那么，在当前中国背景下，普通民众是如何看待中国社会发展可能面临的风险的呢？影响中国民众风险意识的因素是什么？这是本研究关注的核心问题。

在解释普通民众如何产生风险意识的理论研究中，有两种理论范式——个体主义范式和背景主义范式。前者认为任何分析的起点是认识的单元——思考、行动的个人，将对个人研究的经验数据辐射到对社会集群的概括。后者强调将背景（文化、制度、结构、生活方式等）作为分析的起点。建立在个体主义范式上，表达最明确、最成熟、最具影响力的是以风险认知理论和预期效用理论为基础的风险经济学模型；背景主义范式的分析始于“环境”，如社会结构、制度形式和文化背景等，背景主义范式的主要代表理论包括风险的文化理论、风险的社会扩大理论等（克里姆斯基，2005）。本研究将通过 2006 年中国综合社会调查（CGSS）的数据，建立相关统计模型，检验这些理论在当前中国社会背景下的解释力，具体分析当前中国城乡居民的风险认知及其主要影响因素。

一 风险认知理论的两种研究范式

在个体主义范式中，有两种最基本的理论观点：风险认知的“知识理论”和“人格理论”。知识理论认为，人们根据他们所掌握的知识和信息来对风险做出反应；而人格理论则努力根据人格类型来解释个人对风险的排斥或容忍（克里姆斯基，2005）。风险认知理论，有时也被称为风险的心理测量理论，这种理论运用多种心理测量标度方式，对认知风险、认知收益和认知的其他方面（如，一项活动的致命性）进行定量分析。研究者采用问卷调查的方法询问被访者对不同风险事件的认知（建立等级排序），根据风险的不同属性进行主成分因子分析，得到两个风险因子——“恐惧因子”和“未知因子”。人们在这两个因子上的分值越高，说明人们对相应风险事件的认知度也越高（斯洛维克，2005）。

风险的文化理论认为，风险是基于孕育在特定社会组织中的原则而被定义、认知、管理的，个体在多大程度上对什么对象产生畏惧主要是一种文化偏见的产物或者是对特定生活方式的支持（雷纳，2005）。文化理论起始于玛丽·道格拉斯（Mary Douglas）在《纯净与危险》（1966）中讨论的“文化污染”，文化污染包括古代文化中不纯洁的宗教仪式、亵渎、禁忌食品和有风险的活动。道格拉斯指出在古代文明中避免风险的许多活动可以通过从矛盾的经历和道德混乱中创造秩序这一行为来实现。动物禁忌、食物禁忌或吃饭的惯例之所以被接受，是因为它们支持并创造了秩序以及传统道德准则的分类（克里姆斯基，2005）。

风险的社会放大理论（social amplification of risk）的基本论点是灾难事件与心理、社会、制度和文化状态相互作用，其方式会加强或减弱对风险的认知并型塑风险行为。反过来，行为上的反应造成新的社会或经济后果。放大过程或由一个物理事件（如意外事故）引起，或起因于某个对环境问题或技术事件后果的报道。当然，也有一些个人和群体在积极地监督现实世界，寻找与他们关心的议题有关的灾难事件。在这两种情况下，个人或群体选择这些事件的某些具体特征或者具体方面，并根据他们自己的理解和内心计划加以阐释。他们还把自己的阐释与其他个人或群体进行交流，并反过来接受别人的解释。收集风险信息的个人或群体与他人交流并引起行为方面的反应，这被称为放大站，放大站可以是个人、群体或制度（卡斯珀森，2005）。风险的社会放大理论强调风险事件的消极作用有时超过了对受害者、财产和环境的直接损害，会产生巨大的间接影响。不利事件所产生的社会或经济后果并不完全是由事件的生物和物理因素所决定的，也会受到认知风险因子、媒体报道和信号价值等因素的影响（斯洛维克，2005）。

在经验研究方面，上述各种理论都得到了广泛的支持（刘金平、周广亚、黄宏强，2006）。国内研究方面，清华大学公共管理学院危机管理课题组于2006年通过网络调查了5046位来自上海、北京、广州和重庆等30多个省份的城市居民。调查结果表明，城市居民对各种危机在国际和国内的整体发展趋势并不乐观，公民普遍缺乏安全感。经济危机、突发公共卫生事件和突发社会安全事件成为中国城市居民最为关注的、最有可能对中国未来产生严重灾难性影响的危机。绝大部分被调查者认为各种危机在世界范围内的整体发展趋势不容乐观，而导致趋势更加恶化的因素主要是“全球气候变暖、生态环境恶化”“贫富两极差距的扩大”“各国间历史、文化等方面的差异导致矛盾与冲突尖锐化”以及“恐怖主义的蔓延”（清华大学公共管理学院危机管理课题组，2006）。王俊秀结合“风险社会理论”和“不安全时代理论”，对全国28个省市7100户居民的问卷调查分析后发现，社会稳定、社会治安、生活环境以及性别、受教育程度、身体状况、社会经济地位等个体因素对公众的安全感都存在不同程度的影响[①]（王俊秀，2008）。

二　理论建构与研究假设

个体主义范式和背景主义范式一直存在两个方面的争论。其一是本体论方面，即风险是否客观存在。个体主义范式假定风险是主观的，不是存在于“那里”、独立于我们头脑和文化之外的等待被测量的东西。人类发明“风险”这一概念来帮助其理解和处理生活中的危险性和不确定性。生活中不存在“既在的风险”或“客观的风险”（斯洛维克，2005）。而背景主义范式则强调风险是客观存在的。其二涉及普遍的元理论争论，即人格（包括认知结构）先于背景，还是背景先于人格。人们是否能够根据性格类型解释组织上的或政治上的隶属关系，一个人的隶属关系是否决定性格（克里姆斯基，2005）。本研究希望将这些理论运用到中国的经验中，而不是试图解决这些争论。

① 具体而言：第一，教育方面，受教育程度越高，总体安全感、医疗安全感、食品安全感、个人信息与隐私安全感越低；第二，居住环境方面，居住在农村的人的各项安全感及总体安全感都高于居住在其他环境的人；第三，性别方面，综合而言，女性的各项安全感及总体安全感是高于男性的；第四，职业方面，工作性质越倾向于体力工作的，在总体安全感、交通安全感、医疗安全感、食品安全感等方面的安全感越高；第五，年龄方面，年龄对安全感有显著影响，随着年龄增加，总体安全感、人身安全感、交通安全感、医疗安全感、劳动安全感、个人信息与隐私安全感也增高，但变化很小；第六，社会经济地位方面，社会经济地位越低的人安全感也越低。

虽然个体主义范式和背景主义范式各有侧重，但是这些理论家们都认识到，信息系统（认知系统）、个性、社会因素、经济因素和文化因素相互作用决定了个人和社会对风险的反应，这是毋庸置疑的。要想分别分析这些交织在一起的因素，虽然不是不可能，但也是极其困难的（斯洛维克，2005）。根据风险认知的知识理论、风险的社会放大理论以及背景主义范式中对制度结构的重视，本研究提出研究假设1：受教育程度越高的人风险认知越强。风险认知的知识理论认为，人们根据其所掌握的知识和信息来判断风险的强度。一般而言，受教育程度高的人应当比受教育程度低的人掌握更多的知识和信息。另外，从某种程度来看，受教育程度也是反映人们认知能力的一种客观指标。

本研究提出研究假设2：接触媒体越频繁的人，其风险认知越强。风险的社会放大理论认为媒体在人们的风险认知中起着重要作用。虽然“放大”包括加强和减弱两层含义，但是在危机管理不完善、不及时的情况下，媒体的作用主要表现为放大。因而，与媒体（如电视、报刊、网络等）接触的频率越高，其认知风险的机会也就越多。

根据文化理论，制度结构是风险认知的最终原因（雷纳，2005）。当前中国最重要、最明显的制度结构是城乡二元结构。另外，相比农村地区而言，城市的现代化程度高、工业化发展速度快，城市比农村卷入全球化的程度也要高。从面临风险的客观环境来看，城市比农村涉入的程度要高得多。因此，本研究提出研究假设3：城市居民比农村居民的风险认知强。

阶层分化也是一个社会制度结构的重要组成部分，中国的社会结构在改革开放中经历了快速的转型，社会不平等现象十分严重。另外，社会分层结构研究的一般理论也认为阶层地位对个人的社会态度和行为都有决定性的影响（迪马鸠，2005）。处于社会上层地位的人通常社会政治态度相对保守，而处于社会下层地位的人政治态度则较为激进；处于社会上层的人对社会资源分配的态度较为认可，处于社会下层的人倾向于反对当前的分配格局。根据相关研究的经验，本研究提出研究假设4：阶层地位越高的人风险认知越强。

三　研究设计

1. 变量测量

（1）因变量。本研究分析的因变量是民众的风险认知，在 CGSS2006 中采用 5 分制量表法，分别测量民众对当前中国发展可能面临的风险问题的认识。这些问题包括世界环境问题、世界经济衰退、国际上某些敌对力量的军事入侵与威胁、全球恐怖主义威胁和全球能源短缺问题，1 表示最不严重，5 表示最严重，6 表示被访者不愿意回答或不清楚。为了保证分析样本的充分性，被访者选 6 时，未作为缺失值处理，而是采用中间值（3，中立）代替。在分析中，根据被访者对这 5 个选项的回答情况，笔者采用因子分析或分值加总来测量居民的风险认知。

（2）自变量。①受教育程度。本研究采用受教育年限作为被访者受教育程度的测量指标。CGSS2006 采用回忆法测量了被访者从小学起至获得最高学历所累计的年份，从而避免了根据分类法测量受教育程度时所产生的误差。②媒体接触。CGSS2006 中测量了被访者看电视、阅读报纸、浏览网站和阅读书籍（文学、社科、科技等方面的书籍）的频率，分为差不多每天、一周几次、一周一次、一月几次、一月一次、一年几次和从不 7 个类别，编码分别为 1 到 7。③城乡差异。根据采访地点，将被访者划分为城市居民（编码为 1）和农村居民（编码为 0）。通常人们采用户籍状况来表示这种城乡差异，但本研究主要侧重当前被访者的居住地点这种制度分割对他们风险认知的影响，虽然事后分析表明，城乡居民与城乡户籍之间的相关系数达到 0.789（$p<0.001$），但是采用户籍状况的统计分析结果的解释没有运用城乡地点划分的解释更便利。④阶层地位。CGSS2006 中提供了根据被访者当前职业划分的 EGP 十一分类职业阶层框架，本研究根据当前中国社会的现实状况，将其合并为六个阶层。分别是社会管理者阶层（EGP 分类中的阶层 I 和 II）、专业技术人员（EGP 分类中的阶层 VI）、一般办事人员（EGP 分类中的阶层 IIIa 和 IIIb）、小业主及自雇者（EGP 分类中的阶层 IVa、IVb 和 IVc）、非技术工人阶层（EGP 分类中的 VIIa）和农业劳动者阶层（EGP 分类中的 VIIb）。

（3）控制变量。①性别。男性为 1，女性为 0。②年龄。根据被访者的出生月份计算被访者的周岁，11 月份及以后出生的被访者的周岁为：2006

-被访者的出生年份+1，10月份及以前出生的被访者的周岁为：2006-被访者的出生年份。

2. 数据来源

本研究采用的数据来自2006年中国综合社会调查（CGSS），该调查采用多阶段分层抽样方法，覆盖全国28个省份（除港澳台和西藏）的城市和农村，有效样本量为10151个，其中城市样本年龄结构为17~69周岁；城市样本6013个，占总体的59.2%；农村样本4138个，占总体的40.8%。本研究根据主要被访者当前的职业情况，选取当前有工作或曾经有工作的样本8283人。分析模型采用全国人权重进行加权处理（变量：weight）。加权前后样本基本情况如表1。

表1 样本主要情况描述及加权前后对比

变量	取值	加权前（N=8283）		加权后（N=7955）	
		样本个数（个）	比例（%）	样本个数（个）	比例（%）
性别	女	4337	52.4	3971	49.9
	男	3946	47.6	3984	50.1
年龄	[17，69]周岁	平均值：43.1，标准差：12.6		平均值：42.6，标准差：12.6	
城乡	农村居民	3022	36.5	4112	51.7
	城市居民	5261	63.5	3842	48.3
地区	东部地区	3150	38.0	2465	31.0
	中部地区	3272	39.5	3440	43.2
	西部地区	1861	22.5	2050	25.8
受教育年限	[0，23]年	平均值：8.3，标准差：4.2		平均值：7.5，标准差：4.2	
阶层地位	社会管理者	1095	13.2	781	9.8
	专业技术人员	1085	13.1	789	9.9
	一般办事人员	1348	16.3	944	11.9
	小业主及自雇者	730	8.8	597	7.5
	非技术工人	842	10.2	617	7.8
	农业劳动者	3183	38.4	4227	53.1

注：部分样本之和不足7955，是因为剔除了缺失值。

四 数据分析与研究发现

1. 当前中国城乡居民的风险认知

首先通过描述分析我们发现（见图1），民众对当前中国社会发展可能面临的问题有较强烈的风险认知。人们普遍认为全球能源问题和世界环境问题是中国社会发展可能面临的严重问题，而对中国可能面临的恐怖主义威胁以及军事战争的威胁则没有强烈的风险认知，对中国可能面临的经济问题的风险认知一般。

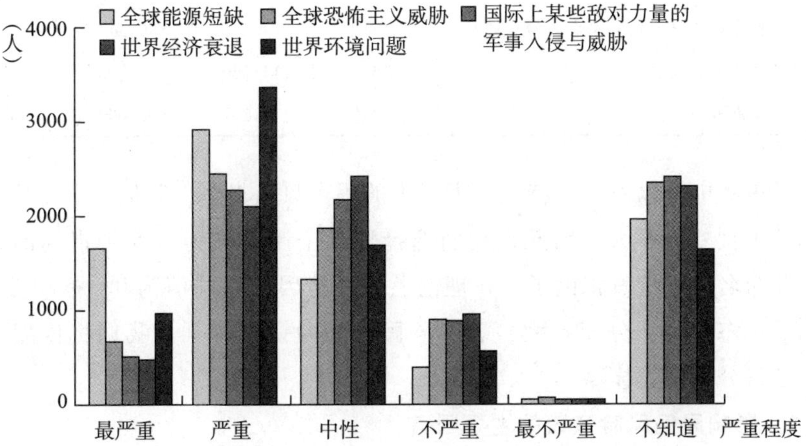

图1　居民对中国社会发展可能面临问题的判断（N = 7955）

其次，我们对被访者在“当前中国可能遇到的问题”的五个方面（世界环境问题、世界经济衰退、国际上某些敌对力量的军事入侵与威胁、全球恐怖主义威胁、全球能源短缺）的回答进行信度分析。在未做缺失值处理之前，Cronbach's Alpha 系数为 0.875，在进行缺失值替代之后（将 6 替换为 3），Cronbach's Alpha 系数为 0.733，两个系数都表明该量表测量的城乡居民的公共意识的信度较高。另外，对这 5 个维度指标进行 KMO 检验后发现，在缺失值处理的前后，KMO 值分别为 0.841 和 0.746，Bartlett's 检验均为 $p < 0.000$。这说明我们可以针对这 5 个维度指标进行因子分析，以因子得分值来测量居民的风险认知。在因子分析中，采用方差极大旋转法，选择特征根大于 1 的因子。旋转后的各指标的特征值、累计方差和因子负荷见表 2。

表 2　城乡居民风险意识的因子分析

指标	旋转后			因子负荷
	特征根	解释方差%	累积方差%	
1. 世界环境问题	2.437	48.746	48.746	.610
2. 世界经济衰退	.868	17.360	66.106	.675
3. 国际上某些敌对力量的军事入侵与威胁	.712	14.236	80.342	.758
4. 全球恐怖主义威胁	.568	11.366	91.708	.759
5. 全球能源短缺	.415	8.292	100.000	.677

从表 2 中可以看出，特征根大于 1 的因子只有 1 个，其他因子的特征根都小于 1 且差异不大。因此，我们选择这 1 个因子作为这 5 个指标的公因子，并命名为危机意识因子。在理论上，风险因子以均值为 0、标准差为 1 的标准正态分布，分值越大，表明居民的风险认知越强。我们将依据人们的因子得分来建立模型。

2. 影响居民风险意识的主要因素

根据研究假设的内容，我们将控制变量和主要自变量分别引入回归模型，运用最小二乘法进行一般线性估计，估计结果见表 3。主要的回归模型是：

$$Y = b_0 + b_i X_i + e$$

Y 表示民众的风险因子得分；b_0 是截距，当 X_i 都为 0 时，表示 Y 的均值；X_i 是主要自变量和控制变量组成的向量（主要包括受教育年限、媒介接触①、城乡差异、阶层地位、性别和年龄等）；b_i 是各向量对应的回归系数，表示 X_i 每变化 1 个单位时 Y 的该变量。

在模型 1 ~ 4 中，我们分别建立受教育年限、媒介接触、城乡差异与阶层地位对民众的风险认知影响的独立回归模型，从而单独检验研究假设

① 具体操作方法是：根据人们看电视、阅读报纸、浏览网站和阅读书籍 4 个指标进行信度分析，结果显示，Cronbach's Alpha 系数为 0.656，另外，KMO 值为 0.666（$p < 0.001$）；我们采用方差极大旋转法得到两个因子，第一个因子包含阅读报纸、浏览网站和阅读书籍三个指标，特征根是 2.022，解释方差 50.56%，被命名为阅读因子；第二个因子包括看电视一个指标，特征根是 1.003，解释方差 25.08%，被命名为视听因子。再根据这两个因子计算人们总的媒介因子得分 F = 0.5056 * F1 + 0.2508 * F2。

1～4。分析结果见表3。在模型1中，受教育年限与人们的风险意识显著相关（$p<0.001$），回归系数为0.040。这说明受教育程度越高的居民其风险意识因子的得分越高，风险认知越强。因而，研究假设1得到支持，即风险认知的知识理论得到验证。在模型2中，媒介接触与人们的风险意识也显著相关，回归系数为－0.302，这说明与媒体接触越频繁的人，受到媒体的影响越大，其风险认知越强。因而，研究假设2得到支持，这也说明了，在当前中国社会背景下，媒体对风险事件的宣传、报道起到了加强人们风险认知的作用。在模型3中，城市居民相对于农村居民而言，其风险因子的回归系数为0.293（$p<0.001$），这说明城市居民比农村居民具有更强的风险认知，因而研究假设3得到支持。在模型4中，相较于农业劳动者而言，处于社会上层地位的社会管理者、专业技术人员等具有更强的风险认知，回归系数分别是0.425和0.349。处于社会中层及中下层地位的人相较于社会上层的人而言，风险认知明显偏弱，其中一般办事人员、小业主及自雇者和非技术工人的回归系数分别是0.277、0.216和0.179。因而，研究假设4也得到支持。这说明当前中国社会的制度分割（城乡分割、阶层分化）对居民的风险认知有重要的影响。

模型5是前4个模型的联合模型，将这些因素放入同一个模型中，我们可以比较各种因素效应的相对大小。从系数的显著性来看，在联合模型中，城乡系数的显著性消失。但我们并不能据此判断城乡分割效应不存在，只能说城乡二元结构所能解释的方差相对于阶层地位来说显得很弱。因为，在城乡差异变量和阶层地位变量之间存在高度的共线性，农村居民主要是农业劳动者，而城市居民则更多的是非体力工人及以上阶层。在城乡差异变量和阶层地位变量的简单二元相关分析中，二者的Pearson相关系数达到0.795（$p<0.000$）。我们删除了城乡差异变量之后重新估计了各个参数，结果见模型6。模型6与模型5在拟合优度上没有任何差异。从模型6来看，媒介因子和受教育程度对人们的风险认知影响最强，其标准回归系数分别达到了－0.094和0.070。在阶层地位对人们风险认知的影响中，专业技术人员的标准回归系数达到0.067，其次是社会管理者，而一般办事人员、小业主及自雇者，与专业技术人员和社会管理者阶层相比，标准回归系数明显减小，其显著性也开始下降。非技术工人与农业劳动者相比，没有显著差异。

表 3　风险意识因子对其影响因素的回归分析（OLS，N = 7955）

常数项/变量	模型 1		模型 2		模型 3		模型 4		模型 5		模型 6	
	b	beta	b	beta	b	beta	b	beta	b	beta	b	beta
常数	-.342***		.006		-.048		-.051		-.211***		-.210***	
性别（男性 = 1）	.051*	.026	.076***	.038	.111***	.055	.104***	.052	.064**	.032	.062**	.031
年龄	.000	.005	-.001	-.013	-.004***	-.044	-.003***	-.041	.000	-.004	.000	-.003
受教育年限	.040***	.166							.017***	.070	.017***	.070
与媒介接触			-.302***	-.170					-.164***	-.093	-.167***	-.094
城乡差异（城市 = 1）					.293***	.147			.064	.032		
阶层地位（以农业劳动者为参照）												
社会管理者							.425***	.126	.102	.030	.158***	.047
专业技术人员							.349***	.104	.167*	.050	.226***	.067
一般办事人员							.277***	.090	.030	.010	.089*	.029
小业主及自雇者							.216***	.057	.044	.011	.101*	.027
非技术工人							.179***	.048	.018	.005	.073	.020
R^2	0.029		0.026		0.032		0.030		0.042		0.042	
Adjusted R^2	0.029		0.026		0.032		0.029		0.041		0.041	
Prob > F	0.000		0.000		0.000		0.000		0.000		0.000	

注：* $p < 0.05$；** $p < 0.01$；*** $p < 0.001$。

五　研究结论与讨论

全球社会已经进入风险社会，这已经不是大多数学者争论的要点。我们面临的最紧迫的任务是如何解决风险事件给人类带来的威胁，从狭义的风险认知扩展到广义的风险认知以及研究人们面对风险事件的行为选择和风险管理。在狭义的风险认知方面形成了个体主义和背景主义两种理论范式，前者强调个人的认知结构对风险认知的影响，后者强调人们风险认知的背景（包括文化、制度、结构、生活方式等）束缚。尽管两种范式存在本体论和元理论的争论，但是大多数学者已经达成了共识，即人们的风险认知是受到信息系统（认知系统）、个性、社会因素、经济因素和文化因素的相互作用影响的。本研究运用2006年中国综合社会调查（CGSS）的数据分析了民众的风险认知，分析表明：当前中国民众对中国社会发展可能面临的问题有相当强的风险认知，尤其是对中国可能面临的能源问题和环境问题有强烈的风险认知。根据风险认知的知识理论、风险的社会放大理论以及背景主义范式中对制度结构的重视，本研究分别建立相关统计模型，具体分析了影响民众风险认知的主要因素。具体来说，受教育程度越高的人、接触媒体越频繁的人、城市居民及阶层地位越高的人具有越强的风险认知，尤其是风险的社会放大理论在当前中国社会背景下，对民众的风险认知起到了放大的作用，对我们的风险决策具有相当重要的参考价值。

同时，本研究由于数据方面的限制，并不能够将所有的因素都纳入回归模型，因而也就不能检验所有理论的观点，如风险认知的人格理论、心理测量范式以及文化理论等。前两者往往在专门的心理学研究中才能得到检验，而后者通常用于不同社会文化和社会集团的比较，对于处在相同文化圈的人来说，则缺乏可操作的测量法。如何在社会学研究中，通过合理的研究设计来解决这些问题，将是今后研究的重点。从这些角度来看，本研究只是对人们风险认知问题的一个初步的探讨。

参考文献

安东尼·吉登斯:《社会学》,赵旭东等译,北京大学出版社,2003。

保罗·迪马鸠:《社会分层——生活方式与社会认知》,载戴维·格伦斯基编《社会分层》,王俊等译,华夏出版社,2005。

保罗·斯洛维克:《风险感知:对心理测量范式的思考》,载谢尔顿·克里姆斯基、多米尼克·戈尔丁《风险的社会理论学说》,徐元玲等译,北京出版社,2005。

刘金平、周广亚、黄宏强:《风险认知的结构因素及其研究方法》,《心理科学》2006年第2期。

罗杰·E. 卡斯珀森:《风险的社会放大效应:在发展综合框架方面取得的进展》,载谢尔顿·克里姆斯基、多米尼克·戈尔丁《风险的社会理论学说》,徐元玲等译,北京出版社,2005。

清华大学公共管理学院危机管理课题组:《中国城市居民危机意识网络调查报告》,2006。

斯蒂夫·雷纳:《文化理论与风险分析》,载谢尔顿·克里姆斯基、多米尼克·戈尔丁《风险的社会理论学说》,徐元玲等译,北京出版社,2005。

王俊秀:《面对风险:公众安全感研究》,《社会》2008年第4期。

乌尔里希·贝克:《风险社会》,何博闻译,译林出版社,2004。

谢尔顿·克里姆斯基:《理论在风险研究中的作用》,载谢尔顿·克里姆斯基、多米尼克·戈尔丁《风险的社会理论学说》,徐元玲等译,北京出版社,2005。

薛晓源、周战超主编《全球化与风险社会》,社会科学文献出版社,2005。

社会人口特征与环境关心：基于农村的数据

栗晓红

近30多年来，环境问题日益突出，民众环境关心的社会基础引发了研究者的极大关注。在环境关心问题上，发达国家已经进行了大量研究，积累了丰富资料。我国自20世纪90年代以来，陆续进行了一些关于环境关心问题的调查和分析（Blocker and Eckberg，1997；Buttel，1979；Hartwig，1999；Arbuthnot and Lingg，1975；Arcury，1990；Eckberg and Blocker，1996），对人们的环境关心状况进行了描述。但是，早期阶段的研究设计和方法较为粗糙，这些研究主要是运用频数分析和简单的相关分析方法，缺乏对变量控制下影响因素的分析。近些年，渐渐出现了一些运用更精致的研究方法，且能与国外发现对话的研究（洪大用、肖晨阳，2007），极大地提高了关于我国环境关心的认识。其中，一个被广为运用的数据库源于2003年中国综合社会调查中关于环境部分的调查。基于该数据库的研究发现在相当程度上代表了对中国城市环境关心的认识（卢春天、洪大用，2011）。但是令人遗憾的是，该调查没有把农村包括在内。正是基于此遗憾，本文尝试运用“中美农村可持续发展社区研究”项目中关于农村环境的调查数据，对农村环境关心与社会－人口特征的关系进行说明，讨论农村居民环境关心的群体基础，与城市居民环境关心的异同以及其背后的作用机制。

一　社会人口特征对环境关心的影响

在英语文献中，研究者就年龄、教育和政治意识形态对环境关心的影响取得了相当高程度的共识（Xiao et al.，2007），研究者普遍认为，越年轻、受教育程度越高以及越具有自由倾向的人，其环境关心程度越高。因其稳定性和共识性，这三个自变量也成为西方一些学者检验环境关心量表信度和效度的重要工具（Dunlap et al.，2000）。在我国，政治倾向很少被研究，受教育程度对环境关心的正向显著影响也得到了普遍认同（洪大用、肖晨阳，2007），年龄对环境关心的影响虽然与西方研究发现一样比较显著，影响方向却截然相反。如卢春天和洪大用利用2003年中国综合社会调查数据分析后发现，年龄只有在全球环境问题感知因子上才有显著负向影响，在经济发展、环境保护因子和新生态范式因子上都是显著正向影响（卢春天、洪大用，2011）；Shen 和 Tatsyoshi 对上海市民环境关心的研究则发现年龄对整体环境关心都为显著正向影响（Shen and Tatsyoshi，2008）。Van Liere 和 Dunlap 在解释年龄对环境关心的负向影响时，提出了两个作用机制：社会秩序融入机制，即年长的人比年轻人融入社会秩序的程度更高，对环境问题的解决被认为是对社会秩序的破坏，所以年长的人更抵触环境政策和行动；信息机制，即年轻人比年长的人在环境信息方面更敏感，也更关心环境（Van Liere and Dunlap，1980）。Shen 和 Tatsyoshi 则提出了解释中国年龄对环境关心积极影响的两个机制：环境污染经历机制，即上海年长的人比年轻人在20世纪80年代和90年代遭受了更多的环境污染，所以更关心环境；下一代关心机制，即年长的人比年轻人更为后代考虑，希望下一代有高的环境质量，所以更关心环境（Shen and Tatsyoshi，2008）。

在英语文献中还有一些重要的群体特征被广为研究，但是没有取得一致性结论。这些变量包括性别、收入、居住地等。就性别对环境关心的影响来看，有些研究认为男性比女性更为关心环境（Arcury et al.，1990），有些则认为女性比男性更为关心环境（Hunter et al.，2004），还有些研究认为两性之间没有显著区别（Hines et al.，1987）。有研究者注意到，越是晚近的文献越是倾向于认为女性比男性有更多的环境关心，但建立在中国数据基础上的研究却普遍认为女性不如男性关心环境（洪大用、肖晨阳，2007）。认为女性比男性更为关心环境的主要解释机制有两个：关怀伦理机制，社会化导致女性具有伦理关怀的品格，这种母性品格会扩展到对自然的关怀和关心上；社会弱势机制，女性在社会结构中的弱势位置，使得女性更容易遭受环境伤害，或者更少相信科学技术，或者对环境健康更有一种同情式理解。我国学者对中国男性比女性更为关心环境的解释是：公共参与机制，在中国，男性比女性更接近公共空间，对公共事务和公共话题

（比如环境保护）更敏感，政治上也更活跃；环境知识机制，男性比女性有更多的环境知识，而环境知识越多，越倾向于关心环境。

关于经济收入对环境关心的影响也没有取得一致的结论。支持经济收入对环境关心有积极影响的研究认为，环境是在马斯洛需要理论中低级阶段的需要被满足后才会去追求的物品。所以，经济收入越高，越关心环境（Scott，1994）。认为经济收入低的群体更关心环境者则提出低收入者可能遭受更多的环境破坏（Dunlap et al.，2008）。大部分研究则认为，收入不能作为测量环境关心程度的因素（Shen et al.，2008）。我国学者的研究更支持收入对环境关心的正向影响，如肖晨阳和洪大用的研究认为高收入者有更丰富的环境知识，从而也会有更为支持环境保护的价值观；卢春天和洪大用也证明了收入对全球环境感知有积极的影响。

就居住地这一变量来说，一般认为城市居民比农村居民更关心环境，对此的常见解释是，城市居民比农村居民遭受了更多的环境污染，所以他们更为关心环境质量。马戎和郭建如利用 1997 年“全球环境调查项目”的中国数据分析了中国居民在环境意识与环保态度方面的城乡差异，提出城市居民比农村居民对环境污染问题更敏感，更期望政府的关注（马戎、郭建如，2000）。也有学者发现越是居住在省会城市或直辖市中，人们的环境关心程度越高，这主要是因为这些城市居民具有更多的环境知识，一旦控制了环境知识变量，他们的环境关心程度就与其他类型的城市居民没有什么显著差异（洪大用、肖晨阳，2007）。

除了这些常见变量外，也有学者把宗教信仰、职业、婚姻等变量纳入对环境关心的研究。由于环境关心内涵的多面向、多层次性，所以存在这些变量在环境关心的各个维度上表现是否一致的问题，如 Klineberg 利用美国得克萨斯州环境调查的数据发现，除了年龄和受教育程度在环境关心的所有维度上都表现出一致性外，其他如性别、家庭收入、宗教信仰等社会人口变量，在基于新生态范式量表对公众环境世界观的测量、环境友好行为、当地环境污染感知、环境优先和发展优先的权衡等各个维度上都表现出不一致性（Klineberg et al.，1998）。也有学者发现，包括总的环境态度和环境友好行为的环境关心测量在发达国家有着高度的一致性，但在中等发达国家则表现出测量结果的不一致性（Marquart-yatt，2008）。总的来说，环境关心社会基础研究的分歧远远大于共识，这既与对环境关心内涵的不一致理解和不同测量有关，也与研究方法的内在缺陷有关（Van Liere and Dunlap，1980）。

二　数据与方法

（一）数据

研究数据来自“中美农村可持续发展社区研究”项目数据库中关于环境部分的调查数据。考虑到中国农村的多样性和调查的便利性，该项目在东部、中部和西部的分类框架下采用整群抽样的方法，从3个地区中各抽取数个自然村，然后运用Kish表在村里每户选择1名成年访问对象进行调查。目前该项目还在实施中。本研究主要以已经完成调查的分别来自东、中、西部3个村的数据作为对象，分析目前数据中所能反映出来的中国农村环境关心在社会人口特征上的差异。研究对象分别是上海市崇明县M村、江西省吉安市L村和甘肃省环县D村，入户调查分别于2009年12月、2010年7月和10月完成。样本量为616份，其中，上海M村275人，江西L村176人，甘肃D村165人；平均受教育年限为6.23年；平均年龄为51岁。

关于调查数据有两点需要说明。

（1）本文在运用Kish表抽取调查对象时，与通常把年龄范围限制在18～69岁不同，我们保留了年龄下限，即18岁，但是取消了年龄上限。主要是考虑到随着越来越多的年轻人外出打工以及迁移到外地，老年人在农村的比例越来越高，而且日益成为农村具有重要影响力的群体，这种情况已经被学者广为关注（Tognacci et al.，1972），所以有理由认为农村老年人的环境关心对于农村环境的保持和改善非常重要，值得考察。

（2）对于户口仍然在当地村庄但是已经迁移到外地居住的家庭，不列入抽样框中。我们关心的是那些真正生活在农村的居民的环境关心状况。上海M村登记在册的户数有598户，但是有250户家庭长年在上海市工作、读书和生活，这部分人口被剔出考察范围，对剩下的348户家庭发出问卷，收回275份（79%）。江西L村登记在册的户数有292户，86户家庭长年在外，发出206份问卷，收回176份（85%）。甘肃D村登记在册的户数有254户，35户长期在外地生活，发出219份，收回165份（75%）。

（二）变量测量

（1）环境关心。目前学界对环境关心的内涵尚没有统一认识，研究者在自己的学科背景和问题关注下对环境关心进行了不同的界定和测量。其中，有些定义更为具体化，侧重对具体环境问题如水污染、资源耗竭等的研究；有些定义更为抽象化，侧重对环境态度的研究；有些定义更为狭窄，侧重对单项环境主题的研究；有些定义更为宽泛，侧重对环境的多方面问题的研究；有些定义更偏重政策；有些定义更偏重心理。对于此现象，Dunlap等人曾经做过概括性论述（Dunlap et al.，2002）。

国内关于环境关心也有着多种定义。吴祖强研究的环境意识包括环境态度、环境行为和环境知识3个部分（吴祖强，1997）。马戎和郭建如研究的环境意识包括环境感知、环境责任等内容（马戎、郭建如，2000）。卢春天和洪大用则提出中国环境关心不是一个具有内在一致性的态度测量体系，而是包括4个方面：全球环境问题认知、当地环境问题认知、环保政策支持（对经济发展和环境保护的优先选择问题）和环境态度（新生态主义范式的世界观）（卢春天、洪大用，2011）。

本研究对环境关心内涵的分析主要借鉴了邓拉普和琼斯把环境关心分为“环境”和“关心”两个主题的概念框架。“环境”指具体的环境主题，可以从多个角度去讨论，如内容上的，水污染、空气污染、资源耗竭等；空间上的，地区环境问题、全国环境问题、全球环境问题；时间上的，过去的环境问题、现在的环境问题、未来的环境问题等。“关心”则指对环境主题的不同关心方式，可以是基于心理学理论的知情意行，也可以是基于政策考虑的对环境问题的感知、对环境政策的支持、环境行为等。这个框架能够总括目前关于环境关心的各种定义，现有的关于环境关心的研究多是侧重其中的某个方面。

考虑到本研究调查对象的特点，我们这里讨论的环境主题包括7项内容：空气污染、能源危机、气候变暖、食品安全、饮用水污染、工厂制造的污染、土地退化。关心方式则包括：对上述环境问题与自己生活关切度的感知、对上述环境问题的了解程度、对环境保护政策的支持和环境态度。

具体说来，我们从以下四个维度对村民的环境关心进行了测量，见表1。

第一个维度是村民对环境问题与自己生活关切程度的感知。包括7个指标：空气污染、能源危机、气候变暖、食品安全、饮用水污染、工厂制造的污染、土地退化。赋值方式为：“没有丝毫关系”赋值为1，“没有关系”为2，“有一些关系”为3，“关系非常密切”为4。

表1　环境关心变量概述和环境关心因子负载

变量	指标描述	均值	标准差	环境关心测量			
环境感知	空气污染	3.04	1.109	0.722	0.257	0.184	0.043
	能源危机	2.51	1.185	0.718	0.357	0.100	-0.033
	气候变暖	2.57	1.149	0.756	0.308	0.105	0.000
	食品安全	3.11	1.152	0.824	0.201	0.172	0.070
	饮用水污染	3.16	1.127	0.780	0.192	0.245	0.055
	工厂制造的污染	2.77	1.195	0.811	0.253	0.108	0.014
	土地退化	2.82	1.225	0.765	0.205	0.213	-0.077
环境知识	烧秸秆或柴火会污染空气	2.21	1.138	0.123	0.732	0.012	0.041
	地球上的石油、煤和天然气是有限的	2.12	1.142	0.248	0.743	0.059	0.125
	汽车尾气和牛羊放屁产生的气体会导致气候变暖	1.77	1.056	0.190	0.752	0.044	-0.016
	不适当使用化肥和化学饲料会污染农产品	2.19	1.126	0.279	0.765	0.195	0.033
	随便排放污水会污染饮用水	2.56	1.133	0.306	0.751	0.238	0.061
	开工厂常常会造成环境污染	2.61	1.108	0.360	0.687	0.237	0.114
	土地如果不妥善管理就会退化	2.51	1.191	0.381	0.622	0.289	0.022
环境政策支持	我们应该多建些工厂来发展经济，保护环境以后再说	3.19	1.280	0.036	0.130	0.221	0.717
	为了经济利益破坏环境是非常不道德的事情	3.87	1.199	0.122	0.087	0.632	0.191
	现在生活好了，用水用电浪费一点也没关系	3.93	1.196	0.091	0.097	0.416	0.328
	不应向路边倒污水或垃圾，即使给自己的生活带来不便	3.99	1.133	0.066	0.116	0.682	0.049
环境态度	破坏了自然环境，人就不可能幸福生活	4.24	0.952	0.234	0.171	0.701	-0.062
	我们不仅要为我们这代人保护好环境，还应该为子孙后代保护好环境	4.46	0.781	0.328	0.119	0.653	-0.053
	环境问题，比如污染，科学技术总有办法可以解决	2.13	1.087	-0.132	-0.074	-0.501	0.551
	不管人类做什么，都不会破坏大自然	3.13	1.340	0.014	0.055	0.025	0.756

第二个维度是村民对环境知识的了解程度。仍然是从7个指标进行考察：烧秸秆或柴火会污染空气；地球上的石油、煤和天然气是有限的；汽车尾气和牛羊放屁产生的气体会导致气候变暖；不适当使用化肥和化学饲料会污染农产品；随便排放污水会污染饮用水；开工厂常常会造成环境污染；土地如果不妥善管理就会退化。赋值方式为："从没听说过"赋值为1，"听说过一点"为2，"一般了解"为3，"非常了解"为4。

第三个维度是村民对环境保护政策的支持程度。包括2个指标：发展经济与保护环境之间的优先选择，生活舒适与保护环境之间的优先选择。各设计了正向和反向两道题目：我们应该多建些工厂来发展经济，保护环境以后再说；为了经济利益破坏环境是非常不道德的事情；现在生活好了，用水用电浪费一点也没关系；不应向路边倒污水或垃圾，即使会给自己的生活带来不便。正向问题赋值方式为："非常不同意"赋值为1，"不太同意"为2，"说不清"为3，"比较同意"为4，"非常同意"为5。反向问题则反过来赋值。

第四个维度是村民的环境态度。包括4个指标：破坏了自然环境，人就不可能幸福生活；我们不仅要为我们这代人保护好环境，还应该为子孙后代保护好环境；环境问题，比如污染，科学技术总有办法可以解决；不管人类做什么，都不会破坏大自然。前两道为正向题目，赋值方式为："非常不同意"赋值为1，"不太同意"为2，"说不清"为3，"比较同意"为4，"非常同意"为5。后两道为反向题目，则反过来赋值。

（2）社会人口特征。作为自变量纳入回归模型中进行考察的社会人口特征主要有：年龄、性别、受教育程度、主观经济地位和主观社会地位、居住地、党员身份、打工范围、政治价值观。我们虽然设置了家庭年收入调查项目，但是很多被访者或者填写偏低，或者拒绝回答，缺失值较多（17.5%），所以我们放弃了这一调查项目，而选择了经济地位认同和社会地位认同两个主观地位评价作为测量地位的标准，但是这样一来，就损失了绝对经济收入对环境关心的可能影响，只能考察相对经济地位对环境关心的影响。另外，在通常的考察变量外，我们把"党员身份""打工范围"和"政治价值观"也纳入考察范围，其背后的主要假设是：党员因其政治身份会有高度的环境关心；外出打工能够开阔人的眼界，提高人的环境关心程度；不同的政治价值观会导致不同的环境关心。我们把政治价值观分为4种：儒家价值观、威权主义价值观、社会主义价值观和现代主义价值观，分别用4道题目对这些价值观进行了测量，每一个价值观的得分就是这四道题目的汇总得分。政治价值观的测量及均值和标准差见表2，有关自变量的描述及赋值见表3。

表2 政治价值观变量概述

变　量	指标描述	均值	标准差
儒家价值观	一个家应该有个当家人，家庭成员都应该听他的	3.87	1.274
	一个家的当家人应该是家里的男人	3.73	1.379
	在日常生活中，晚辈应该尊重和听从长辈	4.44	0.838
	政府就像父母一样，应该关心照顾老百姓	4.39	0.902
威权主义价值观	游行上访这些事情很容易影响社会稳定，应该被禁止	3.31	1.139
	我们需要强有力的政府来管家	4.14	0.930
	只有大家的想法一样，社会才能安定	4.08	0.973
	如果中国有好几个党，一定会出现混乱	3.63	1.249
社会主义价值观	在我们国家，政府是为人民谋福利的	3.39	1.325
	共产党代表人民的利益，我们应该热爱她，拥护她	3.31	1.256
	在社会主义国家里，个人是社会的一分子，应该主动为国家多做贡献	3.57	1.299
	集体利益应该总是高于个人利益	3.34	1.100
现代主义价值观	现在的社会，自己管自己，不能指望国家来提供保证	4.24	0.994
	现代社会中人们想到哪里生活工作都可以，国家应该取消户籍制度	4.44	0.798
	多赚钱多消费，是我向往的生活目标	4.17	0.874
	经济发展要靠竞争，政府不应该过多干预	4.01	1.055

表3 社会人口特征变量概述

变　量	指标描述	均值	标准差
年龄	连续变量	51.27	15752
性别	女=0；男=1	0.47	0.490
受教育程度	连续变量	6.23	3.907
主观经济地位	下等=1；中等偏下=2；中等=3；中等偏上=4；上等=5	2.61	1.122
主观社会地位	下等=1；中等偏下=2；中等=3；中等偏上=4；上等=5	2.97	1.013
甘肃	甘肃=1；其他=0	0.27	0.443
上海	上海=1；其他=0	0.45	0.498
党员身份	非党员=0；党员=1	0.10	0.295

续表

变　量	指标描述	均值	标准差
外出打工经历	无外出打工经历 =0；有外出打工经历 =1	0.54	0.499
儒家价值观		16.47	2.882
威权主义价值观		15.17	2.750
社会主义价值观		16.88	2.696
现代主义价值观		13.60	3.096

(3) 因子分析。关于环境关心的调查项目有22项，我们希望找到这22项背后的潜在结构性因素，所以将对这22项进行因子分析，利用主成分分析方法，依据特征值 =1、KMO 和 Bartlett 检验来决定因子数量。

(4) 回归分析。在对环境关心进行了因子分析后，将以各因子为因变量，对社会人口特征的自变量进行回归分析。

三　数据分析与研究发现

(一) 因子分析结果

表1给出环境关心因子分析结果。KMO 值为0.921，Bartlett 球形度检验 $p=0.000$，这说明环境关心各项目间高度相关，非常适合做因子分析。共提出来4个潜在因子，可以解释61%的总方差。第1个因子是“环境感知因子”，7个项目的因子负载都在0.7以上；第2个因子是“环境知识因子”，7个项目的因子负载都在0.6以上；第3个因子和第4个因子都是环境政策支持和环境态度的混合，只是第3个因子偏向正向环境项目，因子负载都在0.6以上，第4个因子偏向负向环境项目，因子负载都在0.3以上。洪大用和肖晨阳在城市环境关心因子分析时也发现了同样沿着正向表达和负向表达而分类的令人深思的现象（洪大用、肖晨阳，2007）。同时，这也提示我们，环境政策支持因素和环境态度因素高度相关。尽管学者经常把环境政策支持和环境态度分开作为两个维度，但事实上，环境政策支持的核心其实就是在“环境保护”和“经济发展和便利”态度之间进行选择。在这里，我们把第3个因子称为“支持环境型态度因子”，第4个因子称为“不利环境型态度因子”。

（二）回归分析结果

表 4 是回归分析的结果。从中可以看出，政治价值观在环境关心的各因子解释中都占有很高的比例，为此，我们对每个因子都建立了两个模型，第 2 个模型包括所有要考察的自变量，第 1 个模型包括除“政治价值观”之外的所有自变量，这样可以更加清楚地看到“政治价值观”的影响作用，同时因为对城市居民环境关心的考察主要是基于第一个模型中的变量，所以也便于进行城乡之间的比较。从表 4 中可以看出，在所有模型中，整体模型 F 检验都很显著，R^2 从 0.037 到 0.310 不等。下边我们分别来看一下各主要自变量对环境关心各因子的影响。

表 4　多元回归分析结果

自变量	因子 1		因子 2		因子 3		因子 4	
年龄	-0.141**	-0.194***	-0.143**	0.007	-0.097*	-0.137*	-0.080	
性别	0.083*	0.053	0.082*	0.071	0.015	-0.040	0.038	0.029
受教育程度	0.160**	0.127**	0.306***	0.281***	0.081	0.021	0.090	0.102*
主观经济地位	0.014	0.023	0.071	0.049	-0.053	-0.035	-0.064	-0.018
主观社会地位	-0.049	-0.059	0.103*	0.104*	0.097*	0.080*	0.067	0.055
甘肃 D 村	0.043	0.048	-0.023	-0.002	0.073	0.075	-0.086	-0.074
上海 M 村	0.200***	0.196***	0.094	0.082	0.148**	0.120*	-0.051	-0.107*
党员身份	0.064	0.053	0.043	0.038	0.059	0.037	0.032	0.020
外出打工经历	-0.009	-0.001	-0.002	0.002	-0.035	-0.022	-0.090*	-0.103*
儒家价值观		-0.019		-0.132**		-0.012		-0.099*
威权主义价值观		0.070		0.103*		0.223***		-0.101*
社会主义价值观		0.239***		0.028	0.400***		0.066	
现代主义价值观		0.031		0.087*		0.059		-0.324***
R^2	0.092	0.163	0.193	0.222	0.037	0.310	0.047	0.179
调整的 R^2	0.078	0.145	0.181	0.205	0.022	0.295	0.033	0.162
F 检验显著性	0.000	0.000	0.000	0.000	0.007	0.000	0.001	0.000
样本数	615	615	615	615	615	615	615	615

注：* $p<0.05$，** $p<0.01$，*** $p<0.001$。

（1）年龄。年龄几乎在所有环境关心因子上都有显著的消极影响，在环境感知和环境知识上尤为明显，这与对城市的研究发现不一致，而与国外的发现更趋于一致。2003 年中国综合社会调查的研究发现，年龄在城市居民的环境政策支持和环境态度上有显著的正向影响。

（2）性别。性别只在环境感知和环境知识上有微弱显著的影响，也就是说对于环境问题男性比女性稍微敏感些，且有稍多的环境知识，但是一旦控制了政治价值观，两性在这两项上也不再有显著差异。在环境态度上，男性和女性没有显著区别。城市数据显示，在环境知识、环境感知和环境态度上，城市男性均显著高于城市女性，这与我们的发现不一致。

（3）受教育程度。受教育程度对环境感知和环境知识有显著的正向影响，在环境态度上影响不大，但在控制了政治价值观后，对不利环境型态度有微弱积极影响。城市数据支持受教育程度对环境知识的影响，同时也认为受教育程度对环境政策支持和环境态度有显著的积极影响。

（4）主观经济地位和主观社会地位。数据表明，主观经济地位在所有环境关心因子上都无显著影响，与此相比，主观社会地位在环境知识和支持环境型态度上有微弱显著影响，越是认为自己的家庭在村庄里具有较高社会地位的人，越是倾向于有更多的环境知识，并持有支持环境的态度。

（5）居住地。以江西调查村为参照，发现上海调查村在环境感知和支持环境型态度上得分显著的高，而在不利环境型态度上则显著的低。甘肃调查村和江西调查村在所有环境关心因子上均无显著差异。

（6）党员身份和外出打工经历。和我们的假设不同，党员身份对环境关心的 4 个因子均无显著的影响，而外出打工经历只对不利环境型态度有微弱显著影响，且为负的影响。这似乎告诉我们，外出打工的人更信奉人类中心的价值观，而不是自然中心价值观。

（7）政治价值观。政治价值观在环境关心的 4 个因子上都有非常显著的影响。通过比较各环境关心因子的两个模型的 R^2 差可以看出，政治价值观极大地提高了解释方差比例，在 4 个因子上分别提高了 7.1 个百分点、2.9 个百分点、27.3 个百分点和 13.2 个百分点。这说明，政治价值观与环境关心，尤其与环境态度关系密切。另外，值得注意的是，政治价值观变量的加入使得性别变量在环境感知和环境知识上的影响消解，影响不再显著，与此同时，也改变了年龄变量在环境态度上的影响力度。但更为引人注目的是，大部分自变量在两个模型中都表现出了方向相同，且力度基本相同的情况，这说明政治价值观与其他自变量有着独立的影响机制。

四 讨论和结论

综上所述，就调查村居民的环境关心来说，本研究更支持年龄的消极影响，年龄越大，对环境问题越不敏感，环境知识也越少，且在环境态度上也越倾向于不利环境型态度。和城市老年人在环境感知上敏感，但在环境政策和态度上消极相比，农村老年人在环境关心的各个维度上都表现出了一致的消极影响。与城市居民不同的是，农村居民两性在环境态度上没有显著差异，这里既无生态女性主义所宣扬的女性与自然的天然亲近，也无中国语境下女性对包括环境问题在内的公共事务的冷漠。虽然与城市居民一样，农村男性在环境感知和环境认识上高于女性，但是由性别带来的净效应（beta 分别为 0.083 和 0.082）既比不上由受教育程度带来的正净效应（beta 分别为 0.160 和 0.306），也比不上由年龄带来的负净效应（beta 分别为 -0.141 和 -0.143）。与我们的期望一样，受教育程度越高，环境知识越多，对环境问题也越敏感，但是与我们期望不同的是，受教育程度高低对环境态度并没什么影响。这似乎告诉我们，环境态度是一种非常稳定的、内在的观念体系，基本不受性别和受教育程度的影响，年龄也只是有微弱影响。

就社会地位和经济地位来看，社会地位认同对环境关心的影响远远大于经济地位认同的影响。与经济地位认同无任何影响相比，社会地位认同高的人不仅有更多的环境知识，态度上也更为支持环境。这说明在调查村内部处于经济分层结构中不同层级的人在环境关心上没有出现分化，大家基本处于同样的水平，但是在社会声望分层结构中，居于高位的人有着更强的环境责任感和环境意识。

就 3 个村庄的比较来看，中部村庄居民和西部村庄居民在环境关心上没有显著差异，但是东部村庄居民明显比中西部村民在环境问题感知上更敏感，且具有更为支持环境的态度。而且这种感知敏感性和支持态度与村庄的环境经历并没关系，事实上，针对“您觉得××村是否存在一定的环境问题”，上海村庄居民选择“问题很严重”的比例（1.1%）远远低于另外两个村庄（11.0% 和 10.6%）。

政治价值观对环境关心有显著影响是本研究中最令人兴奋的发现。政治价值观变量的加入极大地提高了环境关心的方差解释比例。但是值得注意的是，4 种政治价值观在环境关心四个维度上有不同的影响方向和强度：具有儒家价值观的人有最少的环境知识和较强的不利环境型态度；具有威权主义价值观的人有较多的环境知识和较强的支持环境型态度，但同时也有较强的不利环境型态度；具有社会主义价值观的人有最敏感的环境感知和最强的支持环境型态度；具有现代主义价值观的人虽有较多的环境知识，但有最强的不利环境型态度。总的来看，社会主义价值观的人有最强的环境关心，儒家价值观的人则有最弱的环境关心，威权主义价值观和现代主义价值观介于二者之间。为何会有这种差异？

美国学者 Tognacci 等在考察了政治倾向对环境态度和行为的影响后发现，自由主义者比保守主义者更为关心环境问题，更为支持环境运动，也有着更多的环境行为。其背后的理论基础在于他们的政治理念与环境理念有着内在的一致性，如提倡环境伦理，主张政府干预，而这些主张正是自由主义所提倡的（Tognacci et al.，1972）。另一位学者 Weigel 就政治意识形态与环境行为进行了研究，发现社会主义者和自由主义者非常接近，二者都比保守主义者要更为积极地参与环境保护（Weigel，1977）。本研究似乎在某种程度上印证了该观点。不过，为何持有儒家价值观的人反而最不关心环境，这实在是个有趣的问题，一种猜测是儒家价值观是人类中心的，这可能导致对自然的忽视。对该问题的合理解释，还需要进一步深入的研究。

参考文献

洪大用、肖晨阳：《环境关心的性别差异分析》，《社会学研究》2007 年第 2 期。

卢春天、洪大用：《建构环境关心的测量模型：基于 2003 中国综合社会调查数据》，《社会》2011 年第 1 期。

马戎、郭建如：《中国居民在环境意识与环保态度方面的城乡差异》，《社会科学战线》2000 年第 1 期。

吴祖强：《上海市民环境意识调查与评价研究》，《上海环境科学》1997 年第 7 期。

Arbuthnot, J., Lingg, S., "A Comparison of French and American Environmental Behaviors, Knowledge, and Attitudes," *International Journal of Psychology*, 1975, 10 (4): 275 - 281.

Arcury, T. A., Christianson, E. H., "Environmental Worldview in Response to Environmental Problems: Kentucky 1984 and 1988 Compared," *Environment and Behavior*, 1990, 22

(3): 387 - 407.

Blocker, T. J., Eckberg, D. L., "Gender and Environmentalism: Result from the 1993 General Social Survey," *Social Science Quarterly*, 1997, 78 (4): 841 - 858.

Buttel, F. H., "Age and Environmental Concern: A Multivariate Analysis," *Youth and Society*, 1979, 10 (3): 237 - 256.

Dunlap, R. E., Van Liere, K. D., Mertig, A. G., et al., "Measuring Endorsement of the New Ecological Paradigm: A Revised NEP Scale," *Journal of Social Issues*, 2000, 56 (3): 425 - 442.

Dunlap, R. E., Robert, E. J., "Environmental Concern: Conceptual and Measurement Issues," in Dunlap R. E., Michelson W. *Handbook of Environmental Sociology* (Westport, C. T.: Greenwood Press, 2002).

Dunlap, R. E., York, R., "The Globalization of Environmental Concern and the Limits of the Postmaterialist Values Explanation: Evidence from Four Multinational Surveys," *The Sociological Quarterly*, 2008, 49 (3): 529 - 563.

Eckberg, D. L., Blocker, T. J., "Christianity, Environmentalism and the Theoretical Problem of Fundamentalism," *Journal for the Scientific Study of Religion*, 1996, 35 (4): 343 - 355.

Hartwig, B. H., "Christianity and the Environment in the American Public," *Journal for the Scientific Study of Religion*, 1999, 38 (1): 36 - 44.

Hines, J., Hungerford, H., Tomera, A., "Analysis and Synthesis of Research on Responsible Environmental Behavior: A Meta-Analysis," *The Journal of Environmental Education*, 1987, 18 (2): 1 - 8.

Hunter, L. M., Hatch, A., Johnson, A., "Cross-national Gender Variationin Environmental Behaviors," *Social Science Quarterly*, 2004, 85 (3): 677 - 694.

Klineberg, S. L., McKeever, M., Rothenbach, B., "Demographic Predictors of Environmental Concern: It Does Make a Difference how it's Measured," *Social Science Quarterly*, 1998, 79 (3): 734 - 753.

Marquart-Pyatt, S. T., "Are There Similar Sources of Environmental Concern? Comparing Industrialized Countries," *Social Science Quarterly*, 2008, 89 (5): 1312 - 1335.

Scott, D., Willits, F., "Environmental Attitude and Behavior: A Pennsylvania Survey," *Environment and Behavior*, 1994, 26 (2): 239 - 260.

Shen, Junyi, Tatsyoshi, Saijo, "Reexamining the Relations between Socio-demographic Characteristics and Individual Environmental Concern: Evidence from Shanghai Data," *Journal of Environmental Psychology*, 2008, 28 (1): 42 - 50.

Tognacci, L. N., Weigel, R. H., Wideen, M. F., et al., "Environmental Quality: How Universal is Public Concern?" *Environment and Behavior*, 1972, 4 (1): 73 - 86.

Van Liere, K. D., Dunlap, R. E., "The Social Bases of Environmental Concern: A Review of Hypothesis, Explanations, and Empirical Evidence," *The Public Opinion Quarterly*, 1980, 44 (2): 181 - 197.

Weigel, R. H., "Ideological and Demogrphic Correlates of Proecology Behavior," *The*

Journal of Psychology, 1977, 103 (1): 39 -47.

Weigel, R. H. , "Ideological and Demographic Correlates of Proecology Behavior," *The Journal of Social Psychology*, 1977, 103 (1): 39 -47.

Xiao, Chenyang, McCright, Aaron M. , "Environmental Concern and Sociodemographic Variables: A Study of Statistical Models," *The Journal of Environmental Education*, 2007, 38 (2): 3 -13.

汉族群青少年民族意识型塑的研究

——对义务教育阶段语文课本的内容分析

栗晓红

一　研究问题的提出

民族与族群意识及其产生是民族研究中的一个基本内容。民族和族群意识的核心是“族群内部成员之间的认同、与外族成员之间的‘认异’”(马戎，2000a)。民族意识产生的基础在于族群间存在客观差异，如马戎教授列举的四个主要差异：①体质差异；②文化差异；③经济差异；④居住地差异（马戎，2000b)。同时，民族意识的产生也受到人为的引导和控制，尤其受民族领袖人物和国家的民族政策的影响。杨念群提出，“民族意识”本身往往直接或间接地就是某种政治意识与理论阐述的体现与表达，往往经过了意识形态的训导和收编，以符合一定的规范和尺度(杨念群，2003)。中国是个多民族国家，费孝通教授称之为“多元一体格局”，一体即中华民族，多元即历史上形成的多个族群。在长期的族际交往中，各族群都以儒家文化和中原政权为核心，凝聚和认同为“一体”。我们常说的“民族”实际上具有双层含意：一是中华民族意义上的“民族”，二是中华民族内部各个族群意义上的“民族”。所以，对中国的全体国民来说，实际上存在两个层次的认同和“认异”：一个是关于中华民族的民族意识，另一个是关于自己所属族群的“民族”意识。这两层意义上的民族意识是怎样被体现与表达的呢？尤其是对于“刚刚睁开双眼”看社会、看世界的青少年，作为政治文化核心部分之一的民族意识又是怎样被设计和传递的呢？这正是本文关注的核心问题。因为本研究要借助于义务教育阶段的语文教材作为分析工具，而这种教材主要是用于汉族群青少年的，所以，本研究的问题可以表达为：国家意识形态是如何型塑汉族群青少年的民族意识的。[①]

二　研究设计

（一）研究对象的选择

本研究拟对义务教育阶段的语文课本内容进行分析，看国家意识形态是怎样表述“民族”意识的，从而探讨国家对国民进行民族意识教育的政策和策略。本研究采用的教材版本是2001年人民教育出版社的教材，小学六年共12册，初中三年共6册，一共18册。

选择对语文教材进行分析主要有以下三方面的考虑。

1. 语文教材最集中地体现了学校系统中主流文化的选择性传递。社会复制自身的主要机制之一就是通过主流文化的有意识选择和传递，在最短的时间内把人类文明成果、该国家传统文化和主流意识形态传递给下一代，而这种传递的最主要途径就是学校里面的语文教育。国家也往往利用语文教育来宣传自己的意识形态，对青少年进行有利于自己的社会化塑造。

2. 中国语文教材中的每一课都是经过慎重选择的，无论是从思想上还是从表达上。中国的学校教育体系由中央政府直接领导，教材编写的指导思想受到严格的国家控制，各个学校采用的都是全国统一编写的教材。[②] 通过对课文内容的分析，可以看出国家对民族意识培养的态度和立场。也就是说，中国的语文教材可以充分反映出国家整体的民族意识型塑策略。

3. 选择语文教材而不是政治教材的一个原因是，政治教材虽然最为集中地反映了意识形态的教育和灌输，但是，因为集中而明了，就缺少民族意识培养的丰富内涵，只是死板地宣传国家的民族政策，而且只是宣传主

① 中国的民族教育政策是：在一部分少数民族地区实行双语教育——本族语教育和汉语教育，有的地方还实行三语教育，即在双语基础上再加上英语教育。这些教材是专门编写的，与广大汉族群地区采用的语文教材不一样。本研究主要集中于汉族群地区所使用的语文教材。

② 以前的教材都是由全国教材编写组编写，并统一由人民教育出版社出版发行。现在鼓励地方编写教材出版试用，出现了几个竞争的版本，比如江苏教育出版社、广东教育出版社的两套教材和人民教育出版社的教材已经形成竞争态势，但是，总的来说，大部分地方仍然采用人民教育出版社出版的教材。而且对于地方教材，中央对教材编写的指导思想也有严格的控制。

流意识形态的部分之一。相比政治教材，语文教材虽然没有鲜明地提出国家的民族政策或民族意识，但是，专家们在国家教材编写方针指导下选择的相关课文更能反映出国家的意图。这就为我们的分析提供了更广阔的空间。

选择对义务教育阶段的语文教材进行分析主要基于以下考虑。

1. 义务教育阶段是国家法定的强迫性免费教育阶段，国家专门通过了义务教育法来保证义务教育的实施。九年义务教育是由国家免费提供的，这也就意味着，要充分地在这九年教育中宣扬国家的意识形态。同样，也要充分表现国家对民族意识的训导。

2. 现在我国义务教育的普及率很高，这也就意味着中国的青少年都学习或者至少接触了语文教材，或多或少会留下记忆，并在一定程度上接受国家的主流意识形态。

另外，还要说明的是，该套教材是人民教育出版社 2001 年出版的，在这之前之后都有很多版本的教材。以河北省邯郸市来说，2001 年之前的教材是人民教育出版社 1994 年的版本，2001 年开始换用新版的教材，邯郸市小学从 2004 年开始换用河北教育出版社的教材。2001 年版本的教材和 1994 年版本的教材相比，有很多重合之处，河北教育出版社的教材与人民教育出版社的教材也有很多重合之处。由于国家教育系统的权力下放，再加上教材的庞大市场及丰厚的经济利润，以后的教材市场必然会出现群雄争夺、地方割据的局面。这样，2001 年版本的教材会成为国家统一集中意识形态的一个界标，从这个角度来看，即将退出历史舞台的 2001 年版本的语文教材对于我们分析全国性的民族意识型塑具有特别的意义。

（二）研究方法的选择

在确定了以义务教育阶段的语文教材为研究对象后，笔者采用的具体方法主要是：查看每一篇课文，把凡是带有感情色彩的且比较直接地提到国家意识形态（中华民族意识）的课文，以及涉及各个族群的课文都记录下来，然后摘抄相关内容，并进行分类。不过，有些泛泛地与爱国有关的课文不在分析之列，比如第五册的一篇课文《富饶的西沙群岛》，虽然文中没有明确提出爱国，但是也可以从国家地域辽阔富饶并激发学生对祖国的认同感和爱国情感这个角度去理解。考虑到这里已经有了过多的揣测意味，笔者没把该课文纳入分析范围。类似的课文还有：

小学：

第一册：《祖国多么广大》

第三册：《北京》

第四册：《北京亮起来了》

第五册：《富饶的西沙群岛》

第六册：《参观人民大会堂》

第七册：《黄继光》

第八册：《长城》《圆明园的毁灭》《黄河魂》

第九册：《冀中的地道战》

初中：

第三册：《故宫博物院》

在具体分析中，可能会着重考虑以下几个维度：

①背景；②方式；③内容。

关于具体内容，就中华民族意识层次来说，包括：

①在什么情况下谈及中华民族意识；

②通过什么方式来谈；

③谈了民族意识的哪些方面。

就各个族群意识层次来说，包括：

①在什么情况下明确谈及各个族群；

②通过什么方式来谈及这些族群；

③谈及族群的哪些方面。

三　研究结果

把小学课本从一年级第一册到六年级第十二册，依次编号为 1 到 12，初中课本在此基础上编号为 13 到 18。表 1 列出了所有涉及中华民族意识和族群意识的课文。

（一）中华民族意识

18 册书共有 501 篇课文，其中明确提到中华民族意识的课文有 11 篇。这 11 篇课文又可以分为四类。

（1）关于爱祖国的课文：《我爱祖国》《狼牙山五壮士》《小英雄雨来》

《为中华崛起而读书》。

（2）关于民族自豪感的课文：《向往奥运》《邓稼先》《詹天佑》《中国石拱桥》。

（3）关于游子的课文：《梅花魂》《枣核》。

（4）其他：《世纪宝鼎》。

表1　关于民族意识的课文汇总

册	课数	中华民族意识	族群意识
1	18		
2	26	1.《我爱祖国》	
3	25		
4	26		16.《葡萄沟》；17.《难忘的泼水节》
5	32		3.《亲人》
6	32		
7	32		
8	32		16.《猎人海力布》
9	28	15.《狼牙山五壮士》；16.《小英雄雨来》	12.《草原》
10	26	7.《梅花魂》	
11	28	6.《向往奥运》；7.《詹天佑》	
12	26	7.《为中华崛起而读书》；10.《枣核》；23.《世纪宝鼎》	23.《世纪宝鼎》
13	31		14.《老山界》
14	30		
15	32		30.《从宜宾到重庆》
16	30	2.《中国石拱桥》；20.《邓稼先》	
17	24		
18	23		

我们看到，小学四年级之前只有一篇课文涉及中华民族意识，即一年级的《我爱祖国》。该课文是以歌谣的形式提出一连串的爱——爱爸爸，爱妈妈，爱学习等等，最后结尾为“更爱祖国”，在这里祖国仍然是个抽象的

口号。涉及民族意识的课文主要出现在小学五年级及以后的教材里。

《狼牙山五壮士》和《小英雄雨来》都是通过主人公的口喊出“爱中国”“我是中国人”的口号。因为有很多具体细节的铺垫，这种口号真诚而富有感染力。这里高喊出来的“中国”“中国人”口号是与日本相对应的。两篇课文写的都是关于抗日战争时期的事情，主人公痛恨日本敌人，并与他们作斗争，让读者体会到国与国的不同，祖国受难，主人公献身于祖国等。

“为中华崛起而读书”是周恩来总理中学时代的理想。当看到中国人在东北这块自己的领土上被西方列国欺负时，他感到很纳闷，后来他的叔父很沉痛地告诉他：中华不振。“中华不振”这四个字给周恩来留下了深刻的印象，周恩来渴望中华崛起，并将中华崛起作为奋斗终生的目标。我们看到，这种中华民族意识在少年周恩来身上是因为祖国受列强欺负而被激发出来的。

关于民族自豪感的一组课文，都是通过描写中国或者中国人的成就而激发学生强烈的民族意识和自豪感。《向往奥运》是期望奥运申办成功的一篇文章，言辞间流露出对中国成为奥运主办方的惊喜和自豪。《邓稼先》是杨振宁写的文章。当杨得知中国的原子弹完全是由邓稼先领导，中国人成功制造的这一事实之后，杨振宇激动得热泪盈眶，一种强烈的民族自豪感油然而生。《詹天佑》中的主人公在中国受到英国和俄国要挟的情况下挺身而出，用自己的聪明才智设计了京张铁路，使外国人震惊，让中国人扬眉吐气。《中国石拱桥》以赵州桥和卢沟桥为例，说明了中国的石拱桥建筑有着光辉历史，在世界桥梁建筑史上占有重要地位。

《梅花魂》和《枣核》是两篇关于游子的文章。梅花和枣核都是祖国的象征，课文借海外华人思念祖国之情来表达民族感情，而这种浓厚的民族意识和感情正是因为身居异国他乡而萌发出来的。

《世纪宝鼎》是关于联合国成立50周年前夕中国向联合国赠送的一樽巨型青铜宝鼎的说明。这一宝鼎有着丰富的民族象征意义：“底座上饰56条龙，象征华夏56个民族都是龙的传人。”“它的整体结构、艺术造型和纹饰配制，显示了中华民族的悠久历史和灿烂文化。”我们看到，在面对外界的时候，国家塑造或传递出去的民族形象是：整个民族是中华民族，其象征物是龙，有着灿烂悠久的历史，青铜宝鼎就是证明。中华民族有56个族群，他们都是中华民族的一分子，表明了中国是个“多元一体”的民族。

我们看到，表达中华民族意识的课文，主要是通过与其他国家的比较来凸显中国的存在，或者是通过国家受难来激发保卫国家、振兴国家的感情，或者是通过国家成就来体现祖国强大的民族自豪感，或者是通过异国游子思念祖国来激发对祖国的依恋之情。

（二）族群意识

有8篇课文明确提及我国的少数族群。

《葡萄沟》：葡萄沟是新疆吐鲁番一个盛产水果的地方。作者在介绍了这个地方的水果后，讲到秋季葡萄成熟，“要是这时候，你到葡萄沟去，热情好客的维吾尔族老乡，准会摘下最甜的葡萄，让你吃个够”。作者用“老乡”来称呼维吾尔族人民，并用“热情好客”点出了这里人民的性格特征。

《难忘的泼水节》：记载了1961年傣族人民的泼水节，这个泼水节让人难忘，因为是周恩来总理和他们一起度过的。课文描写了傣族人民是如何热情迎接周总理，周总理又是如何平易近人地和傣族人民一起欢度这一节日的。课文描绘了一幅傣族人民爱戴国家领导人、国家领导人亲近傣族人民的图画。

《亲人》：这是从一个汉族群孩子角度讲苗汉是一家的课文。课文开篇就指出，整个小村子里除了自己家是汉族外，其他人都是苗族人。然后记叙了自己和妈妈是如何照顾邻居苗族老奶奶的，苗族老奶奶又是如何夸奖作者是个好孩子的。点出了主题：苗汉是亲人。但是，应该注意的是，课文中体现的叙述结构是汉族年轻人帮助少数民族老人。

《猎人海力布》：这是内蒙古自治区的一则民间故事，写一个叫海力布的猎手为了救百姓的性命，而情愿自己变成一块石头。

《草原》：这是老舍访问内蒙古的巴尔虎旗时有感而发写的一篇文章。文中写到蒙古族人民是怎样热情迎接这些访问者，然后又是怎样招待他们的。其中有一段说道：“主人们下了马，我们下了车。也不知道是谁的手，总是热乎乎地握着，握住不散。大家的语言不同，心可是一样。握手再握手，笑了再笑。你说你的，我说我的，总的意思是民族团结互助。”文中最后又提道：“太阳已经偏西，谁也不肯走，是呀！蒙汉情深何忍别，天涯碧草话斜阳。”其主题是蒙汉是一家。应该注意的是，文中提到了蒙汉语言不同。

《世纪宝鼎》：该篇课文前面已经介绍过了，因为既涉及中华民族，又涉及各个族群，所以在族群意识分析中又被列了出来。应该注意的是，56个族群的象征物是56条龙，而实质上龙主要被汉族群人民崇拜。显然，为了取得56族兄弟是一家的效果，宝鼎上饰了同样的象征物。

《老山界》：记叙了红军于1934年冬长征途中翻越第一座难爬的山——老山界的情况。老山界位于广西东北和湖南边境。红军在爬山途中碰到一位瑶族妇女。看到她很惊惶，“我们就跟瑶民攀谈起来，照我们一路上的经验，不论是谁，不论他们开始怎样怕我们，只要我们对他们说清楚了红军是什么，没有不变忧为喜，同我们亲热起来。今天对瑶民，我们也要试一试”。后来，瑶民拿出仅有的一点米，为红军煮粥，红军给钱，她不要。后来，红军的米运过来后，送给她一袋米，她很高兴地接受了。

《从宜宾到重庆》：讲到了四川省珙县山中悬崖峭壁悬挂着“棺材”的事，里面提到“据说是我国古时候西南地区的一个少数民族”。在课文最后还附了悬棺的材料，“是中国古代有些民族将棺材置于悬崖洞穴中的一种奇特安葬方式，被称作中国的千古之谜，世界文化史上的一大奇观，我国南方数省都先后发现有这种悬棺”。我们看到，刚说这是少数民族的奇特安葬方式，话题一转，又提到，这被称作中国的千古之谜。

这8篇课文中写少数民族的有5篇：《葡萄沟》《难忘的泼水节》《亲人》《草原》《猎手海力布》。顺便提及的有3篇：《老山界》《世纪宝鼎》《从宜宾到重庆》。在此基础上，我们可以做一简要分类：

（1）涉及风俗习惯的：《难忘的泼水节》《从宜宾到重庆》）；

（2）涉及民间故事的：《猎人海力布》；

（3）涉及生产的：《葡萄沟》；

（4）表达汉族群与少数民族友谊的：《亲人》《草原》《老山界》；

（5）表达各族群关系的：《世纪宝鼎》。

另外，《难忘的泼水节》虽然描述的是傣族的风俗习惯，但写作目的在于纪念周总理和傣族人民一起泼水的特殊意义。在于强调傣族人民是中华民族的一分子，并通过傣族人民对周总理的热烈欢迎和爱戴表明了傣族人民是认同中国的。《葡萄沟》虽然描述的是维吾尔族的生产活动，但是，作者在用语中，很明确地把维吾尔族人民看作老乡。而“老乡”在中国的语境中有着很亲切的含义，如典型的“老乡见老乡，两眼泪旺旺”。这表明了人们虽然族群不同，但都是一家人。《世纪宝鼎》里更是明确提出，56个民族都是龙的传人，是一家。《亲人》和《草原》写作的本意就在于表明，汉族群和苗族、汉族群和蒙古族是亲人。《老山界》里面蕴含了比较复杂的意味。瑶民从最初对红军不信任，再到信任，并转为很高兴，这是一个逐步接纳的过程。

总的来说，除了《猎人海力布》是从内蒙古民间故事中选出来的以外，其他7篇都表达了少数族群与汉族群的亲密认同关系。这些少数族群主要有：苗族、傣族、瑶族、蒙古族、维吾尔族。没有文章涉及少数族群之间的关系，都是言及少数族群和汉族群的关系。这是由于汉族群在中国占大多数，是中华民族的主体。这也表明了国家在表达和传递族群意识时，极力想向汉族青少年表达，汉族群和少数族群感情很亲密，少数族群的民众对汉族群高度认同，也认同现在的中央政权。至于少数族群与汉族群的差别，在课文中表现得很少，或者说关于我国少数族群具有的独特文化表达得很少。比如，关于语言上的差异在我们看课文时似乎根本不存在，《亲人》中的汉族孩子帮助苗族老奶奶，《难忘的泼水节》中的周总理和傣族人民一起泼水，《老山界》中瑶民与红军的顺畅交往。在《草原》中，老舍提及“大家语言不同”，但是，马上笔锋一转说“可心都是一样的”。少数族群独特的生活方式也很少被提及，《从宜宾到重庆》中提及了少数族群“悬棺”的安葬方式，但是，该篇文章的主旨不在于写族群，而是顺便提及，而且把这种习俗纳入中国范畴。这也说明了，某些课文无意中可能会涉及少数族群的独特文化，但是，以少数族群为主旨的课文并不会特别强调他们的独特文化。可以想到，这种强调“同”而淡化“异”的做法，会在汉族青少年心目中留下“少数族群和汉族群是一样”的印象。这也部分地解释了对一个普通的、很少有机会接触少数族群的汉族人来说，为什么关于少数族群的认识仅停留在“同胞”和“亲人”上，而关于与少数族群的不同却知之甚少。

四 研究结论

通过上面的分析，我们可以得出以下结论。

1. 在整个义务教育阶段的语文课本中，共有501篇课文。其中，明确表达中华民族意识的有11篇课文，明确表达族群意识的有8篇课文。

2. 表达中华民族意识的方式主要是通过中国与外国的比较。具体来说，有三种方式：危机中的祖国、成就中的祖国和思念中的祖国。危机是因为祖国受到外国的欺凌，从而激发出团结和奋发图强之心；成就是因为祖国人民的勤劳智慧，从而激发出自豪和奋斗之心；思念是因为远在异国他乡，身在异国心怀祖国激发出惆怅和牵挂之心。每种方式的表达都是以外国为参照对象，在有外国的场景下，凸显中国人的意识。而且这种意识的表达伴随着浓烈的爱国感情，目的在于激发中华民族意识。

3. 表达族群意识的方式主要是通过突出少数族群与汉族群的“同”而淡化“异”。而“同”又集中体现在强调“同心”和“一家人”上，而对于各个族群间的诸多差异采用了淡化的策略。汉族青少年会自然地把各个族群都视为一家中的成员，并难以意识到少数族群的独特性。这也可以解释为什么汉族人对我国的少数族群了解甚少。

4. 总的来说，在义务教育阶段，语文课文中关于民族意识的型塑集中在强调中华民族（中国）的一体性上，重在激发爱国的感情。对于国内少数民族的独特文化介绍得很少。这样一种意识形态的教育，会使得汉族青少年忽略少数族群与自己之间的不同之处，使他们感到这些少数族群与汉族群关系亲密，并且认为少数族群对于中国这个政治和文化实体具有高度的认同，从而忽视了我国各族群之间存在的差异和族群关系中客观存在的问题。

参考文献

马戎：《关于民族研究的几个问题》，《北京大学学报》（哲学社会科学版）2000 年 a 第 4 期。

马戎：《论民族意识的产生》，《云南民族学院学报》（哲学社会科学版）2000 年 b 第 2 期。

杨念群：《“后现代”思潮在中国——兼论其与 20 世纪 90 年代各种思潮的复杂关系》，《开放时代》2003 年第 3 期。

“985 工程” 对高校本科生源质量影响分析

栗晓红

一　导言

2013 年 4 月，教育部办公厅发出《关于加强高校毕业生就业信息服务工作的通知》，明确提出：凡是教育行政部门和高校举办的就业招聘活动，严禁发布含有限定“985 工程”高校、“211 工程”高校等字样的招聘信息，以营造公平的就业环境。之所以出台这一文件主要是因为当前很多用人单位把高校出身作为招聘条件。易连云等人曾对 100 所重点高校的聘任条件进行了分析，发现“明确规定最高学历应毕业于‘985’、‘211’重点高校的比例为 51%；本科第一学历的获得应是‘985’、‘211’重点高校，为 44%；而同时要求本科第一学历和最高学历同为‘985’、‘211’重点高校的达到 30%”（易连云等，2013）。

该文件实施效果如何有待日后观察，但其背后暗含的逻辑悖论让人深思：一方面，国家通过出台强有力的“985 工程”和“211 工程”，极大地增强了部分高校吸纳教育资源的能力，把它们推到了高等教育分层结构中的顶层，同时使得非“985 工程”和非“211 工程”高校沦为分层结构中的较低层，这客观上导致毕业生在就业市场上因其不同的高校出身而具有不同的结构性位置；另一方面，当市场做出相应的反应，把毕业生据此划分为三六九等时，国家又认为这样做违反了公平原则，应该禁止。这是一个典型的默顿意义上的行动“非预期后果”（罗伯特·K. 默顿，2001）的例子，即招聘市场的反应是“985 工程”和“211 工程”政策制定者未预期到的。

这样的市场反应也将对我国未来高等教育的格局产生很大的影响。一个潜在的后果是：一些非常出色的专门类高校——如北京外国语大学和上海财经大学，因为未进入“985 工程”，其毕业生面临尴尬的处境，如任职重点高校的机会微乎其微。可以想见，在不利的市场反馈下，这些高校对学生的吸引力会逐渐降低，它们会日益衰落下去，取而代之的将是综合性的高校。如果说就业市场的反应现在已经引起了高度关注，那么，从招生这个入口角度讲，这些工程是否正在导致高质量生源向这些高校集中，从而使得非“985 工程”高校处于劣势地位呢？

本文试图聚焦“985 工程”高校，研究“985 工程”高校对本科生源的影响。“985 工程”高校是否成为学生高考志愿选择的指示器，从而把高分数群体集中在“985 工程”高校中，并使得非“985 工程”高校在生源竞争中处于不利地位呢？值得注意的是，“985 工程”高校并非铁板一块，其中包括中国一流的高校，也包括一些出于地域、民族或专业重要性考虑而被纳入的非一流高校，那么，这些高校是否因为属于“985 工程”高校从而增加了自己对高分考生的吸引力？增加的幅度如何？反过来，那些没有进入“985 工程”高校但是历史上生源质量一直较高的高校是否在步步退缩？退缩的幅度又如何？

“985 工程”虽然是一个热点问题，但有趣的是关于该政策影响的研究并不多见，更为常见的是以“985 工程”大学为研究对象，研究它们的办学效率、人才培养模式、教学质量、组织结构、科研产出、生源分布等。在有限的关于“985 工程”政策影响的研究里，研究焦点又主要集中于“985 工程”对我国研究实力提高的影响上。如中国学术期刊网上检索到的最早分析“985 工程”政策影响的研究是刘念才教授及其同事于 2003 年发表的文章。他们从世界名牌大学学术排行变化证实了“985 工程”一期取得的成效，并呼吁尽快实施第二期工程（刘念才等，2003）。之后又有数篇这样的文章陆续发表（余新丽等，2012；朱军文、刘念才，2009a，2009b）。还有一些研究分析了“985 工程”高校的招生公平性问题（张俊、吴根洲，2010；刘希伟，2010）、导致这些大学之间生源质量差异的因素（别敦荣、叶本刚，2012），但这完全不同于本文所关注的“985 工程”对本科生源质量的影响问题。

二 理论和机制分析

组织场域理论的一个重要发现是：国家是现代社会中组织场域结构化

和制度化的最主要力量之一（保罗 · J. 迪马吉奥、沃尔特 · W. 鲍威尔，2008）。我国属于高度集权的国家体制，高等教育又是公共部门，所以可以想见，国家对我国高校组织场域的重要影响力。近些年来，国家施展其影响力的一个最为重要的机制是工程和项目：通过它们，实现资源的再分配，从而重建高等教育结构。在众多的工程和项目中，“985 工程”因其目标非常明确——旨在打造世界一流和高水平高校，对象非常集中——只有 39 所高校，资金投入巨大——政府三期投入达 906.76 亿元人民币，而成为近些年最受瞩目的工程。“985 工程”作为一种制度性力量直接影响到了中国高等教育的格局。

但在制度性力量与结构变化之间有一个关键的中间环节，即个体行动者的行动。一切制度性力量的运行都必须依托于行动者的行动，行动的互动和集体汇合再次成为一种结构性的力量。“985 工程”作为一种制度性力量作用于高校生源格局，作用于学生个体对高校的选择，并最终出现由若干学生的选择导致的高校生源发生改变的局面。

学生对高考志愿的选择受多重因素的影响（孙凯、张劲英，2013），除了高校声望、自己的兴趣、重要他人影响之外，还有一个非常基本的参照系，即往年的高考录取分数，也即根据高考录取分数的历史经验来决定自己的志愿选择。我们把这个选择机制称为经验机制。经验机制发生作用的前提是，所有学生大体上都是按照这个机制做出选择。比如，复旦大学 2012 年在安徽文科法学专业的平均录取分数线为 644 分，比省控线高出 67 分，比 2011 年和 2010 年分别高出 78 分和 71 分，那么，2013 年的安徽高考学生会据此判断是否要把复旦大学作为自己的志愿高校。而北京大学在安徽文科法学专业这三年的平均录取分数线比省控线分别高出 76 分、89 分和 79 分，每年都要比复旦大学高出若干分。假设有一批在北京大学分数段的学生，他们一起约好不选择北京大学，而选择复旦大学，那么，当年复旦大学的高考录取分数就会提高，从而彻底破坏这个机制发挥稳定的作用。所以，经验机制具有非常强的路径依赖性质，从而也导致高校在生源录取上具有相当强的稳定性，虽然会有一些波动，但是波动范围不会很大。

那么，“985 工程”作为一种制度性力量是否会打破这种经验机制呢？从理论上说，“985 工程”可能通过两种机制来影响学生的高考志愿选择行为。第一，通过就业市场的反馈。如上文所说，就业市场对“985 工程”高校的毕业生具有明显的偏好——更多的就业机会、更高的工资和更广阔的发展前景。这样的就业市场信息会很快反馈给家长和学生，促使他们做出倾向于"985 工程"高校的选择。当前，紧张的就业局势和发达的网络媒介会进一步加快加大这种影响的速度和力度。第二，文化符号的区隔意义。"985 工程"正在日益符号化，进入"985 工程"高校就意味着进入了中国顶级大学，和其他大学的大学生区分开来，这对于有重视教育传统的中国家庭和中国人来说，是一种极大的荣耀。

"985 工程"对于高校本科生源是否产生了影响，需要用数据来证实或者证否。这正是本研究要做的工作。

三　分析策略与数据

（一）分析策略

笔者将运用社会科学研究方法中的中断式时间序列准实验方法（interrupted time series quasi-experimental methods）来进行分析。也即把加入"985 工程"作为一个事件，把事件发生之前与之后的高校生源质量数据作为一个时间序列，研究事件对生源质量有无影响及影响程度。该方法对应于实验方法。实验方法的逻辑是：把被试者随机分配于实验组和控制组，保证两组尽可能地相似，对实验组进行操作，对控制组不予以任何操作，然后对二组进行测试，并对测试结果进行比较，操作前的随机分配和两组的相似性排除了其他可能性，测试结果的差异可以合理地归结为由实验操作产生。其逻辑如图 1 所示。

	实验处理	后测	差异比较
实验组	X	Y_1	$Y_1 - Y_2$ 比较
控制组		Y_2	

图 1　实验方法的逻辑

然而在现实生活中，社会科学研究经常需要评价一个现实事件带来的影响，事件本身不是由研究人员控制的，事件发生的对象也不是随机挑选出来的，缺乏严格意义上的实验组和控制组，在这种情况下可以采取中断式时间序列准实验方法来研究这一事件带来的影响，也即比较单一组事件发生前后模式的变化。其逻辑是：

	前测	实验处理	后测	差异比较
实验组	$Y_1Y_2Y_3Y_4Y_5$	X	$Y_6Y_7Y_8Y_9Y_{10}$	

图 2　中断式时间序列准实验方法的逻辑

具体到本研究中，“985 工程”就是这一事件，我们要分析这一事件是否导致相关高校的本科生源质量发生变化。这里的“本科生源质量”用高校每年录取学生的高考平均分数排名来测量。这里的“相关高校”包括两类：一类是进入“985 工程”的高校，另一类是本科生源质量排名虽然靠前但是没有进入“985 工程”的高校，“排名靠前”是指进入高考平均录取分数排名前 38 位。在这里需要特别指出的是，现在共有 39 所“985 工程”高校，其中，国防科技大学属于军事院校，比较特殊，不纳入分析。我们可以假设一种生源极端集中的情况：38 所“985 工程”高校正好构成本科生源质量排名的前 38 位。这里就存在一个把非“985 工程”高校逐渐排挤出前 38 位的过程。如果“985 工程”对本科生源质量产生了这个方向的影响，那么，这个过程现在应该正在发生中，虽然可能没有那么极端。

具体来说，本分析包括两方面的比较：

1. 对自身排名变化的比较，这属于单组时间序列实验（one group time series experiment）：分析“985 工程”高校在进入“985 工程”时间节点的前后，本科生源是否发生了变化；某些本科生源质量位于前 38 位的高校是否因没有进入“985 工程”而在生源质量上受到影响。我们的研究假设是：

优势地位维持假设：对于生源质量本来就在前 38 位的高校来说，进入“985 工程”有助于维持其优势地位。

1b. 生源质量提升假设：对于生源质量本来就没有进入前 38 位的高校来说，进入“985 工程”有助于提升其排名。

1c. 生源质量下降假设：对于生源质量本来就在前 38 位的高校来说，没有进入“985 工程”导致其排名下降。

2. 和同类高校的比较，这属于多组时间序列实验（multiple group time series experiment）。这里的同类高校类似于实验中的参照组（control group），而进入“985 工程”的高校则类似于实验组（experimental group）。寻找具有可比性的高校来进行比较，分析“985 工程”事件导致的二者在排名上的变化。我们的研究假设是：

生源质量差距拉大假设：“985 工程”高校扩大了其与没能够进入“985

工程"的同类高校的生源质量的排名差距。

（二）数据

关于生源质量的操作化，笔者认为网大中国大学的排行比较科学，这里主要参考其计算方法。[①] 首先，对各高校的高考平均成绩分文、理和其他三科打分，然后综合起来计算院校分科的全国排名，最后将院校分科在全国的表现综合起来，获得全国分数和排名，每一步累加都使用相关录取人数做加权平均。具体计算公式如下。

1. 单科各省排名

每省录取考生单科平均分最高的院校得分为100分，排第一名，其他院校该单科得分为其录取考生平均分与第一名院校考生平均分的相对分。公式如下：

$$省内单科得分=\frac{省内单科平均分}{\text{MAX}（各院校省内单科录取考生平均分）}\times 100$$

2. 单科全国排名

各院校的分科各省排名得分，按照各省单科招生人数加权累加求平均值，计算结果要标准化。公式如下：

$$全国单科得分=\frac{\sum 省内单科得分\times 省内单科录取人数}{\sum 省内单科录取人数}$$

3. 全国综合排名

各院校单科全国得分，按各科全国录取人数加权求平均值，计算结果要标准化。公式如下：

$$全国综合得分=\frac{\sum 单科全国得分\times 单科全国录取人数}{\sum 单科全国录取人数}$$

具体数据主要运用网络上公开发表的中国大学排行榜中关于生源质量的数据。这项数据完全依据客观分数计算，避免了围绕大学排行榜所引发的关于排名指标和权重的种种指责。数据包括高校新生1998级、2001～2006级、2010～2011级，共9个年度14年的生源数据。

网大虽然提供了从1999年（依据1998级新生数据）到2008年（依据2006级新生数据）、从2010年（依据2009级新生数据）到2013年（依据

---

① 12排行榜计算原则和计算方法。

2012年新生数据）的排名，但是2000年的数据来源实则与1999年相同，都是1998级新生数据，2007年的数据来源与2006年相同，都是2005级新生数据，2013年的数据来源与2012年相同，都是2011级新生数据。而源于2000级新生情况的2001年数据和源于2009级新生情况的2010年数据因为只给出了学生综合情况（既包括新生高考成绩，也包括研究生在全校学生中占的比例）前100名的数据，所以存在漏掉部分高校新生质量数据的情况，为保证分析的准确性，这两年的数据舍弃不用。

另外，为了增加可比较性，我们对数据做了三方面调整。①统一采用小数点后只有一位的排名分数，对于某些年份采取的小数点后两位的分数，做四舍五入的处理。②把1999年前后并入其他高校的高校排名数据剔除。③考虑到音乐、美术、体育等这些专门高校招生的独特性，我们剔除了这些高校的数据。表1是38所"985工程"高校的一些基本情况。

表1 38所"985工程"高校基本情况

高校名称	进入"985工程"的时间	进入"985工程"前生源质量排名是否进入前38位	进入"985工程"后生源质量排名是否一直处于前38位	进入"985工程"后生源质量排名曾经有两个及以上年份进入过前38位	2011年生源质量排名位于前38位	"985工程"前生源质量排名未进入前38位大学的发展趋势
北京大学	1999.7	√	√	√	√	
清华大学	1999.7	√	√	√	√	
中国科技大学	1999.7	√	√	√	√	
复旦大学	1999.7	√	√	√	√	
上海交通大学	1999.7	√	√	√	√	
南京大学	1999.7	√	√	√	√	
西安交通大学	1999.9	√	√	√	√	
哈尔滨工业大学	1999.11	√	√	√	√	
浙江大学	1999.11	√	×	√	√	
南开大学	2000.12	√	√	√	√	
天津大学	2000.12	√	√	√	√	
山东大学	2001.2	×	×	√	√	上升

续表

高校名称	进入“985工程”的时间	进入“985工程”前生源质量排名是否进入前38位	进入“985工程”后生源质量排名是否一直处于前38位	进入“985工程”后生源质量排名曾经有两个及以上年份进入过前38位	2011年生源质量排名位于前38位	“985工程”前生源质量排名未进入前38位大学的发展趋势
华中科技大学	2001.2	√	×	√	×	
吉林大学	2001.2	×	×	×	×	起伏较大
厦门大学	2001.2	×	×	√	√	上升
武汉大学	2001.2	√	×	√	√	
东南大学	2001.2	√	√	√	√	
中国海洋大学	2001.2	×	×	√	×	先升后降
湖南大学	2001.2	×	×	×	×	上升
中南大学	2001.2	×	×	×	×	上升
北京理工大学	2001.4	√	×	√	√	
大连理工大学	2001.8	√	×	√	√	
重庆大学	2001.9	×	×	×	×	上升
四川大学	2001.9	×	×	×	×	上升
电子科技大学	2001.9	×	×	√	×	先升后降
北京航空航天大学	2001.9	√	√	√	√	
中山大学	2001.10	×	×	√	√	上升
华南理工大学	2001.10	×	×	√	√	上升
兰州大学	2001.12	×	×	×	×	上升
东北大学	2002.1	×	×	×	×	上升
西北工业大学	2002.1	×	×	√	√	上升
同济大学	2002.6	√	√	√	√	
北京师范大学	2002.8	×	×	√	×	起伏较大
中国人民大学	2003.9	√	√	√	√	
中国农业大学	2004.6	×	×	×	×	上升
西北农林科技大学	2004.6	×	×	×	×	上升
中央民族大学	2004.6	×	×	×	×	上升
华东师范大学	2006.9	√	√	√	√	
合计（打√者）		20	15	28	24	

四　分析结果

（一）38 所“985 工程”高校的生源质量排名变化分析

1. 优势地位维持假设

如表 1 所示，在进入“985 工程”前，38 所高校中有 20 所高校的生源质量排名位于前 38 位，到 2011 年，除了华中科技大学外，其他 19 所高校仍然位于前 38 位，基本保持了自己的优势地位。如果进一步细分的话，进入“985 工程”后，始终处于前 38 位的高校有 15 所（75%）；北京理工大学和大连理工大学曾经各有一个年份（分别是 2003 年和 2010 年）跌出前 38 位，但紧邻 38 名的边界（分别为 41 名和 40 名），这可以理解为合理范围的波动；浙江大学和武汉大学中途曾经分别有两个和三个年份跌出过前 38 位，其他年份一直位于前 38 位；只有华中科技大学有三次跌出过前 38 位，且 2010 年和 2011 年连续两年排名靠后（68 名和 69 名）。整体上来看，这些年来绝大部分本来处于优势地位的高校保持了生源方面的优势地位，验证了我们的第一个假设。

2. 生源质量提升假设

在进入“985 工程”前没能够进入前 38 位的高校有 18 所，其中 5 所高校现在已经进入前 38 位（见图 3）：山东大学、厦门大学、华南理工大学、中山大学、西北工业大学；中国海洋大学（见图 4）也在进入“985 工程”后名次有了极大的提升，并在之后的连续 6 年里进入前 38 位，但是最近两年名次出现下降，并跌至边界部分（46 名和 49 名）；比较异常的是电子科

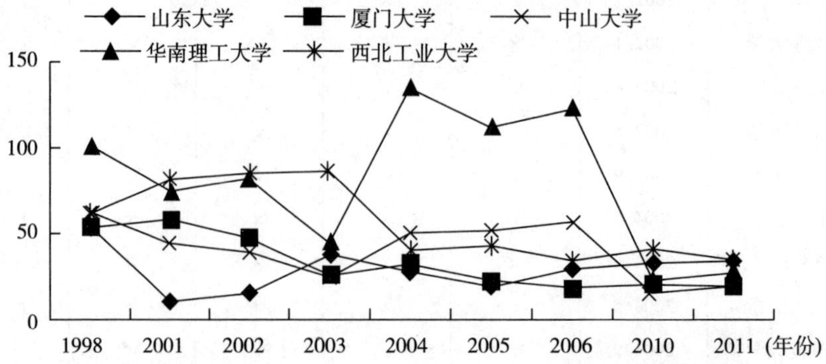

图 3　5 所已进入前 38 位的“985 工程”高校的生源质量排名

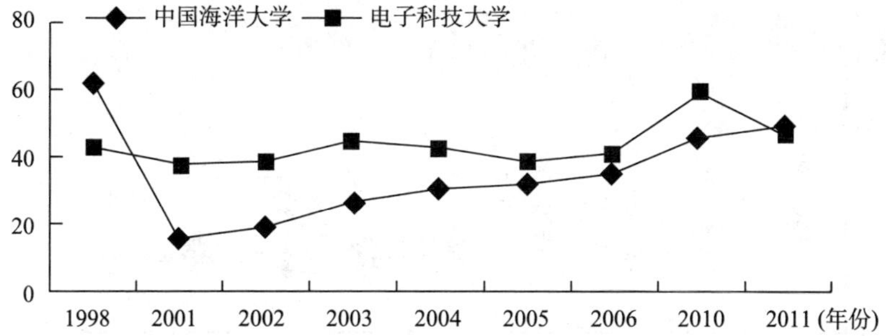

图 4 两所曾进入过前 38 位的"985 工程"高校的生源质量排名

技大学和北京师范大学，前者在经历短暂上升后转为平稳，并有逐渐下降的趋势，后者在名次上有极大变动，可以推测与其独自的经历有关系，需撰文另加分析，但这两所高校都曾经在某些年份进入过前 38 位。

另有 10 所"985 工程"高校生源质量排名从来没有进入过前 38 位，分别是：吉林大学、湖南大学、中南大学、重庆大学、四川大学、东北大学、兰州大学、西北农林科技大学、中国农业大学、中央民族大学。但是，除了吉林大学起伏较大、很不稳定之外，其他高校的生源排名都有所提升，而且几乎都是在 2002 年或 2003 年发生了跳跃式上升，它们的区别只是上升的速度和持续的时间不同。其中，兰州大学、中央民族大学、西北农林科技大学（见图 5）上升快，但上升持续时间短，很快处于稳定状态；湖南大学、中南大学、重庆大学、四川大学、东北大学、中国农业大学（见图 6）则连续几年处于上升状态，之后虽经历了起伏，但是整体上升较多。湖南大学、中南大学、重庆大学、四川大学、东北大学、兰州大学之所以在 2002 年或 2003 年前后发

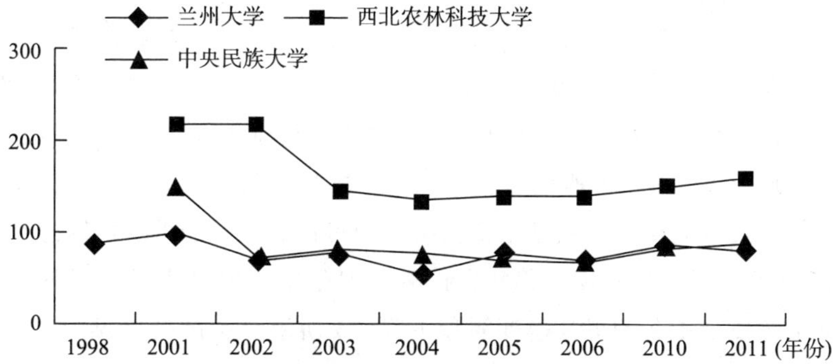

图 5 上升持续时间短的 3 所"985 工程"高校的生源质量排名

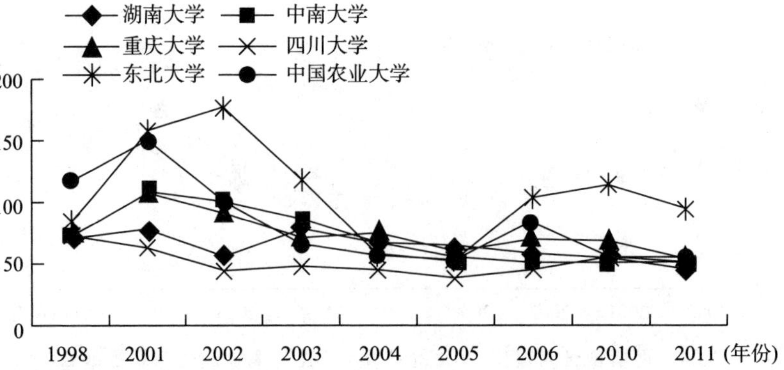

图6　上升持续时间较长的6所“985工程”高校的生源质量排名

生向上流动，是因为这些高校基本上是在2001年或2002年进入“985工程”的。那么又如何解释西北农林科技大学、中国农业大学和中央民族大学也是在2002年或2003年开始向上流动，而不是在“985工程”签约当年？一个较为合理的解释是，在正式签约之前，高等教育市场已经有很多关于“985工程”高校进入者的信息传出，从而使得行动者反应提前。综上，“985工程”高校中排名较为靠后的18所高校中至少有15所（83%）极大地提升了自己的名次，从而验证了我们的第二个假设。

（二）部分非“985工程”高校生源质量排名变化分析

“985工程”政策对非“985工程”高校生源质量有影响吗？曾经的高质量生源高校是否因为没有进入“985工程”而逐渐失去高质量学生？

这些年来生源质量一直位于前38名的非“985工程”高校有7所：北京邮电大学、上海外国语大学、上海财经大学、北京外国语大学、对外经济贸易大学、中央财经大学、中国政法大学。北京交通大学和外交学院各有1次，北京语言大学有两次退出过前38位，其他年份一直位于前38位。有趣的是，这10所高校中除北京交通大学外，其他9所都属于专门类高校，包括3所财经类高校、3所语言类高校、1所政法类高校、1所外交类高校和1所信息技术类高校。从排名变化折线图可以看出，虽然3所财经类高校（见图7）的生源质量总体上仍然在提升，但是中央财经大学和对外经济贸易大学生源质量排名的提升速度明显下降，3所语言类高校（见图8）的生源质量排名稳中有微弱下降，其中，2001年和2002年是重要的分水岭。北京邮电大学和中国政法大学（见图9）近些年排名一直在下降，北京交通大学排名在经历下降后现在比较平稳，外交学院则是在保持了多年的高生源质量排名后在 2011 年出现直线下降（该下降是例外还是趋势，需要通过以后更多年份的数据来分析，目前尚且难以判断）。

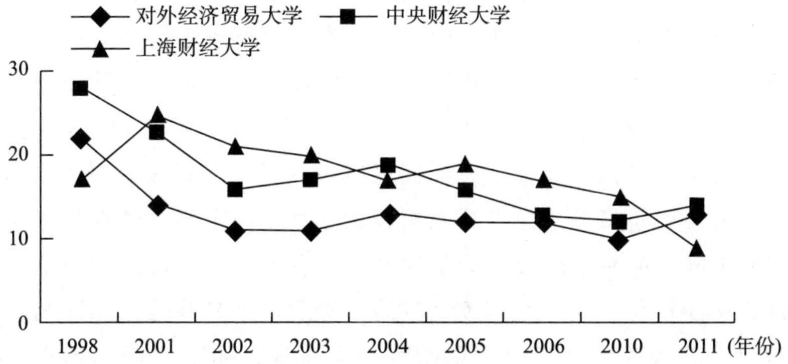

图 7　3 所排名处于前 38 位的财经类高校的生源质量排名

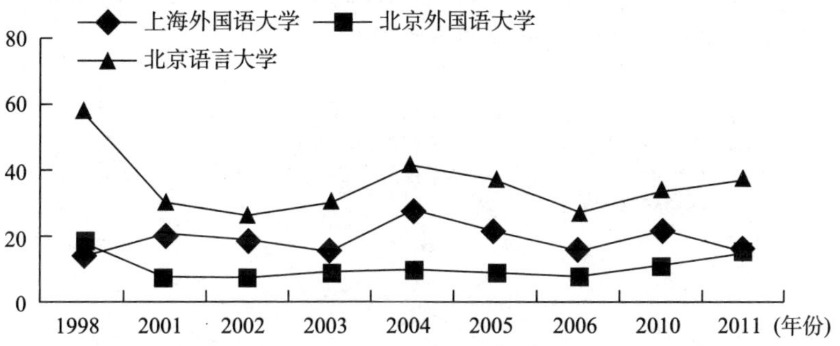

图 8　3 所排名处于前 38 位的语言类高校的生源质量排名

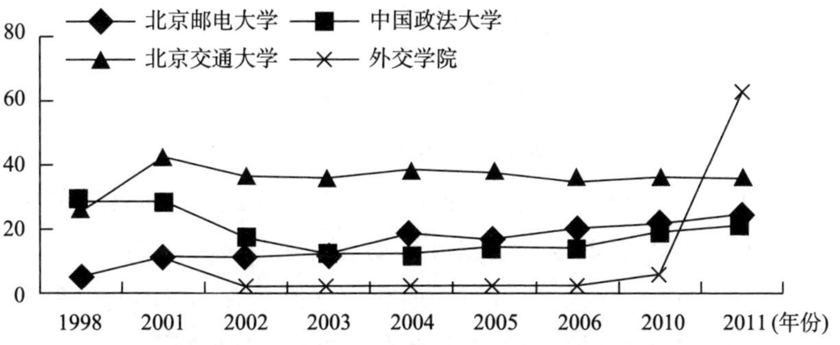

图 9　4 所排名处于前 38 位的其他专门类高校的生源质量排名

这一方面说明没能进入“985 工程”的确导致高校生源质量下降，另一方面也说明“985 工程”不是影响生源质量的唯一因素，还有专业的影响。其中，财经类专业具有非常强的吸引力，甚至抵消了没有进入“985 工程”的负面影响。为了说明这一点，我们就几所财经类高校做一个比较。部属财经类高校共有 8 所，山东财经大学规模较小，主要从事在职人员的培训，从而在这里不做分析，其他 7 所高校分别是：对外经济贸易大学、西南财经大学、上海财经大学、中央财经大学、中南财经政法大学、东北财经大学、江西财经大学。我们可以推理说，如果没有进入“985 工程”导致对外经济贸易大学、中央财经大学和上海财经大学在生源质量排名上有所下降，而专业的吸引力又提升了所有财经类高校的生源质量，那么，这 3 所高校与其他 4 所高校之间的生源质量排名差距会逐渐缩小。图 10 关于 7 所高校生源质量排名的折线图完美地证明了我们的推理。一方面，7 所财经类高校的生源质量排名都有所提升，另一方面，未进入“985 工程”的 4 所财经类高校与这 3 所进入“985 工程”的财经类高校之间的生源质量排名差距的确在逐渐缩小。

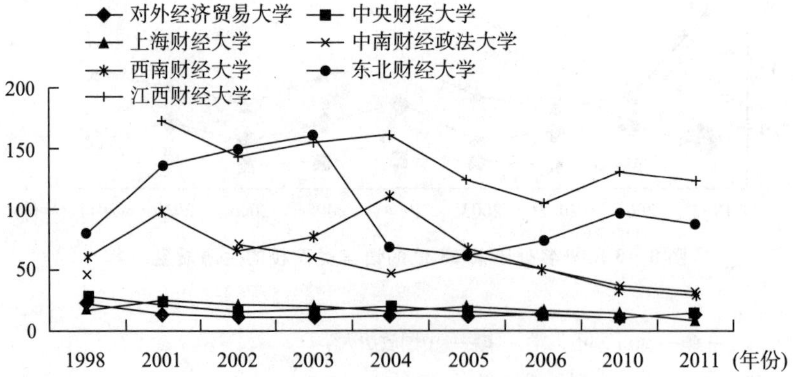

图 10 7 所部属财经类高校的生源质量排名

财经、政法和语言类高校因为学科范围较窄，没有能够进入“985 工程”，但是由于其就业优势，它们对于学子来说仍然具有非常大的吸引力。然而，上文的分析也清晰地展现出，市场经济中不同专业有着不同的吸引力，而且随着时间的推移发生着不同的变化。但是要区分清楚“985 工程”和学科带来的具体影响程度，需要做更为复杂的变量控制研究。

另外，还有一些高校的生源质量排名曾经位于前 38 位，但是现在已经逐渐退出（见图 11），如北京科技大学、南京航空航天大学、南京理工大学、中国青年政治学院、国际关系学院等，它们的生源质量在这两年出现了下降的趋势。

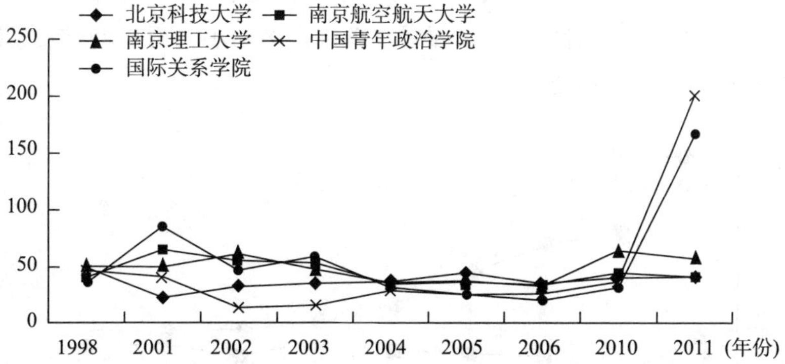

图 11　6 所曾经进入前 38 位的非"985 工程"高校的生源质量排名

（三）同类高校生源质量排名变化比较分析

"985 工程"高校主要是以综合性高校和理工科高校为主。我们还可以对在"985 工程"实施前排名相当，但因为际遇不同，有的进入了"985 工程"、有的没能进入"985 工程"的一些高校生源质量排名变化情况来比较分析"985 工程"对于生源质量的影响。

具有鲜明对比的是北京理工大学和华东理工大学（见图 12）。1998 年，两校的生源质量排名分别是 37 位和 39 位，在经过几年的胶着状态后，从 2004 年开始，两校的差距开始拉大，华东理工大学生源质量排名明显低于北京理工大学。

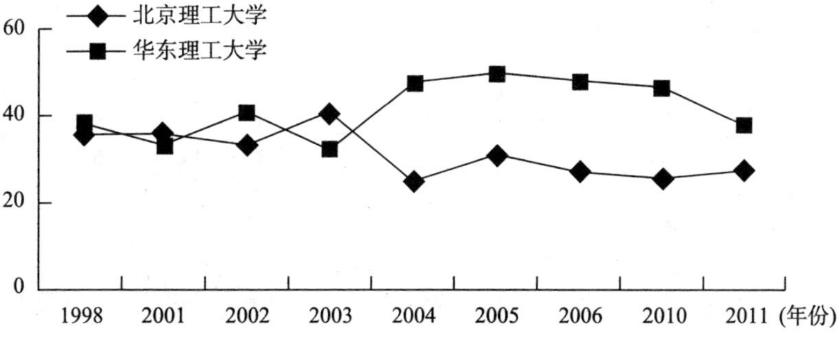

图 12　北京理工大学和华东理工大学的生源质量排名

北京科技大学和中南大学的比较也很有意思（见图13）。北京科技大学和中南大学（其前身是中南工业大学）都曾经是冶金部下属的实力非常强的高校，北京科技大学因为身处北京还具有位置上的优势，如图13所示，北京科技大学生源质量一直高于中南大学，但是自2001年中南大学进入“985工程”以后，二者的生源质量排名差距逐渐缩小，到2011年二者的生源质量排名已经非常接近。

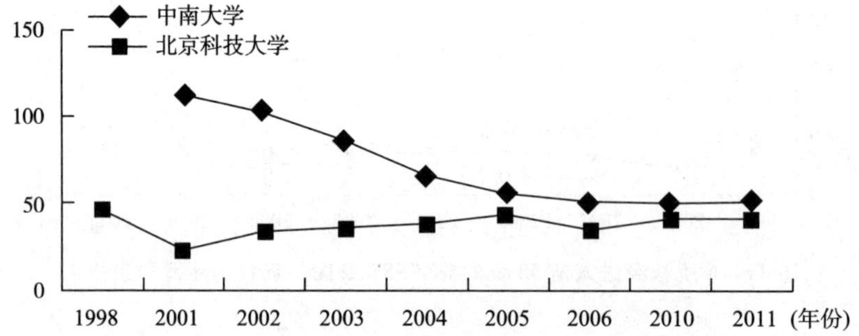

图13　中南大学和北京科技大学的生源质量排名

另一有趣的对比是北京5所工科大学的比较：北京理工大学、北京航空航天大学、北京邮电大学、北京科技大学、北京交通大学。从图14可以看出，在“985工程”实施前，北京邮电大学是排名最靠前的大学，之后是北京航空航天大学、北京交通大学、北京理工大学和北京科技大学，但是自北京理工大学和北京航空航天大学进入“985工程”后，这两所大学的生源质量都有所提高，而3所没有进入“985工程”的大学生源质量都相对有所下降或持平。

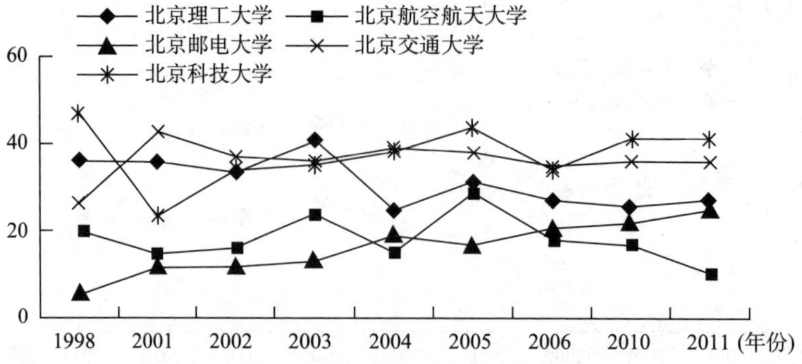

图14　北京5所工科大学的生源质量排名

综上可以看出，“985 工程”的确影响了进入者和没有进入者的生源质量，从而验证了我们的第 4 个假设。

五 讨论与结论

由以上分析可以看出，“985 工程”对于本科生源的确存在一种聚集效应：对于那些生源质量排名本来就靠前的“985 工程”高校来说，进入“985 工程”巩固了它们的地位；对于那些生源质量排名本来较为靠后的“985 工程”高校来说，进入“985 工程”提升了它们的生源质量排名。无论是通过对单个高校生源质量排名的历年比较还是对数所高校生源质量排名的历年比较都可以印证这个效应。就目前的数据来看，还不能完全证实那些生源质量排名本来靠前的高校因为没能进入“985 工程”而受到排斥。这需要一种更为细致的证明方式，如果对这些高校近几年来各专业平均录取分数与“985 工程”高校相同专业近几年的平均录取分数进行比较，我们的预测是，同一个专业，如果是“985 工程”高校，则提升了吸引力，如果不是“985 工程”高校，则降低了吸引力。因为缺乏数据，只能以后做这个工作。

这里还需要考察几个因素。招生人数是否会影响分析结果？各高校间每年的招生规模差异很大，如北京大学 2010 年招收的新生不足 3000 名，而同年，吉林大学招收的新生则 10000 多名，这是否会对生源质量排名产生影响？我们认为不会。因为招生人数是个比较中性的概念，在生源分数高的省市招生越多，越有利于整体的生源名次的提升；反之，在生源分数低的省市招生越多，越导致整体生源名次下降。二者中和的结果虽不能完全抵消，但是可以避免向一个方向倾斜。

2000 年前后我国高等教育界发生的合并潮是否会影响分析结果呢？一些高校生源质量变高是不是合并了高校的缘故？我们认为也不会，以下面四所高校为例。武汉大学、华中科技大学、湖南大学、中南大学都合并了一些高校，其中，后两者生源质量排名提升了，前两者下降了。仔细分析它们所合并的高校发现，武汉大学合并的武汉水利电力大学和武汉科技测绘大学在合并前的 1998 年生源质量排名分别是 77 名和 106 名，华中科技大学合并的同济医学院和武汉城市建设学院排名分别为 17 名和 203 名。而湖南大学合并的湖南财经学院排名 211 名，中南大学合并的湖南医科大学和长沙铁道学院则分别在 392 名和 395 名，从这些数据可以看出，湖南大学和中南大学并没有因为合并这些生源质量排名低的高校而降低自己的生源排名，反而提升了排名。

本研究的不足是数据不够齐全，如果能有 2001 年之前的 5 年内各所高校生源质量排名数据，我们关于“985 工程”对于本科生源影响的结论会更站得住脚。这也说明了数据搜集和整理工作多么重要。

“985 工程”虽然只是国家推出的众多教育工程中的一个，但是显然，该工程已经显著影响了我国高等教育场域，正在重塑高等教育格局，尤其是那些顶级的专门类高校，它们的地位面临严峻的挑战。我们提出“985 工程”影响本科生源的重要机制之一是就业市场的反馈，虽然教育部严禁歧视高校出身的文件旨在打破这个机制，但是执行范围也只能囿于其管辖范围内的“教育行政部门和高校举办的就业招聘活动”，对于之外的就业市场鞭长莫及。每一个毕业生都有双重身份，一个是就读的高校，一个是所读的专业，我们现在对高校排名的重视程度远远高于对专业排名的重视程度，今后高校要走综合发展的思路，重视专业排名，这可能会鼓励一批拥有特色专业高校的出现。

参考文献

保罗·J. 迪马吉奥、沃尔特·W. 鲍威尔：《关于“铁笼”的再思考：组织场域中的制度性同形与集体理性》，载沃尔特·W. 鲍威尔、保罗·J. 迪马吉奥编《组织分析的新制度主义》，姚伟译，上海人民出版社，2008。

别敦荣、叶本刚：《2005 年—2010 年“985 工程”大学本科生源质量统计分析》，《清华大学教育研究》2012 年第 4 期。

刘念才等：《实施“985 工程”追赶世界一流大学——从世界名牌大学学术排行变化说起》，《中国高等教育》2003 年第 17 期。

刘希伟：《2006—2009 年“985 工程”高校招生区域公平问题的研究》，《中国高教研究》2010 年第 3 期。

罗伯特·K. 默顿：《社会研究与社会政策》，林聚任等译，三联书店，2001。

排行榜计算原则和计算方法，http://rank2011.netbig.com/article/3/. 2014 - 2 - 10。

孙凯、张劲英：《中国研究型大学新生择校影响因素实证分析——以某“985 工程”高校 2009 级新生为例》，《中国人民大学教育学刊》2013 年第 2 期。

易连云等：《高校教师聘任的“出身论”现象研究——对百所“985”、“211”院校的调查》，《重庆大学学报》（社会科学版）2013 年第 5 期。

余新丽等：《研究型大学基础研究产出比较：基于“985 工程”高校与 AUU 学术论文的比较》，《复旦教育论坛》2012 年第 6 期。

张俊、吴根洲：《“985 高校”招生区域公平研究——基于洛伦兹曲线和基尼系数》，《考试研究》2010 年第 1 期。

朱军文、刘念才：《我国研究型大学科研产出的计量学分析》，《高等教育研究》2009 年 a 第 2 期。

朱军文、刘念才：《中、德、日一流大学科研产出趋势比较——基于科学计量学的案例研究》，《复旦教育论坛》2009 年 b 第 3 期。

家庭背景与教育地位获得*

——改革前教育不平等的实证研究

孙　明　王　平　项　军

家庭背景与教育地位获得一直以来都是分层研究的重点，与之相关的教育不平等与公平问题更是引起社会的广泛关注。国际经验表明，父母的社会经济地位越高、受教育程度越高，孩子所获得的教育层次也越高，即代际间具有稳定的优势传递（Bourdieu & Passeron，1977）。在改革以后，这一模式在许多研究中得到验证，基本达成一种共识：当整体教育制度发生差异化、市场化的变动时，优势阶层更有可能通过文化资本再生产和资本转化使其子代享有更优质的教育资源，以获到更高的教育成就（李春玲，2003；李煜，2006）。

但改革之前家庭背景与教育地位获得之间的关系，却存在“平等化”和“不平等”两种截然相反的观点。部分研究者认为，毛泽东时代强有力的国家干预切断了代际间优势的传递，家庭背景的作用微乎其微，教育达到了平等化（Zhong & Treiman，1997）；另一些学者认为国家干预本身造成了不平等，家庭出身好的工农子弟或干部子女占有优势（Zhou et al.，1998）。两种观点争论的核心是：国家的政策干预或制度安排是否能够切断代际间的优势传递。有待回答的问题包括，家庭背景在改革前是否起作用？具体哪些阶层的子代在教育获得中占据优势？本文中笔者将在理论上阐明制度安排、家庭背景与教育获得的关系，并利用2003年中国综合社会调查的数据回答上述研究问题，检验相关假设。

---

* 本文原载于《浙江学刊》2013年第4期。本研究得到教育部重大攻关项目“我国目前社会阶层状况研究”（08JZD0024）及第五十批中国博士后科学基金（0100229048）的资助。

一　已有的理论争辩

（一）国家干预与教育平等化

部分研究者们认为，改革前国家促进社会平等或“去阶层化”的一系列政策，削弱了家庭背景与教育获得的关系，使教育资源的分配呈现出与西方工业化国家不同的模式。其中，邓和唐启明的研究表明，改革前政府通过扩大教育系统、推广大众教育以及运用行政手段来增加工农及其子弟的教育机会。尤其在“文化大革命”时期，优势阶层更是成为政治打击的对象。国家强有力的政治干预使家庭背景与教育获得的联系被切断了，教育达到高度的平等化（Zhong & Treiman，1997）。

李煜提出“政策干预模式”的理想类型，认为改革前国家出于意识形态考虑，对教育机会的分配进行直接干预。此类政策的共同特征是通过否定或部分否定“绩效原则”，采取照顾劣势群体的制度设计，达到削弱代际不平等传递的效果。废除绩效主义的选拔原则后，父代的人力资本和文化资本无法实现再生产。尤其在“文化大革命”期间，不同家庭背景的子女教育机会差异较小，总体教育不平等程度低（李煜，2006）。

（二）国家干预与教育不平等

另一些研究者认为国家干预的结果并未削弱家庭背景的作用，反而使家庭的政治因素影响教育资源和机会的分配。根据受益者是工农子弟还是干部子弟，可以细分为“工农庇护论”和“干部特权论”两种观点。

1. 工农庇护论

杨东平认为，在20世纪五六十年代和“文化大革命”期间，对家庭出身和政治标准的强调，造成工农子女享有受教育的“优先权”，而“非劳动人民”的子女则受到“阶级路线”政策的歧视（杨东平，2006）。郝大海在研究中国教育扩张与教育分层时也认为，社会主义国家的社会经济水平远未达到福利国家的水准，蛋糕还没有大到所有阶层都能受益。因此，国家为了降低原有的教育分层，只能通过政策干预抑制较高阶层特别是专业技术阶层的教育需求，把教育扩张产生的教育机会转移给较低阶层，提升他们的教育地位（郝大海，2007）。因此，工农等社会底层的获益，是以剥夺其他阶层的机会为代价的。

2. 干部特权论

一些研究者认为再分配体制下，干部可能利用政治权力干预教育资源分配，使其子女获益。东欧学者很早就注意到，东欧社会主义体制下干部作为新的权力精英正逐渐成为国家的统治阶级，利用国家权力为自己及子女谋求利益（Djilas, 1957）。周雪光等人从社会主义再分配制度出发进行了更详尽的阐述，改革前中国以及其他社会主义国家都采取“资源集于中央，国家统一分配”的制度设置，掌握政治权力、参与政策制定的干部，是再分配体系的核心。出于利己动机，他们会在分配教育资源时倾向于自己的子女（Zhou et al., 1998）。例如，在1949年以后为高级干部子女设立的重点学校，到60代初期已经建立起广泛的重点学校网络，这些在“文化大革命”中被斥为“小宝塔”的学校得到特别的照顾和更多的投资，各级干部都设法将自己的子女安排到这样的学校（怀默霆，2002）。刘精明在研究“文化大革命”事件对入学、升学影响时也发现，在“文化大革命”开始后，高中入学采取推荐和选拔相结合的办法，而推荐的权力则落在有职位的人手上，学业成绩等进入标准部分地被政治和权力标准置换（刘精明，1999）。

综上所述，工农庇护论和干部特权论反驳了改革前教育平等化的观点，教育获得在国家政策的干预下是不平等的，家庭背景对子女的教育获得依然起作用。但是，笔者认为还有一些值得深入研究的问题，首先，在理论层面，为何国家的政策干预或制度安排无法切断教育获得中的代际优势传递？其次，在经验层面，究竟是工农子弟还是干部子弟在教育获得中具有最大的优势？相对而言，被压制的专业知识阶层子女的教育获得在改革之前一直处于劣势吗？进一步来看，“文化大革命”时期与新中国成立初期相比，又出现了哪些变化？

为了回答这些问题，笔者将对制度和代际优势传递进行深一步的理论思考，考察改革前不同时期的制度变化对代际优势传递的具体影响，并以调查数据对存在的分歧进行验证。

二　理论建构及研究假设

（一）制度约束与教育获得的代际优势传递

教育获得的代际优势传递，可以细分为“文化资本再生产”和“资本转化”两种模式。[①] 文化资本再生产模式认为父代通过家庭内部的知识传授以及对子代的教育期望，使子代获得比较高的教育成就（Sewell et al.，1969）。资本转化模式是父代通过调动经济资本、政治资本、权力资本、社会资本帮助子代获得优质的教育资源，教育资源最终转化为子代的文化资本。通常“家庭熏陶”这样的文化再生产过程很容易被理解，那么为什么父代各种类型的资本能够最终被转化为子代的文化资本呢？

布迪厄在其资本理论中指出，资本以多种形式存在，在特定的条件下可以通过特定的兑换率相互转化。作为一种策略，人们会在不同的社会空间中游移，将旧的、贬值的资本类型转化成新的、更富价值的资本（Bourdier，1986）。在不同家庭背景下，父代总是将自身更有价值的资本“兑换”为子代的教育机会，帮助子代获得更高的教育地位。

在不同的制度安排下，代际间资本转化的类型和效果存在显著差异。“制度”是治理社会关系的规则和规范相互交织的网络，如同游戏的规则，制度作为一种结构只是规定了“选手”运用特定的资源去采取策略性的行动（倪志伟，2007）。在特定的教育体制下，某些父代的资本类型比其他资本类型更有可能转化为子女的教育机会。因此，制度约束只能规定代际优势传递的具体形式，却无法切断代际优势传递的链条，加之文化资本再生产的作用，教育获得的代际优势传递稳定存在。

（二）改革前的教育代际优势传递

根据制度安排的差异，可以将改革前中国教育体制划分为新中国成立初期（1950～1965 年）和“文化大革命”（1966～1976 年）两个时期。在此两个时期中，家庭背景对子代教育获得的影响机制和实际效果存在显著差异。

1. 新中国成立初期

20 世纪 50 年代党和国家主要继承和发展新民主主义的教育方针，在教育资源和机会分配中没有实行完全的“政治挂帅”。以考试为主的选拔方式，使得新中国成立前经济精英和知识精英的子女能够凭借优异的学业成

---

① 李煜将“政策干预模式”作为教育获得中代际继承的第三种模式，笔者认为它可以整合到“资源/资本转化模式”之中（参见李煜《制度变迁与教育不平等的产生机制——中国城市子女的教育获得（1966—2003）》，《中国社会科学》2006 年第 4 期）。

绩而获得更好的教育机会。知识分子家庭有更大可能通过文化资本再生产实现代际间的优势传递。

与旧精英的子女相比，革命新精英（干部）的子弟依靠父辈的政治权力和地位享有更大的教育优势。集中体现在1949年前后许多城市为干部子女所设立的“干部子弟”学校（高华，2004）；干部还可以通过“走后门”的方式将权力资本转化为子代文化资本，利用个人关系和职务的影响，避开入学考试政策而帮助子代获得良好的教育机会（怀默霆，2002）。

工农阶层是新政权的阶级基础，但是良好的家庭出身在50年代还没有作为一种政治资本强有力地影响子女的教育获得。由于文化基础薄弱，他们在以考试为主的选拔中并不占有优势。例如，1957年毛泽东在《省市自治区党委书记会议上的讲话》中指出：“我们高校的学生，据北京市的调查，大多数是地主、富农、资产阶级以及富裕中农的子弟，工人阶级、贫下中农出身的还不到20%。全国恐怕也差不多。这种情况应当改变”。关于教育资源的质量，白威廉认为，工人、农民和小贩的子代则获得较少的教育，所在的学校水平差、获得的财政预算也少（白威廉，2002）。

此外，新中国成立初期的教育资源分配也没有强烈的政党庇护。新中国成立前和新中国成立初期，入党审核中最看重的是政治忠诚度，党员主要来自受教育程度不高的工人和农民（Bian et al.，2001）。党员中的一部分成为权力精英（干部），其子女可以依赖父辈的权力和地位获得更多的教育机会，而其他党员的子女，当国家没有进行强有力的政治干预和庇护时，他们在升学中并不占优势。综上所述，笔者对新中国成立初期教育不平等的表现形式提出以下研究假设。

假设1a：旧知识精英以及干部的子女在升学中比工人子弟有优势；

假设1b：父亲的受教育程度越高，子女的升学机会越多；

假设1c：家庭出身好的党员子女与非党员子女相比在升学中不占优势。

2.“文化大革命”时期

随着意识形态领域对阶级斗争的日益强调，教育机会的分配原则逐渐从看重学业成绩转变为看重家庭出身，这一趋势到“文化大革命”时期达到了顶峰。早在“文化大革命”开始前的1963年，“阶级出身论”就表现出对敌对阶级子女的各种歧视。“黑色类别”的子女在1962年尚有可能考入农林、地质、师范类大专院校，但在1963年后，大学已基本停止招收“黑色类别”子女入学。此类歧视甚至扩展到中小学，升学时主要看家庭出身（高华，2004）。到了“文化大革命”时期国家实行更加激进的教育政策，1966 年 6 月 13 日，中共中央、国务院批转教育部党组《关于改革高级中学招生办法的请示报告》，《报告》中提出：过去的招生办法是“业务第一、分数挂帅”，是资产阶级的办法。应废除现行高级中学招生考试的办法，实行推荐与选拔相结合的招生办法。教育筛选全面否定“分数挂帅”的“修正主义教育路线”，升学中普遍使用推荐和配额等形式，家庭背景中的政治出身起到关键作用。

在此制度安排下，旧经济精英和知识精英的子女丧失了在考试选拔中的优势，由于家庭出身不好而受到排斥；工农阶层的子女家庭出身好，作为革命的接班人则受到党和国家的庇护。尤其是经过严格的政审、政治上最忠诚可靠的党员，他们的子女“根正苗红”，在升学中会受到更多的照顾。可以说，“文化大革命”时期政治资本向文化资本转化取代了文化资本的再生产而成为代际间优势传递的主要模式。

拥有政治资本和权力资本的新精英，其子女在“文化大革命”中依然享受着教育上的优势，权力资本向文化资本转化从未停止过。刘精明研究了“文化大革命”这一历史事件对教育获得的影响，他发现“文化大革命”前期父亲如果是干部，其子弟上高中的机会是非干部子弟升学机会的两倍多，“文化大革命”后期优势虽然减弱但也有 1.5 倍（刘精明，2005）。对于“文化大革命”时期的教育不平等的表现形式，笔者提出以下假设。

假设 2a：干部子女与工人子女相比在升学中占优势；

假设 2b：知识精英的子女与工人子女相比在升学中处于劣势；

假设 2c：父亲的受教育程度对子女升学的作用下降了；

假设 2d：家庭出身好的党员子女比非党员子女在升学中占优势。

三 研究设计

（一）数据

本研究的数据来自 2003 年中国综合社会调查（CGSS）[①]，包括 5900 名 18 ~ 69 岁的被访者，回收有效数据 5894 条。该调查采用分层的四阶段不等

① 了解 2003 年中国综合社会调查（CGSS）的详细信息，请参阅中国社会科学数据库，网址为 http://www.cssod.org/index.php。

概率抽样方法，以区、县为初级抽样单位（PSU），为求得更高的抽样效率，抽选 PSU 时，对全部区县进行了分层处理，建立了九个 PSU 抽选层。为了避免对抽样误差的低估，笔者基于上述抽样设计的信息，采用“中国人民大学联合加权方案 2”这一加权变量，进行调查估计。

（二）模型

为了测量家庭背景对子女教育获得的影响，本文采用的是升学转换模型，即考察家庭背景影响子女从某一受教育水平升到更高一级受教育水平的概率，本质上是一个 logistic 回归模型。模型的表达式是：

$$Y_{ik} = \ln\left(\frac{P_{ik}}{1 - P_{ik}}\right) = \beta_{0k} + \sum_j \beta_{jk} X_{ijk}$$

在模型中，P_{ik}是个体 i 从教育层级 k 成功升学到 $k+1$ 的概率，因变量 Y_{ik}是 P_{ik}的 logit 转换的结果，即其概率比（odds）的对数。X_{ijk}是一组自变量，包括父亲的阶层、政治面貌、受教育程度以及被访者本人的性别、上学地点，自变量对应的系数分别为 β_{jk}，β_{ok}为常数项。

（三）变量

1. 因变量

是否成功地实现升学转换。成功编码为 1，失败编码为 0。被访者可能有多次升学转换，笔者考察初中到高中（包括高中、职高、技校及中专）、高中到大学（包括大专和本科）这两次升学转换，分别构建两个升学风险集，再合并成一个数据集。首先，有 4821 名被访者完成了初中学业，处于升入高中的“风险集”；其次，有 2979 名被访者完成了高中学业，处于升入大学的“风险集”。汇总后的数据集样本量是 7800，因为一些数据的缺失，最终使用的样本量是 4998。

2. 自变量

（1）父亲的阶层。

笔者以被访者 18 岁时父亲的职业来确定阶层归属①，将父亲的职业划分为 4 个类别：行政人员（包括体制内单位的管理者和行政办公人员）、专

① 大部分被访者初中升高中时，应该是 15～16 岁，然而使用 18 岁时父亲的信息并不会产生很大的偏差，因为中年人的职业基本稳定，受教育程度和政治面貌也不会有太大的变化。

业技术人员、体力劳动者（包括城市的体力工人和商业服务业一般从业人员）以及其他无法归类的职业。笔者将他们再编码为3个虚拟变量。

需要说明的是，因为CGSS的调查对象是城镇居民，那些由农村迁移到城镇的被访者并不是农民子弟的随机样本，而有可能是“乡村精英”，将他们包含在分析样本中会高估农民子弟的升学率，造成样本选择偏误，因此，笔者删除了这些样本。

（2）父亲的受教育程度。

笔者将被访者18岁时父亲的受教育程度分为4类：“未受过正式教育”、小学、初中、高中及以上（包括高中、职高、技校、中专、大专、本科和研究生及以上），再编码为3个虚拟变量。

（3）父亲的政治面貌。

笔者再编码为1个虚拟变量，1为党员，0为非党员（民主党派和群众）。

（4）历史时期。

由于CGSS2003详细调查了被访者的教育经历，笔者可以确定升学转换发生的时间并考察不同历史时期家庭背景作用的差异。部分受访者毕业与入学不在同一年，笔者的处理方式是：成功升学则选择高一级的入学年作为升学转换的时间，若失败则选择低一级的毕业年。最终，划分为三个历史时期，分别是新中国成立初期（1950～1965年）、“文化大革命”时期（1966～1976年）、改革以后（1977～2003年）。

3. 控制变量

（1）性别，男性编码为1。

（2）升学转换的类型，1为高中升大学，0为初中升高中。

（3）上学地点，即初中和高中的上学地点，笔者将其分为3类：农村、小城市（县城和城镇）、大城市（地级市、省会城市和直辖市），再编码为两个虚拟变量。

四　统计结果

（一）新中国成立初期家庭背景与升学（1950～1965年）

在表1中，模型1的统计结果显示，新中国成立初期行政人员和专业技术人员的子女成功升学的优势比（odds）分别是体力劳动者子女的3.1倍

（$e^{1.12}$）和4倍（$e^{1.38}$），且具有统计显著性，假设1a得到资料的支持。

在模型2中，笔者加入父亲受教育程度和历史时期的交互项，以父亲未受过正式教育的人作为参照组，统计结果表明新中国成立初期父亲受教育程度是小学和初中的人与其相比，升学机会没有显著的差异，而父亲受教育程度是高中及以上的人成功升学的优势比却是参照组的3.6倍（$e^{1.27}$），且具有统计显著性（$p<0.05$），假设1b部分得到资料的支持。在模型3中，笔者加入了父亲的政治面貌，可以看到新中国成立初期党员子女成功升学的优势比只有非党员子女的0.48（$e^{-0.73}$），具有统计显著性（$p<0.05$），假设1c得到资料的支持。

以上结果表明，在新中国成立初期教育资源的分配中还没有实行完全的“政治挂帅”，考试是主要的选拔方式，因而专业技术人员的子女在升学中最有优势。同时，拥有较多权力资本的行政人员的子女也比体力劳动者的子女更可能成功升学。可以说这一历史时期主要是父代的文化资本和权力资本在起作用，党员身份所代表的政治资本没有增加子女升学的机会。

表1 家庭背景对子女升学影响的 logistic 回归模型

变 量	模型1	模型2	模型3	模型4
父阶层（参照：体力劳动者）				
行政人员	1.12** (0.44)	0.69(0.49)	1.46*** (0.43)	1.05** (0.46)
专业技术人员	1.38*** (0.35)	0.94** (0.47)	1.42*** (0.34)	0.98** (0.46)
其他	1.08*** (0.40)	1.07** (0.41)	1.10*** (0.40)	1.09** (0.42)
父阶层与历史时期交互项				
行政人员×(1966~1976年)	-0.44(0.43)	-0.23(0.48)	-1.12** (0.46)	-0.89* (0.47)
行政人员×(1977~2003年)	-0.39(0.44)	-0.27(0.49)	-0.88* (0.45)	-0.76(0.46)
专业技术人员(1966~1976年)	-1.09** (0.44)	-1.09* (0.56)	-1.19*** (0.43)	-1.17** (0.54)
专业技术人员(1977~2003年)	-0.61(0.41)	-0.69(0.53)	-0.70* (0.40)	-0.78(0.52)
其他×(1966~1976年)	-1.10** (0.53)	-1.21** (0.53)	-1.25** (0.54)	-1.35** (0.55)
其他×(1977~2003年)	-0.84* (0.44)	-1.01** (0.46)	-0.86* (0.44)	-1.03** (0.47)
父教育(参照：未受正式教育)				
小学		0.44(0.39)		0.46(0.39)
初中		-0.22(0.45)		-0.20(0.47)
高中及以上		1.27** (0.55)		1.25** (0.54)

续表

变　量	模型 1	模型 2	模型 3	模型 4
父教育与历史时期交互项				
小学 ×（1966 ~ 1976 年）		-0.08(0.36)		-0.11(0.38)
小学 ×（1977 ~ 2003 年）		-0.05(0.45)		-0.07(0.46)
初中 ×（1966 ~ 1976 年）		0.53(0.45)		0.48(0.47)
初中 ×（1977 ~ 2003 年）		1.35*** (0.49)		1.33*** (0.51)
高中及以上 ×（1966 ~ 1976 年）		-0.12(0.57)		-0.15(0.57)
高中及以上 ×（1977 ~ 2003 年）		0.46(0.56)		0.45(0.56)
父政治面貌（党员 = 1）			-0.73** (0.36)	-0.72* (0.37)
父政治面貌与历史时期交互项				
党员 ×（1966 ~ 1976 年）			1.33*** (0.43)	1.27*** (0.43)
党员 ×（1977 ~ 2003 年）			1.05*** (0.39)	1.00** (0.39)
F	31.65***	21.70***	28.35***	19.11***
N	4998	4998	4998	4998

注：括号中为标准误；* $p<0.1$，** $p<0.05$，*** $p<0.01$；为了节省篇幅，笔者未展示控制变量、常数项以及历史时期变量，也省略主要变量的描述统计，有兴趣的读者可与笔者联系。

（二）“文化大革命”时期家庭背景与升学（1966 ~ 1976 年）

从模型 1 的统计结果看，在“文化大革命”期间，相较于体力劳动者的子女，行政人员的子女在升学中更有优势，交互项的系数只表明这种优势在“文化大革命”期间略微下降（-0.44），但并没有显著差异（$p>0.1$），假设 2a 得到资料的支持。“文化大革命”中专业技术人员的子女成功升学的优势比是体力劳动者子女的 1.3 倍（$e^{1.38-1.09}$），假设 2b 没有得到资料的支持，但是，“文化大革命”时期与新中国成立初期相比，专业技术人员子女的升学优势已经有了大幅度的下降，他们在“文化大革命”期间受到较大的冲击，相比体力劳动者子女只保持微弱优势。

再看“文化大革命”时期父亲受教育程度和政治面貌的作用。模型 2 的统计结果显示，“文化大革命”时期父亲受教育程度的效应与新中国成立初期没有显著差异，从回归系数看，父亲具有高中及以上学历的人的升学优势略有下降（-0.12），但不具有统计显著性（$p>0.1$），假设 2c 没有得到资料的支持。到了“文化大革命”时期，父亲政治面貌的作用与新中国成立初期相比却发生了较大变化。模型 3 的统计结果表明，党员子女成功升学的优势比是非党员子女的 1.8 倍（$e^{1.33-0.72}$），假设 2d 得到支持。“文化大革命”时期党员的选拔标准与阶级构成与新中国成立初相比并没有变化，但是党员子女的升学机会却截然不同，这很好地说明了国家的政治干预、对党员的庇护影响了教育机会的分配。

以上统计结果表明，“文化大革命”时期选拔制度由“分数挂帅”转变到“政治挂帅”之后，父代政治资本的作用凸显出来，党员子女开始在升学中有优势，而父亲的教育作用不如新中国成立初期大。结果在“文化大革命”时期行政人员的子女取代专业技术人员的子女在升学中最有优势，他们并没有在政治运动中沉沦，反而最有可能成功升学。

最后，在改革以后的历史时期，家庭背景对子代升学的影响与已有研究是一致的，模型 1 的统计结果显示，行政人员和专业技术人员的子女都比体力劳动者子女更可能成功升学，父亲阶层地位的差异影响着子代的升学机会；父亲受教育程度越高，子女成功升学的可能性越大。党员的子女升学机会更多，成功升学的优势比是非党员子女的 1.4 倍（$e^{1.05-0.73}$）。对父亲政治面貌的作用，笔者在此稍作说明。虽然在“文化大革命”和改革后两个时期，党员子女在升学方面都有优势，但笔者认为“文化大革命”时期的优势主要源自党和国家的政治干预，而改革以后的优势则是因为党员构成的变化：党大量吸纳精英人才，入党审核强调知识文化（Walder，1995），党不断地精英化。因此，改革以后党员子女的升学优势反映的是优势阶层、社会精英的子女享有更多的教育机会。

其他研究发现包括，在模型 4 中男性成功升学的优势比是女性的 1.2 倍（$e^{0.14}$）；在大城市和小城市上学的人成功升学的优势比分别是在农村上学的人的 2 倍（$e^{0.69}$）和 1.5 倍（$e^{0.41}$），且具有统计显著性。这是因为改革以后家庭背景的作用、性别和城乡间教育的不平等，对此研究者们已经有许多论述，笔者在此不做深入讨论。

五 研究结论与不足之处

本文从制度约束和代际优势传递出发，探讨了新中国成立初期和“文化大革命”时期，不同家庭背景的人升学机会的差异，尝试对改革前教育的不平等特征及其机制进行探讨，回应关于改革前不同阶层子女教育地位获得的理论争辩。

研究发现，新中国成立初期，以考试为主要选拔方式分配教育资源和机会，在“分数挂帅”的教育体制下，专业技术人员和行政人员的子女在升学中最有优势，而城市体力劳动者和普通党员的子女并不占优势；“文化大革命”时期，“分数挂帅”让位于“政治挂帅”，除了政治权力，家庭出身开始影响教育资源的分配，专业技术人员子女在升学中的优势受到明显的削弱，父亲受教育程度的正向作用也有所下降，党员的子女开始比非党员的子女更有可能成功升学。

综合来看，改革前家庭背景对子代的教育获得始终有影响，国家的政策干预或制度安排无法切断代际间优势传递的链条，社会精英的子女仍然比普通大众的子女更有可能成功升学。从这一角度看教育也并未实现所谓的平等化或“平均主义”，不同的制度安排只是改变了家庭背景作用的具体形式，以及决定了哪一阶层的子代能够在升学中占有优势，甚至在某种程度上国家政策干预是不平等产生的原因。

新中国成立以来，始终保持优势的是权力精英的后代，这基本支持了干部特权论的假设。即使“文化大革命”时期政治运动频繁，许多干部成为运动打击的对象，但他们的子代依然在升学中保持着相对优势。国家一些工农庇护的政策以及对教育资源分配的干预，直接影响的是知识精英后代的命运。如图 1 所示，纵观三个历史时期他们的升学机会呈 U 字形，新中国成立初期最有优势，“文化大革命”时期跌入谷底，甚至个别年份升学转换率低于体力劳动者的子女。可以说，国家为了降低原有的教育分层，缩小教育不平等，主要是通过政策干预减少了知识精英子代的受教育机会。

本文对改革前教育不平等的研究对当前的教育改革也具有启发意义。面对教育资源分配的不平等，部分民众产生否定改革、回归计划经济时代的思潮，本研究证明 1978 年以前并非人们想象的那样平等。随着新中国成立以后教育整体扩张，城乡体力劳动者的子女有了更多受教育机会，但与优势社会阶层子女间的差距依然存在。以国家的政策干预来切断代际优势传递的链条，既不现实也不可取，结果只会造成新形式的不平等。未来的改革方向应该是注重机会平等而不是结果平等，教育资源应向弱势群体倾斜而不是向优势群体聚集，允许合理的代际资本传递而坚决禁止父代滥用公权力为子代谋取优质的教育资源。

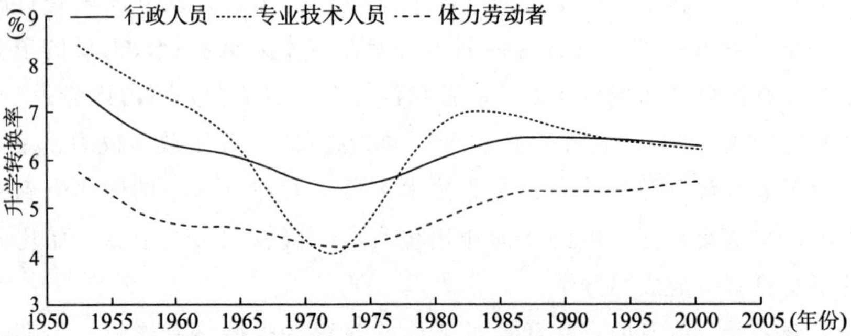

图 1　各阶层子女在不同年份的升学转换率①

最后，作为一种尝试和探索，本文依然存在许多不足之处。由于资料中只包含城市和从农村迁移到城市的被访者，所以没有考察农民子弟的升学情况。因为样本量的限制，也不能对体制外单位经济精英（仅占 0.6%）的子女的升学机会进行研究，若资料允许，需要更好地对一些理论假设进行检验。此外，本文涉及的家庭背景和教育经历的信息均依赖被访者的回忆，对于信息的准确性和可靠性存在争议。笔者希望未来能够有更好的数据，对新中国成立以来家庭背景如何影响教育获得进行更深入的研究。

参考文献

白威廉：《中国的平均化现象》，载边燕杰主编《市场转型与社会分层：美国学者分析中国》，三联书店，2002。

高华：《阶级身份和差异：1949 - 1965 年中国社会的政治分层》，香港中文大学亚太研究所，2004。

郝大海：《中国城市教育分层研究（1949 - 2003）》，《中国社会科学》2007 年第 6 期。

怀默霆：《中国的社会不平等和社会分层》，载边燕杰主编《市场转型与社会分层：美国学者分析中国》，三联书店，2002。

李春玲：《社会政治变迁与教育机会不平等——家庭背景及制度因素对教育获得的影响（1940 - 2001）》，《中国社会科学》2003 年第 3 期。

---

① 新中国成立初期整体的升学转换率有可能被高估。这些被访者在 2003 年时平均年龄约 61 岁，笔者认为健康状况与受教育程度以及能否完成调查是相关的，因此汇总数据中新中国成立初期的样本并不是该时期的随机样本，这可能造成了升学转换率的高估。虽然研究结果不适合时期间的比较，但不妨碍我们考察时期内的阶层差异。

李煜：《制度变迁与教育不平等的产生机制——中国城市子女的教育获得（1966—2003)》，《中国社会科学》2006 年第 4 期。

刘精明：《文革事件对升学入学模式的影响》，《社会学研究》1999 年第 6 期。

——，《国家、社会阶层与教育——教育获得的社会学研究》，中国人民大学出版社，2005。

倪志伟：《社会学新制度主义的来源》，载何俊志等编译《新制度主义政治学译文精选》，天津人民出版社，2007。

杨东平：《从权利平等到机会均等——新中国教育公平的轨迹》，《北京大学教育评论》2006 年第 2 期。

Bian, Yanjie, Xiaoling, Shu and John R. Logan, "Communist Party Membership and Regime Dynamics in China," *Social Forces*, 2001, 79 (3): 805 - 841.

Bourdieu Pierre, "The Forms of Capital," in J. G. Richardson (eds.) *Handbook of Theory and Research for the Sociology of Education* (New York: Greenwood, 1986).

Bourdieu Pierre and J. C. Passeron, *Reproduction in Education, Society, Culture, Beverly Hills* (Ca: Sage, 1977).

Djilas, Milovan, *The New Class* (New York: Harcourt Brace Jovanovich, 1957).

Sewell, William H., Archibald O. Haller and Alejandro Potres, "The Educational and Early Occupational Attainment Process," *American Sociological Review*, 1969, 34 (1): 82 - 92.

Walder, Andrew, "Career Mobility and the Communist Political Order," *American Sociological Review*, 1995, 60 (3): 309 - 328.

Zhong Deng and Donald J. Treiman, "The Impact of Cultural Revolution on Trends in Educational Attainment in the People's Republic of China," *American Journal of Sociology*, 1997, 103 (2): 391 - 428.

Xueguang Zhou, Phyllis Moen and Nancy B. Tuma, "Educational Stratification in Urban China: 1949 - 1994," *Sociology of Education*, 1998, 71 (3): 199 - 222.

家庭背景、教育期望与大学教育获得

——基于上海市调查数据的实证研究*

王甫勤　时怡雯

布劳-邓肯地位获得模型对人们的教育获得和职业获得进行了卓越的解释，并以简约著称，对教育获得和职业获得研究产生了广泛的影响。但即便如此，仍有不少学者（包括邓肯本人）在布劳-邓肯模型的基础上进行了自变量、中间变量和因变量维度的拓展，以期对家庭背景优势如何进行代际传递加以更详细的阐述和解释（许嘉猷，1986）。在这些衍生的模型中，以子辈的教育期望（expectation）或热望（aspiration）作为中间变量的模型对于教育获得具有显著解释力。在威斯康星提出将教育期望等社会心理变量作为调节家庭背景优势对教育获得影响的中间变量而取得突破性成果之后，教育期望一直被作为教育获得最有效的预测变量（Jacob and Wilder，2010）。本研究也试图在经典地位获得模型的基础上，引入父母对子女以及子女个人的教育期望变量来解释子女的教育获得状况，但本研究仅仅关注高等教育的获得。

本研究运用2010年"上海居民家庭生活状况调查"（N=1181）数据，

* 本研究得到了教育部哲学社会科学研究课题重大攻关项目"我国目前社会阶层状况研究"（08JZD0024）、国家社会科学基金青年项目"社会分层理论视角下维护弱势社会群体健康权益研究"（12CSH020）和教育部人文社会科学研究青年项目"社会流动与新生代农民工的社会公平感研究"（11YJC840049）的资助。笔者在2012年中国社会学学术年会"社会分层"分论坛上宣读过此论文，并得到与会专家的评论和修改建议；同时，文章在发表过程中，也得到了《社会》杂志匿名评审人和编委会的宝贵意见，在此一并表示感谢。文责自负。

对上海常住居民的大学教育获得进行分析，引入父母的教育期望和子女的教育期望①作为解释家庭背景对教育获得影响的中间机制，从而为国内教育获得研究增加新的解释途径。

一 家庭背景与教育获得

社会流动研究关注的核心问题是父辈的优势社会地位是如何传递到下一代的。布劳 - 邓肯地位获得模型（Blau and Duncan，1967），对这一问题给予了经典的解释，并几乎在所有国家的实证研究中得到了验证（Ganzeboom et al.，1991）。教育作为代际流动的中间机制发挥了重要作用。一方面，教育作为人力资本的重要组成部分，是人们获得社会位置的重要自致因素，是缓解社会不平等的重要机制。另一方面，教育也是阶层优势地位传递的再生产机制，家庭背景优势通过多种途径转化为子女的教育优势，当子女进入劳动力市场后，再凭借教育来获得较高的社会地位，从而实现代际传递。因而，教育在现代社会是一把双刃剑，它既是社会流动的自致性因素，也是实现社会继承的手段（李煜，2006）。

那么，家庭背景优势是如何影响子女的教育获得的？国内学者针对这一因果机制做了大量的研究（李春玲，2003，2009；李煜，2006；刘精明，2005；吴愈晓，2012；赵延东、洪岩壁，2012）。各项研究结果均显示家庭背景的优势地位在子辈的教育获得方面具有显著作用，在“文化大革命”结束以后，家庭教育背景成为这一时期教育不平等的决定因素；而 1992 年之后，中国社会分化加剧，家庭阶层背景的优势则开始显现，这表现为管理阶层的子女获得高等教育的机会迅速增加（李煜，2006）。即使在 1999 年，中国高等教育大规模扩张以后，家庭背景优势对于子女的高等教育（尤其是正规本科）获得仍有显著影响（刘精明，2006）。本研究根据现有研究成果将家庭背景影响子女教育获得的中间机制概括为如下两个方面。

第一，教育分流机制。所谓教育分流是指，依据考试成绩，将学生划分为不同的类别，让学生进入不同的学校。教师按照不同的要求和标准，采用不同的方法，教授不同的内容，使其成为不同规格和类型的人才

① 在没有特别言明的情况下，为保证文字的简洁，本文所指的“父母或父辈的教育期望”均表示“父母对子女的教育期望”，“子女的教育期望”则是指“子女个人的教育期望”。

(Janes and Harris, 1990)。国外研究表明，教育分流是家庭背景影响子女教育获得的重要机制，具有家庭背景优势的人能够获得更加优质的教育，从而获得更高水平的教育和职业地位（Dolton et al., 1996; Gamoran, 1992; Hallinan, 1988)。在中国居民的教育获得研究中，笔者也发现了教育分流的效应，这主要体现在重点学校和非重点学校的教育分流。中国“重点学校”制度的存在，使得重点学校（相比非重点学校）享有更多的教育资源，最终表现为教学质量的差异，使得在重点学校（包括小学、初中和高中各个阶段）就读过的学生，其最终所获得的平均受教育程度要高于未曾在重点学校就读过的学生（方长春，2005)，从而使得他们最终在劳动力市场上也能获得较高的职业地位（王威海、顾源，2012)。进一步的研究还发现，教育分流并不仅仅体现绩效原则，家庭背景在教育分流过程中，也具有非常重要的作用，家庭社会经济地位越高的子女，在进入重点学校方面，越具有优势（方长春，2005；方长春、风笑天，2005)，因而，教育分流构成了家庭背景影响教育获得的中间机制。

第二，文化资本与社会资本机制。文化资本和社会资本也是影响个人教育地位获得和职业地位获得的重要中间机制。从文化资本的角度来看，家庭背景地位较高的学生能够从父母那里继承知识、技术和爱好，这种爱好对学生的学习产生非常重要的影响。在某些文化领域中，社会出身好的学生所具备的知识也更加丰富、广泛（如戏剧、音乐、绘画等）（布迪厄、帕斯隆，2002)。中国经验研究也发现，从文化资本的角度来看，父母的文化资本存量越高，子女的受教育年限越长（仇立平、肖日葵，2011)；一项关于上海城镇居民的经验研究发现，文化资本对于子女初中以上的教育获得有显著影响，并且在不同家庭背景中，作用机制有所不同；低教育和低收入背景家庭更多地借助文化活动参与来实现文化流动，而高教育和高收入背景家庭更多地通过家庭文化氛围来实现文化再生产（孙远太，2010)。从社会资本的角度来看，不同社会阶层或团体所享有的社会资本分配很不均匀，另外，家长传递给子女的社会资本可以为子女提供更多更好的机会，使子女获得更高水平的教育成就，从而以一种较为隐秘的方式实现了社会再生产（赵延东、洪岩壁，2012)。赵延东和洪岩壁（2012）运用布迪厄的“网络资源型”社会资本概念和科尔曼的“社会闭合型”社会资本概念研究了社会资本对于人们教育获得的影响，研究发现，“网络资源型”社会资本的来源是家长的社会网络，其作用主要是为孩子提供更好的教育机会；而

"社会闭合型"社会资本的来源则是家长与孩子本人、教师及其他家长之间形成的紧密社会结构，孩子可以直接从此类社会资本中获益，两种社会资本之间存在复杂的交互作用，可以共同促进孩子学业成绩的提高。

教育分流和文化资本、社会资本作为中间机制对教育地位获得模型进行了充分的拓展，在经验研究中，其操作化测量也较为客观、可靠。那么对于家庭背景与子女教育地位获得是否还存在其他有效的解释机制呢？这是本研究探索的主要理论问题。

事实上，在布劳-邓肯地位获得模型提出以后，各国学者都试图在研究中加入新的变量，如智力（intelligence）、教育热望（aspiration）、职业期望等，以期对人们的地位获得进行更进一步的解释。邓肯等在1972年撰文对《美国职业结构》没有讨论的部分（即中间机制），进行深入分析。他们在分析模型中加入了两个新的中间变量——智力与成就取向（achievement orientation）——来探讨人们教育获得和收入获得的影响因素（或家庭背景的代际传递优势），其中智力包括儿时（12岁）智力水平和成年时智力水平，成就取向包括成就热望（aspiration）、动机（motivations）、职业抱负（ambition）等，研究发现，儿时智力水平对于人们的教育获得和成年时智力水平有非常重要的影响；在成就取向方面，研究只进行了理论说明，没有将其纳入模型检验（Duncan et al.，1972）。本研究将重点讨论成就取向中的教育期望对人们教育获得的影响。

二　教育期望与教育获得

20世纪50年代是美国社会学和社会心理学的活跃时期，很多学者开始关注教育和职业期望的产生及影响，如（Sewell et al.，1957）等，但此时的分析往往局限于理论分析，而缺乏经验数据的支持。自1957年起，威斯康星大学在州学校主管部门（Wisconsin State Superintendent of Schools）的支持下开展了一项覆盖全州范围的公立、私立以及教会学校高中高年级学生的大学教育计划的调查（Wisconsin Longitudinal Study，WLS），该数据的收集为后来威斯康星学派的研究奠定了重要的基石（Sewell et al.，2004；Sewell and Hauser，1980）。威斯康星学派早期基于WLS的教育获得研究，主要关注社会心理因素（见下文）对于教育期望的产生以及维持的影响，并将教育期望作为中间机制来解释家庭社会经济地位和智力因素影响教育获得的过程（Sewell et al.，2004）。Sewell 和 Shah（1967）构建了家庭社会经济地位、智力（mental ability）、教育期望（educational aspiration）和高等教育获得四个变量的线性因果模型，最早将教育期望纳入教育获得模型。数据分析发现，教育期望对他们（高年级学生）的教育获得有非常大的影响，并独立于家庭社会经济地位和智力；同时，无论对于男性还是女性而言，教育期望对于他们的教育获得都有非常明显的调节作用（Sewell and Shah，1967），其调节的基本逻辑是：家庭社会经济地位越高，个人（学生）对大学教育获得的期望程度也越高，最终获得大学教育的机会也越多，该模型在教育获得研究方面取得突破性成果，后来被称为“威斯康星模型”（Wisconsin Model）的最早版本。在布劳－邓肯地位获得模型提出之后，威斯康星学派的学者对早期模型也进行了拓展，在早期模型的基础上，以职业获得作为最终因变量，又添加了职业期望（occupational aspiration）、学术表现（academic performance）、重要他人的影响（significant others' influence）等（Sewell et al.，1969），该模型对威斯康星州农民出身、男性样本的教育获得和职业获得的复杂过程进行了非常详尽的解释，教育期望等社会心理变量的调节作用也得到了丰富的展示。但后来的学者发现，将该模型应用于社区规模范围更大的男性样本时，效果并不理想，于是对 Sewell 等（1969）模型中的路径进行了修正（Sewell et al.，1970），修正后的模型就是众所周知的“威斯康星地位获得社会心理模型”（Wisconsin Social Psychological Model of Status Attainment，简称“威斯康星模型”）。尽管威斯康星模型在后续的研究中，一直不断被拓展，但教育期望等社会心理变量作为教育获得的重要解释变量以及家庭社会经济地位作为影响教育获得的调节变量并未改变，并且各项研究的结论基本一致。

那么，教育期望的产生受到哪些因素影响？教育期望是如何调节家庭背景与教育获得之间的关系呢？威斯康星学派早期的研究及其他相关研究表明，个人教育期望（尤其是中学后教育/高等教育）的产生受到多种因素的影响，在宏观层面包括：一个国家或地区的教育设置①以及劳动力市场情

① 教育设置对学生教育期望的影响主要表现在学校制度安排（如职业教育、学历教育及教育成本等）的差异导致学生的教育期望出现差异。这种差异也受到了家庭背景的影响，出身于社会上层的子女更加追求学历教育。

况[①]（Andres et al.，2007）；在中观层面包括：社区环境、学校环境及类型、邻里关系等（Buchmann and Dalton，2002；Hauser et al.，1976）；在微观层面主要包括：家庭背景因素（父母的社会经济地位）、认知能力（Sewell and Shah，1967；Sewell and Shah，1968a）、重要他人等（Sewell and Shah，1968b）。本研究重点关注家庭背景对于个人（学生）高等教育期望的影响。威斯康星学派早期的研究普遍认为，社会经济地位不同的儿童（学生）对将来上大学的期望存在明显的差异（Sewell et al.，2004）。一方面，高地位家庭的子女比低地位家庭的子女在认知能力测试中表现得更好，因为他们有更多的机会发展这些能力，他们（相较于低地位家庭的子女）被认为是更加聪明或成功的。因而，他们更有可能从父母、教师和其他重要他人（同辈群体）那里获得鼓励去参加有利于上大学的课程。他们对上大学的期望，在他们的高中学长、父母、教师、同辈群体那里得到强化。另一方面，社会经济地位越高的父母，对子女的教育期望也越高（Goyette and Xie，1999），如受教育程度越高的父母，越强调教育的重要性，越看重子女的学术成就，越期望子女能够获得较高程度的教育，并且他们激励子女产生大学教育期望的能力也越强（Sewell and Shah，1968b）；而且，受教育程度越高的父母（尤其是有过高等教育经历的父母），其社会资本和文化资本越多，能够为子女提供更多更及时的关于（高等）教育的信息，为子女教育期望的确立提供极大的便利（布迪厄、帕斯隆，2002）；收入越高的父母，也越期望子女能够通过教育来维系家庭的经济地位（Kleinjans，2010）。父母对子女的教育期望，也是子女教育期望产生和维持的重要机制，对子女教育期望越高的父母，将投注越多的精力参与（involvement）到子女的教育当中（Zhan，2006），也会给子女创造越多的支持条件，激励子女的教育成就动机（Seginer，1983）。关于父母社会经济地位与其对子女教育期望的关系，在中国相关研究中，也得到了验证，如杨春华（2006）的研究。

但是，目前有关中国人口教育获得的研究中，关于教育期望（父母对子女或子女本人）对人们教育获得（尤其是高等教育）的影响还没有引起足够的重视，相关研究较为缺乏。本研究根据个人教育期望的中介作用，

---

① 劳动力市场情况，对于人们未来教育期望的影响主要表现在，人们根据职业偏好来设定自己的教育期望。

以及教育期望的影响因素，引入了父辈教育期望变量，并建立如下的大学教育获得理论模型，见图1。

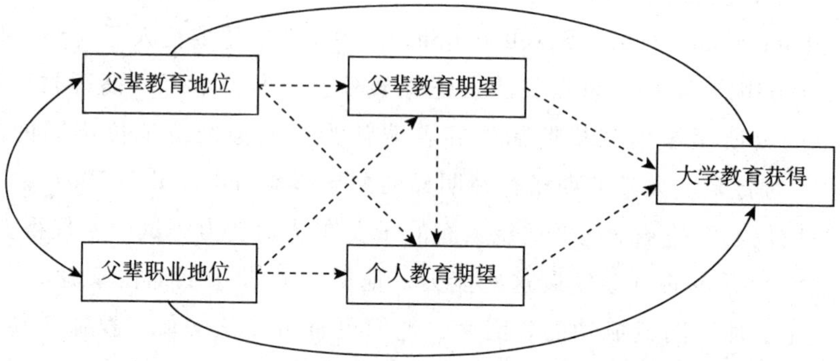

图1　家庭背景、教育期望与大学教育获得之间的因果路径

在图1中，双向实线箭头①表示两个变量之间的相关关系，单向实线箭头表示两个变量之间的因果关系，单向虚线箭头表示两个变量之间可能存在的因果关系，这也是本研究的分析重点。根据图1显示的基本路径，本研究认为大学教育期望（包括父辈和子辈）是家庭背景优势对人们大学教育获得影响的中间机制，而且家庭背景对个人大学教育期望的形成，可以通过父辈教育期望来调节。根据这一基本观点，本研究提出如下两个基本假设：

研究假设1：家庭背景越有优势的人，对大学教育的期望程度越高。

社会经济地位较高的家庭在代际地位传递过程中，需要维持自我的优势地位，在现代市场化社会中，由于教育对人们在劳动力市场上的地位越来越具有显著的作用，因而家庭背景优势地位除了直接传递②之外，主要是通过教育将其转化为子女的人力资本，特别是转化为高等教育。因而，相比社会经济地位较低的父母来说，社会经济地位较高的父母对子女的大学教育期望更加强烈，父母的态度对于子女上大学期望的产生至关重要（Sewell and Shah，1968b）。另外，社会经济地位较高的父母更有能力去维持和实现子女上大学的期望，尤其是父母双方中有高等教育经历的，在子

① 实线箭头还表示根据以往国内的研究，可以得到支持的相关或因果关系。虚线箭头表示在国内研究中，还有待进一步检验的研究。

② 直接传递是指子女直接继承父辈的优势地位，但这种情况一般发生在子女进入劳动力市场之后。

女大学教育期望的形成过程中明显具有很多优势，如提供大学教育和大学生活等多方面丰富的信息。

研究假设2：对大学教育期望程度越高的人，最终获得大学教育的可能性也越大。

根据威斯康星社会心理模型的解释路径，教育期望程度越高（动机越强）的人，为实现目标付出的努力也越多，因而其实现目标的可能性也越大。以往关于教育期望和教育获得的研究也认为，教育期望是教育获得的稳定有效的预测指标。所以，对大学教育期望程度越高的人，其在学习过程中，付出的努力也越多，在当前中国的高考制度下，被大学录取的概率也会越高。

三 研究设计

（一）分析策略

本研究首先研究个人教育期望的决定因素，重点分析家庭背景因素在此过程中的影响作用。在此基础上通过逐步 logistic 回归分析方法，以大学教育获得作为因变量，以家庭背景变量及其他人口统计学变量建立基本 logistic回归模型，再引入父辈对子女的教育期望和子女个人的教育期望，研究父母的教育期望对个人教育期望的影响、个人教育期望对大学教育获得的预测作用及其对家庭背景与大学教育获得之间关系的调节作用。

（二）变量设计

1. 因变量

大学教育获得。根据人们的最终受教育程度来测量，将研究对象划分为两大类，即接受过大学教育（编码为1）和未接受过大学教育（编码为0）。这里的大学教育层次包括大学专科（脱产、非脱产）、大学本科（脱产、非脱产）、研究生等高等教育层次。

2. 自变量

本研究的核心解释变量包括个人教育期望、父辈对子女的教育期望。其中，个人教育期望的测量题目为：“您在少年时期，是否希望自己将来能够上大学？”“是”表示研究对象对大学教育有期望（编码为1），“否”表示对大学教育没有期望（编码为0）。父辈对子女教育期望的测量题目为：

“您少年时期，您的父母是否经常鼓励您将来上大学?”“是”表示父母期望子女将来能够上大学（编码为1），“否”表示父母对子女将来是否能够上大学没有期望或期望较低（编码为0）。对于这一测量方式的不足之处，文后将予以再讨论。

3. 主要控制变量

本研究的主要控制变量包括家庭背景变量和人口统计学变量。家庭背景变量包括父辈的教育地位和职业地位，主要依据父亲的受教育程度和职业来测量。父辈的受教育程度被划为四个等级，即小学或以下、初中、高中及同等学历、大学专科及以上，编码依次为1~4。父辈职业地位根据戈德索普十一分类职业阶层框架（Breen，2005）来测量，在实际分析中合并为五分类，即管理者和专业技术人员（EGP分类中的阶层I和II，以及IVa①）、一般办事人员（阶层IIIa和IIIb）、一般技术工人与监管者（阶层IVb、阶层V和阶层VI）、体力工人（阶层VIIa）和农业劳动者（阶层IVc和阶层VIIb），编码依次为1~5，部分缺失值采用母亲的职业地位来代替。

人口统计学变量，主要包括性别（男性编码为1，女性编码为0）、年龄。除此之外，考虑到个人成长环境有可能对其教育期望和教育获得产生影响，本研究还加入了研究对象的出生地作为控制变量，来消除城镇（编码为1）出生人口和农村（编码为0）出生人口的差异。

（三）数据来源与样本描述

本研究所使用数据，全部来自2010年“上海居民家庭生活状况调查”数据。该调查由复旦大学社会学系刘欣教授负责，在上海市外环线以内的12个区，根据多阶段随机抽样原则，共抽取了23个街道、46个居委会中的1300个居民户，然后在每个被选中的居民户中按Kish抽样规则选取1人作为被访者（18~65周岁）。调查从2010年6月开始，12月份结束，共回收有效问卷1181份，有效回收率为90.8%。根据上述变量操作化设计，本研究所使用样本的基本情况见表1。

---

① EGP十一分类职业阶层框架中，阶层IVa表示雇用他人的小业主，本研究中将雇佣人数在8人以上的小业主归入管理者与专业技术人员阶层，他们属于社会上层。将雇佣人数较少的小业主和个体户归入一般技术工人与监管者阶层。

表 1　上海居民家庭生活状况调查样本情况描述（N = 1181）

变量	取值	编码	频次	比例（%）
性别	女	0	640	54.2
	男	1	541	45.8
年龄	［18，65］周岁		平均值：45.1 岁，标准差：13.1 岁	
出生地	农村	0	188	15.9
	城镇	1	993	84.1
大学教育获得	未接受过大学教育	0	762	64.5
	接受过大学教育	1	419	35.5
个人教育期望	无	0	286	25.2
	有	1	847	74.8
父辈教育期望	无	0	388	34.4
	有	1	739	65.6
父辈受教育程度	小学及以下	1	487	43.7
	初中	2	284	25.5
	高中及同等学历	3	211	18.9
	大学专科及以上	4	133	11.9
父辈职业地位	管理者和专业技术人员	1	145	12.6
	一般办事人员	2	205	17.8
	一般技术工人与监管者	3	309	26.8
	体力工人	4	363	31.5
	农业劳动者	5	129	11.2

注：部分样本之和不足 1181 是因为剔除了缺失值。

（四）分析模型

由于本研究所分析的两个因变量（个人教育期望和大学教育获得）均为二分变量，故采用 binary logistic 回归模型来分析，以大学教育获得为例，其估计模型为：

$$\hat{p} = \frac{\exp(b_0 + b_1X_1 + b_2X_2 + \cdots + b_iX_i)}{1 + \exp(b_0 + b_1X_1 + b_2X_2 + \cdots + b_iX_i)}$$

其中，$\hat{p}$ 表示获得大学教育的概率，$X_1, X_2, \cdots, X_i$ 分别表示相关控制变量和核心解释变量，回归系数表示 b_i 在控制其他变量的情况下，X_i 每改变一个单位，获得大学教育的优势比将会平均改变 exp（b_i）倍。

四　数据分析结果

（一）个人大学教育期望的影响因素分析

大学教育期望是人们在大学教育获得之前，对将来是否能够上大学的一种目标设定。以往的研究显示，家庭背景因素、认知能力、重要他人、社区环境、学校环境及类型、邻里关系、教育设置和劳动力市场情况（Andres et al.，2007；Buchmann and Dalton，2002；Hauser，Sewell and Alwin，1976；Sewell and Shah，1967；Sewell and Shah，1968a；Sewell and Shah，1968b）对人们教育期望的形成具有重要影响。自高考制度恢复以来，大量的学子通过自己的努力实现了上大学的梦想，这给很多学子奋斗的动力。同时，市场化改革以来，大学教育对于人们在劳动力市场上获得社会经济地位的作用也越来越重要（Nee，1989）。这是人们大学教育期望产生的宏观背景，那么从微观上来说，家庭背景对人们的教育期望有怎样的影响，是本研究的分析重点之一。依据分析策略，本研究首先依据人们少年时，是否有过大学教育期望建立二分类变量的 logistic 回归模型，统计结果见表 2。

在表 2 中，模型 1 只加入了基本控制变量和父辈受教育程度和职业地位变量。统计结果显示，父辈教育背景对于子女的大学教育期望具有显著影响，这种影响主要体现在大学专科及以上受教育程度的父母，其子女对上大学的期望最为明显，相较受教育程度较低（小学及以下）的父母来说，其子女大学教育期望的优势比是父辈受教育程度较低的子女的 3.069 倍（$e^{1.121}$，$p<0.01$），这与威斯康星学派早期的研究结果基本一致（Sewell and Shah，1968a）。而父辈受教育教育程度为初中、高中及同等学历的子女，与父辈受教育程度较低的子女，在大学教育期望方面则没有明显的差异。另外，作为家庭背景的父辈职业地位变量没有显示出明显的作用，不同职业阶层出身的子女，在大学教育期望方面，没有明显的不同，这与以往的研究有一定的差异。耐人寻味的是，父辈职业地位为管理者和专业技术人员、一般技术工人与监管者两个阶层的子女，相较农业劳动者阶层的子女，两者上大学期望的优势比低于 1（尽管没有显著性），在某种程度上说，由于中国特殊的城乡二元差异，农村出生的学生更为迫切地希望上大学，从而

改变自己的命运。在控制变量中，年龄变量对个人大学教育期望有显著影响，表现为越是年长者，其少年时产生大学教育期望的概率越低，这在一定程度上反映了教育设置的变化对人们大学教育期望产生的影响。

在模型 2 中，加入了父辈教育期望变量。模型的拟合发生了明显的变化（-2LL 明显降低，Pseudo R^2 有显著改善）。从参数的显著性来看，模型 1 中的年龄因素失去了显著性，父辈受教育程度的显著性也发生了变化，表现为父辈受教育程度较高（包括大学专科及以上、高中及同等学历）的子女与父辈受教育程度较低的子女在大学教育期望方面，没有明显差异；主要的差异出现在具有初中文化程度的父母和小学及以下文化程度的父母之间。导致两个模型拟合情况变化的主要原因在于父辈教育期望的影响，从这一变量的效应来看，父辈对子女的大学教育期望越强烈，其子女形成大学教育期望的概率优势比将是那些父母期望较低或无期望子女的近 20 倍（$e^{2.942}$，$p<0.01$），这与国外研究也非常一致（Seginer，1983）。从模型 2 中所展示的变量效应来看，父辈对子女上大学的期望，几乎是子女个人产生大学教育期望的唯一因素，其他因素（年龄、父辈受教育程度）都通过父辈教育期望来影响个人教育期望的形成，这说明父辈教育期望起到了调节家庭背景变量与个人教育期望变量之间关系的作用。因而，从总体上来说，家庭背景有优势的父母（主要是教育背景方面的优势），对于子女上大学的期望较高，进而其子女产生大学教育期望的程度也较高，研究假设 1 基本成立。

表 2　大学教育期望影响因素的 binary logistic 回归分析

常数项/变量	是否期望上大学（模型 1）		是否期望上大学（模型 2）	
	b	exp（b）	b	exp（b）
常数项	2.345***	10.429	.078	1.081
性别（女性为参照）	-.186	.830	-.246	.782
年龄	-.026**	.975	.002	1.002
出生地（农村为参照）	-.052	.949	.029	1.030
父辈受教育程度（小学及以下为参照）				
大学专科及以上	1.121**	3.069	.310	1.364
高中及同等学历	-.138	.871	-.470	.625
初中	-.019	.981	-.471*	.624
父辈职业地位（农业劳动者为参照）				

续表

常数项/变量	是否期望上大学（模型1）		是否期望上大学（模型2）	
	b	exp（b）	b	exp（b）
管理者和专业技术人员	-.050	.951	-.456	.634
一般行政人员	.124	1.132	-.279	.756
一般技术工人与监管者	-.036	.965	-.436	.646
体力工人	.041	1.042	-.295	.745
父辈教育期望			2.942***	18.946
-2LL	1128.590		836.060	
Pseudo R^2（cox and snell)	0.039		0.269	
Prob > Chi^2	0.000		0.000	
观察值	1054		1037	

* $p<0.05$；*** $p<0.01$；****，$p<0.001$。下同。

（二）个人大学教育期望对大学教育获得的影响分析

以往中国人口教育获得研究表明，家庭背景主要通过教育分流、文化资本/社会资本等途径影响子女的（高等）教育获得，忽视了教育期望的作用，而教育期望被认为是教育获得最有效的预测变量（Jacob and Wilder，2010），因而本研究试图分析个人大学教育期望对大学教育获得的影响，并分析个人教育期望对家庭背景影响教育获得的调节作用。

本研究以是否接受过大学教育为因变量，根据基本控制变量和父辈受教育程度、父辈职业地位变量建立基本模型（模型1，binary logistic 回归模型），并依次引入父辈教育期望变量（模型2）和个人教育期望变量（模型3）及父辈教育期望与个人教育期望的交互效应（模型4），模型统计结果见表3。

根据模型1的统计结果来看，家庭背景优势地位对于子女获得大学教育有显著促进作用，这一发现与以往全国范围的研究结果基本一致（李春玲，2009；李煜，2006；刘精明，2006；仇立平、肖日葵，2011；孙远太，2010）。从父辈的受教育程度来看，父辈接受过高等教育的子女，最终获得大学教育的优势比是那些父辈受教育程度较低（小学及以下）的子女的3.184倍（$e^{1.158}$，$p<0.001$）；父辈受教育程度为高中及同等学历者的子女对应的优势比为2.005（$e^{0.696}$，$p<0.01$）；父辈受教育程度为初中的子女，其获得大学教育的优势比与父辈受教育程度较低者没有明显差异。从父辈

表 3　大学教育获得影响因素的 binary logistic 回归分析

常数项/变量	大学教育获得(模型 1)		大学教育获得(模型 2)		大学教育获得(模型 3)		大学教育获得(模型 4)	
	b	exp(b)	b	exp(b)	b	exp(b)	b	exp(b)
常数项	1.730***	5.643	.648	1.911	.066	1.068	.597	1.816
性别(女性为参照)	.190	1.209	.171	1.186	.238	1.269	.252***	1.287
年龄	-.092***	.912	-.083***	.921	-.084***	.920	-.086***	.917
出生地(农村为参照)	1.045***	2.843	1.060***	2.886	1.019***	2.769	1.012**	2.750
父辈受教育程度(小学及以下为参照)								
大学专科及以上	1.158***	3.184	.938***	2.554	.930***	2.535	.880**	2.411
高中及同等学历	.696**	2.005	.678**	1.970	.786***	2.194	.774**	2.169
初中	.258	1.295	.237	1.267	.317	1.373	.296	1.344
父辈职业地位(农业劳动者为参照)								
管理者/专业技术人员	.570	1.769	.512	1.668	.640	1.896	.685	1.984
一般行政人员	.743*	2.102	.645	1.906	.769*	2.157	.818*	2.266
一般技术工人与监管者	.298	1.347	.234	1.264	.307	1.360	.321	1.378
体力工人	.159	1.172	.037	1.038	.163	1.177	.201	1.222
父辈教育期望			1.085***	2.959	.577**	1.781	-.818	.441
个人教育期望					1.082***	2.950	.166	1.180
父辈教育期望/个人教育期望							1.947***	7.009
-2LL	1062.121		994.439		962.661		947.647	
Pseudo R^2 (cox and snell)	0.293		0.311		0.323		0.333	
Prob > Chi^2	0.000		0.000		0.000		0.000	
观察值	1099		1052		1037		1037	

的职业地位来看，各职业阶层的子女获得大学教育的优势没有明显差别（除了一般行政人员阶层的子女与农业劳动者子女有差别之外）。也就是说，家庭背景对个人大学教育获得的影响主要通过父辈受教育程度来体现，父辈职业地位的影响作用较小。

从控制变量的作用来看（模型1～3），年龄和出生地具有非常显著的作用，相比农村出生的人，在城市出生的人获得大学教育的概率显著增加，这在一定程度上反映了城乡教育资源分配的差异。年长者相较于年轻者而言，其获得大学教育的概率则明显偏低，这同年龄对个人教育期望的影响作用类似，反映了高考制度恢复及高等教育扩招的效应。性别对大学教育获得没有显著影响，这表明大城市女性在高等教育方面并没有劣势。

在模型2中，加入了父辈教育期望变量。统计结果显示，父辈对子女上大学的期望程度越高，其子女获得大学教育的机会也越多。相比之下，父母经常期望或鼓励自己的子女上大学，而最终子女获得大学机会的优势比是那些没有或较少鼓励子女上大学的2.959倍（$e^{1.085}$，$p<0.001$）。在加入个人教育期望效应之后（模型3），与模型2相比，模型的拟合优度进一步提高（-2LL降低，Pseudo R^2 增加）。这说明个人大学教育期望对于大学教育获得的效应显著，少年时就期望自己将来能上大学的人的优势比是那些没有期望自己上大学的人的1.950倍（$e^{1.082}-1$，$p<0.001$），因而研究假设2也得到验证。另外，在加入个人教育期望效应之后，父辈教育期望的作用下降（b值从1.085下降为0.577，下降近50%，显著性从0.001水平降为0.01水平），这表明父辈教育期望除了对子女的大学教育获得有直接影响之外，还通过子女个人的教育期望产生影响。同时，家庭背景变量，尤其是父辈受教育程度对子女大学教育获得的影响明显下降，模型3与模型1相比，父辈受教育程度为大学专科及以上的子女（相较于父辈受教育程度为小学及以下者）获得大学教育机会的优势比从3.184下降为2.535，这说明个人教育期望变量，部分调节了家庭背景变量对个人大学教育获得的影响。

在模型4中，加入父辈教育期望和个人教育期望的交互效应。统计结果显示，交互作用非常显著，模型拟合度也明显提高。与模型3相比，交互效应所显示的效应（1.947）要强于两者独立效应之和（0.577+1.085），这说明如果父辈和子女个人都期望能够上大学的话，子女最终获得大学教育机会的概率要比双方中仅有一方期望上大学或双方都不期望上大学的概率要高得多；也就是说，只有父母和子女对于上大学的期望保持一致，才能获得最多的大学教育获得机会。如果父母不经常鼓励子女上大学，或者在父母的鼓励下，子女个人没有很强的上大学意愿，其最终获得大学教育的机会都会显著减少。

综合上述模型 1 ~4 的统计结果，可以发现，个人教育期望在大学教育获得的诸多影响因素中，作用最强，并构成了家庭背景影响子女大学教育获得的中间调节机制。根据模型 4 的拟合结果，本研究计算了在少年时期“期望上大学”和“未期望上大学”这两个群体最终获得大学教育的条件概率图（图 2）。从图 2 中可以发现，在父亲教育背景相同的条件下，少年时期“期望上大学”的人最终获得大学教育的概率要高于“未期望上大学”的人，并且随着父亲受教育程度的增加，他们上大学的概率差越来越大。

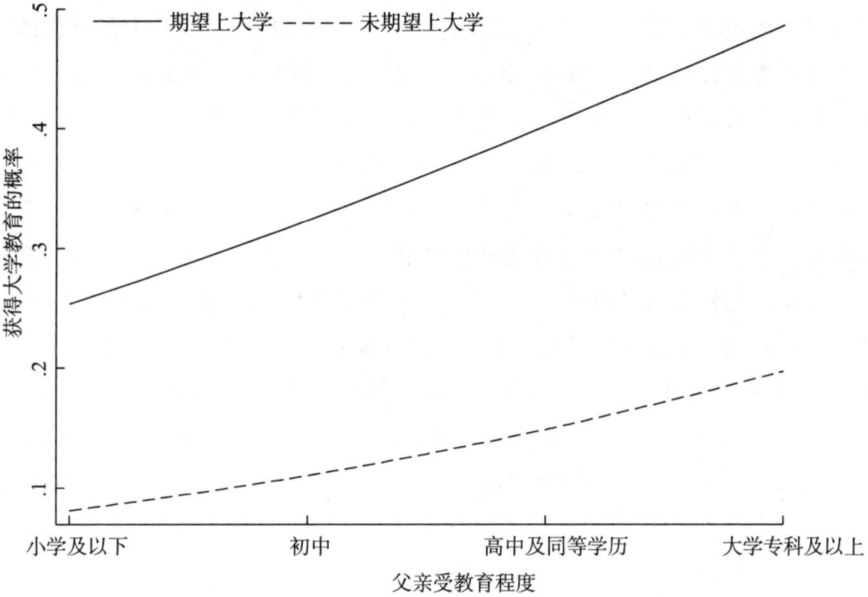

图 2　家庭背景、教育期望与获得大学教育的概率

五　结论与讨论

很多研究运用布劳 - 邓肯地位获得模型的成果对人们的教育获得进行解释，发现家庭社会经济地位具有优势的子女在教育成就方面也具有较大优势（Blau and Duncan，1967；Ganzeboom et al.，1991），但布劳－邓肯的原始模型并未就家庭背景如何影响子女教育获得进行充分的解释。于是，后续很多研究在原始模型的基础上，进行了中间机制的拓展。在教育获得研究中，主要添加的中间解释变量为社会心理变量（如智力和期望等）（Sewell et al.，2004），研究发现，个人对将来教育成就的期望是最终教育获得的有效且稳定的预测指标（Jacob and Wilder，2010）。

但是国内教育获得的研究，虽然也发现了家庭背景和教育获得之间的稳定关系，但并未从教育期望的角度加以解释，而主要是从教育分流、文化资本、社会资本的角度给予解释。本研究则是从教育期望的角度加以解释，并构建了家庭背景影响个人教育期望以及最终影响教育地位获得的因果路径。研究采用2010年“上海居民家庭生活状况调查”数据（N＝1181），对上海市居民的大学教育获得情况进行了深入分析，研究发现，家庭背景（尤其是父辈的大学教育背景）对子女获得大学教育具有明显的促进作用。根据以往研究的解释路径，一方面，出身于优势家庭的子女，在学习的各个阶段进入重点学校的概率更高，从而获得更好的教育（方长春，2005；方长春、风笑天，2005；王威海、顾源，2012）；另一方面，具有家庭社会经济地位优势的父母（尤其是教育方面），拥有更多的文化资本和社会资本，其子女获得高等教育的机会也更多（仇立平、肖日葵，2011；孙远太，2010；赵延东、洪岩壁，2012）。但本研究发现，除了这两条路径之外，还存在第三条解释路径，即教育期望机制。与国外关于教育期望与教育获得研究的结论一致（Andres et al.，2007；Goyette，2008；Goyette and Xie，1999；Reynolds and Burge，2008；Zhan，2006；Zhan and Sherraden，2011）。本研究也发现大学教育期望对人们大学教育获得有非常积极的影响，相比大学教育期望较低的人来说，大学教育期望较高的人，最终获得大学教育的机会明显增加。这一机制具体可以表述为，在代际流动过程中，父辈的优势社会经济地位只有转化为子辈的教育（尤其是高等教育）才能得到更好的维系。因此，在子女受教育过程中，社会地位和经济地位越高的父母，对子女上大学的期望越强，尤其是有过高等教育经历的父母，还能够为子女提供丰富的有关大学生活和学习的信息，这种期望使子女也产生了上大学的欲望，同时，社会经济地位越高的父母，也能够为子女创造越多的支持条件；在大学教育期望的驱使下，为实现上大学的教育目标，个人在学习过程中会付出更多的努力，因而其获得大学教育机会的可能性大大增加，最终实现代际传递。个人教育期望作为调节家庭背景对于教育获得的中间机制说明，一方面，个人教育期望可以作为家庭优势社会经济地位再生产的一种工具，实现代际优势地位的传递；另一方面，个人教育期望还受到其他诸多变量的影响，如除父母以外的其他重要他人、宏观社会制度、劳动力市场结构等，个人教育期望的产生具有自致性特征，是个人获得教育成功的重要动力机制。

本研究虽然关注到教育期望对人们最终教育获得的影响，但却忽视了另外一个问题，即教育期望作为社会心理变量，并不是一个稳定的变量。学生在不同的学习阶段会根据自己的学业成绩及家庭背景情况对将来是否接受大学教育的计划做出调整，并产生新的教育期望（Andres et al.，2007；Jacob and Wilder，2010）。本研究由于数据的限制，只测量了人们少年时的大学期望，而这一期望完全有可能在中学阶段发生改变，而处于中学阶段的学生相对于少年时期来说，所做出的期望应该更加准确和稳定，可以预期的是，如果采用多阶段教育期望的测量，本研究对人们大学教育获得的解释将会获得更大的成功。同时，对于教育期望的测量，属于追溯式测量，这一测量结果很有可能受到受访者当前社会地位或教育成就的影响，从而影响测量的信度和效度。另外，本研究利用教育期望来解释人们的大学教育获得，从模型拟合的角度来看，具有较强的解释力，但是并未将其与教育分流、文化资本等中间机制进行比较，因而无法说明哪一种路径的解释力更强。这两方面的不足之处，希望在后续的教育获得研究中，能够得以完善。

参考文献

布迪厄、帕斯隆：《继承人——大学生与文化》，邢克超译，商务印书馆，2002。

仇立平、肖日葵：《文化资本与社会地位获得——基于上海市的实证研究》，《中国社会科学》2011 年第 6 期。

方长春：《家庭背景与教育分流：教育分流过程中的非学业性因素分析》，《社会》2005 年第 4 期。

方长春、风笑天：《阶级差异与教育获得：一项关于教育分流的实证研究》，《清华大学教育研究》2005 年第 5 期。

李春玲：《社会政治变迁与教育机会不平等——家庭背景及制度因素对教育获得的

影响（1940—2001）》，《中国社会科学》2003 年第 3 期。

——：《教育地位获得的性别差异——家庭背景对男性和女性教育地位获得的影响》，《妇女研究论丛》2009 年第 1 期。

李煜：《制度变迁与教育不平等的产生机制——中国城市子女的教育获得（1966—2003）》，《中国社会科学》2006 年第 4 期。

刘精明：《国家、社会阶层与教育：教育获得的社会学研究》，中国人民大学出版社，2005。

——：《高等教育扩展与入学机会差异：1978—2003 》，《社会》2006 年第 3 期。

孙远太：《家庭背景、文化资本与教育获得——上海城镇居民调查》，《青年研究》2010 年第 2 期。

王威海、顾源：《中国城乡居民的中学教育分流与职业地位获得》，《社会学研究》2012 年第 4 期。

吴愈晓：《中国城乡居民教育获得的性别差异研究》，《社会》2012 年第 4 期。

许嘉猷：《社会阶层化与社会流动》，三民书局股份有限公司，1986。

杨春华：《教育期望中的社会阶层差异：父母的社会地位和子女教育期望的关系》，《清华大学教育研究》2006 年第 4 期。

赵延东、洪岩璧：《社会资本与教育获得——网络资源与社会闭合的视角》，《社会学研究》2012 年第 5 期。

Andres, Lesley, Maria Adamuti-Trache, Ee-Seul Yoon, Michelle Pidgeon and Jens Peter Thomsen, "Educational Expectations, Parental Social Class, Gender, and Postsecondary Attainment : A 10-Year Perspective. ," *Youth and Society*, 2007, 39 (2): 135 - 163.

Blau, Peter M. and Otis Dudley Duncan, *The American Occupational Structure* (New York: The Free Press, 1967).

Breen, Richard, "Foundations of a Neo-Durkheimian Class Analysis," in *Approaches to Class Analysis*, edited by E. O. Wright (Cambridge: Cambridge University Press, 2005).

Buchmann, Claudia and Ben Dalton, "Interpersonal Influences and Educational Aspirations in 12 Countries: The Importance of Institutional Context," *Sociology of Education*, 2002, 75 (2): 99 - 122.

Dolton, J. Peter, Donal O'Neill and Olive Sweetman, "Gender Differences in the Changing Labor Market: The Role of Legislation and Inequality in Changing the Wage Gap for Qualified Workers in the United Kingdom," *The Journal of Human Resources* , 1996, 31 (3): 549 - 565.

Duncan, Otis Dudley, David L. Featherman and Beverly Duncan, *Socioeconomic Background and Achievement* (New York: Seminar Press, 1972).

Gamoran, Adam, "The Variable Effects of High School Tracking," *American Sociological Review* , 1992, 57 (6): 812 - 828.

Ganzeboom, Harry B. G. , Donald J. Treiman and Wout C. Ultee, "Comparative Intergenerational Stratification Research: Three Generations and Beyond, " *Annual Review of Sociology*, 1991, 17: 277 - 302.

Goyette, Kimberly A. , "College for Some to College for All: Social Background, Occupational Expectations, and Educational Expectations over Time," *Social Science Research*, 2008, 37 (2): 461 – 484.

Goyette, Kimberly and Yu Xie, "Educational Expectations of Asian American Youths: Determinants and Ethnic Differences," *Sociology of Education*, 1999, 72 (1): 22 – 36.

Hallinan, M. T., "Equality of Educational Opportunity," *Annual Review of Sociology*, 1988, 14: 249 – 268.

Hauser, R. M., W. H. Sewell and D. F. Alwin, "High School Effects on Achievement," in *Schooling and Achievement in American Society*, edited by W. H. Sewell, R. M. Hauser, and D. L. Featherman (New York: Academic Press, 1976).

Jacob, Brian A. and Tamara Wilder, *Educational Expectations and Attainment* (*Working Paper*) National Bureau of Economic Research (Cambridge, 2010).

Janes, John, Anthony C. Harris and Graeme D. Putt, "Streaming in First Year University Classes," *Studies in Higher Education*, 15 (1): 21 – 30.

Kleinjans, Kristin J., "Family Background and Gender Differences in Educational Epectations," *Economics Letters*, 2010, 107 (2): 125 – 127.

Nee, Victor, "A Theory of Market Transition: From Redistribution to Markets in State Socialism," *American Sociological Review*, 1989, 54 (5): 663 – 681.

Reynolds, John R. and Stephanie Woodham Burge, "Educational Expectations and the Rise in Women's Post-secondary Attainments," *Social Science Research*, 2008, 37 (2): 485 – 499.

Seginer, Rachel, "Parents' Educational Expectations and Children's Academic Achievements: A Literature Review." *Merrill-Palmer Quarterly*, 1983, 29 (1): 1 – 23.

Sewell, W. H., A. O. Haller and M. A. Straus, "Social Status and Educational and Occupational Aspiration," *American Sociological Review*, 1957, 22 (1): 67 – 73.

Sewell, W. H., R. M. Hauser, K. W. Springer and T. S. Hauser, "As We Age: a Review of the Wisconsin Longitudinal Study, 1957 – 2001," *Research in Social Stratification and Mobility*, 2004, 20: 3 – 111.

Sewell, William H., Archibald O. Haller and George W. Ohlendorf, "The Educational and Early Occupational Status Attainment Process: Replication and Revision," *American Sociological Review*, 1970, 35 (6): 1014 – 1027.

Sewell, William H., Archibald O. Haller and Alejandro Portes, "The Educational and Early Occupational Attainment Process," *American Sociological Review*, 1969, 34 (1): 82 – 92.

Sewell, William H. and Robert M. Hauser, "The Wisconsin Longitudinal Study of Social and Psychological Factors in Aspirations and Achievements," *Research in Sociology of Education and Socialization*, 1980, 1 (59 – 99).

Sewell, William H. and Vimal P. Shah, "Socioeconomic Status, Intelligence, and the Attainment of Higher Education," *Sociology of Education*, 1967, 40 (1): 1 – 23.

—, "Parents' Education and Children's Educational Aspirations and Achievements," *American Sociological Review*, 1968a, 33 (2): 191 – 209.

—, "Social Class, Parental Encouragement, and Educational Aspirations," *American Journal of Sociology*, 1968b, 73 (5): 559 - 572.

Zhan, Min., "Assets, Parental Expectations and Involvement, and Children's Educational Performance," *Children and Youth Services Review*, 2006, 28 (8): 961 - 975.

Zhan, Min and Michael Sherraden, "Assets and Liabilities, Educational Expectations, and Children's College Degree Attainment," *Children and Youth Services Review*, 2011, 33 (6): 846 - 854.

图书在版编目(CIP)数据

同济社会学评论．实证研究卷/朱伟珏主编．—北京：社会科学文献出版社，2015.6
ISBN 978-7-5097-7047-4

Ⅰ．①同…　Ⅱ．①朱…　Ⅲ．①社会学-文集　Ⅳ．①C91-53

中国版本图书馆 CIP 数据核字(2015)第 014431 号

同济社会学评论·实证研究卷

主　　编／朱伟珏

出 版 人／谢寿光
项目统筹／胡　亮
责任编辑／胡　亮

出　　版／社会科学文献出版社·社会政法分社(010)59367156
地址：北京市北三环中路甲 29 号院华龙大厦　邮编：100029
网址：www.ssap.com.cn
发　　行／市场营销中心（010）59367081　59367090
读者服务中心（010）59367028
印　　装／三河市东方印刷有限公司

规　　格／开　本：787mm×1092mm　1/16
印　张：19.25　字　数：324 千字
版　　次／2015 年 6 月第 1 版　2015 年 6 月第 1 次印刷
书　　号／ISBN 978-7-5097-7047-4
定　　价／79.00 元